Promesas
y palabras
de aliento
para
cada día

LIBRO DE CHEQUES DEL BANCO DE LA FE

C. H. SPURGEON

EDITORIAL
PORTAVOZ

La misión de *Editorial Portavoz* consiste en proporcionar productos de calidad —con integridad y excelencia—, desde una perspectiva bíblica y confiable, que animen a las personas a conocer y servir a Jesucristo.

Título original en inglés: *The Cheque Book of the Bank of Faith*

Edición en castellano: *Promesas y palabras de aliento para cada día* © 2016 por Editorial Portavoz, filial de Kregel, Inc., Grand Rapids, Michigan 49505. Todos los derechos reservados. Publicado anteriormente con el título *Libro de cheques del banco de la fe*.

Traducción: Jessie Claudia Chesterman
Texto revisado y actualizado por Carmen González Álvarez

EDITORIAL PORTAVOZ
2450 Oak Industrial Drive NE
Grand Rapids, MI 49505 USA
Visítenos en: www.portavoz.com

ISBN 978-0-8254-5729-6 (rústica)

1 2 3 4 5 edición / año 25 24 23 22 21 20 19 18 17 16

Impreso en los Estados Unidos de América
Printed in the United States of America

CONTENIDO

PREFACIO

Una promesa de Dios puede compararse a un cheque pagadero a la orden del portador. Esta promesa ha sido otorgada al creyente con el propósito de que reciba una gracia, no para que la lea superficialmente y después prescinda de ella. El cristiano ha de considerarla como algo real, del mismo modo que lo es un cheque para el comerciante.

El cristiano debe tomarla en sus manos, poner al pie de ella su firma, aceptándola personalmente como verdadera. Por fe la acepta y se la apropia, declarando así que Dios es verdad y que también lo es por lo que atañe a esta promesa. En consecuencia, se cree en posesión de la bendición que le ha sido prometida, y por anticipado entrega el recibo firmado en su nombre acreditando haber recibido dicha bendición. Hecho esto, presenta a Dios esta promesa, de la misma manera que se presenta un cheque al cajero del banco, y ora en la seguridad de que tendrá cabal cumplimiento. A una fecha fija recibirá la gracia prometida. Si la fecha de pago no hubiese llegado todavía, espera pacientemente hasta que llegue; entre tanto, debe considerar la promesa como si fuera dinero, ya que cuenta con la certidumbre de que el Banco le pagará a su debido tiempo.

Algunas personas olvidan poner su firma de fe en el cheque y, como resultado, no reciben nada; otros lo firman, pero no lo presentan, y tampoco reciben. La culpa no es de la promesa, sino de quienes no saben utilizarla de un modo práctico y sensato.

Dios no ha empeñado su palabra para después no cumplirla, ni alienta una esperanza para dejarla fallida. He preparado este libro con el fin de ayudar a mis hermanos a creer en la fidelidad de Dios. La contemplación de estas promesas es un estímulo a la fe; cuanto más estudiemos y meditemos en las palabras de gracia, mayor y más abundante será la gracia que obtendremos de las palabras. A las afirmaciones alentadoras de las Sagradas Escrituras he añadido mi testimonio personal, fruto de la prueba y de la experiencia.

Creo firmemente en todas las promesas hechas por Dios. Muchas de ellas las he experimentado por mí mismo, y reconozco que son verdaderas porque han tenido en mí perfecto cumplimiento. Estoy seguro de que esto servirá de aliento para los jóvenes y consolará a los más ancianos. La experiencia de uno puede ser de gran utilidad para los demás. Por eso, en otro tiempo escribió un siervo de Dios: «Oré al SEÑOR, y él me respondió» (Salmos 34:4). Y en otro lugar: «En mi desesperación oré, y el SEÑOR me escuchó» (Salmos 34:6).

Comencé a escribir estas meditaciones diarias en una época de mi vida en que me creía lanzado contra el rompeolas de la controversia. Desde entonces me vi sumergido «en las aguas profundas que no se podían atravesar a pie», y si no fuera por el brazo de Dios que me sostuvo, habrían sido para mí las aguas que nadie puede atravesar. Fui herido y quebrantado por muchos azotes: violentos dolores físicos, decaimiento de espíritu, y la pérdida del ser más querido de mi vida. Ola tras ola, las aguas de la tribulación pasaron sobre mí. No menciono estas cosas para atraerme la simpatía de los demás, sino para demostrar que no soy marino en la tierra. He atravesado estos océanos que no son precisamente océanos pacíficos. Conozco el rugido de las olas y la violencia de los vientos, y jamás han sido para mí tan preciosas las promesas de Dios como en la hora presente. Algunas de ellas no las he comprendido hasta ahora; no había llegado aún para mí la época de su madurez, porque yo no estaba maduro para comprender su significado.

¡La Biblia me parece ahora mucho más admirable que antes! Obedeciendo al Señor, y llevando su oprobio fuera del campo, no he recibido nuevas promesas; sin embargo, para mí el resultado ha sido el mismo, porque estas promesas me han proporcionado riquísimos tesoros. Las palabras del Señor dirigidas a su siervo Jeremías han sido muy gratas a mis oídos. Su misión fue hablar a quienes no querían oír, o que oyendo no querían creer. Decidido a permanecer en el camino del Señor, su mayor deseo hubiera sido apartar a su pueblo de la senda del error. Las palabras alentadoras que encontró en el libro de Dios impidieron que desfalleciera su ánimo cuando, abandonado a sus propias fuerzas, habría sucumbido. Con estas palabras y con otras muchísimas promesas he procurado enriquecer las páginas de este libro.

¡Ojalá pudiera yo consolar a muchos servidores de mi Maestro! He procurado escribir lo que siente mi propio corazón con el fin de fortalecer su corazón. En medio de sus pruebas quisiera decirles: Hermanos, Dios es bueno y misericordioso; no los abandonará, Él los sacará ilesos de todo. Para todas sus necesidades presentes tiene una promesa, y si saben usar de ella para presentarla ante el trono de la gracia por medio de Jesucristo, verán cómo se extiende la mano del Señor para protegerlos y ayudarlos. Podrán fallar todas las demás cosas, pero la Palabra de Dios nunca fallará. Para mí ha sido tan fiel en innumerables circunstancias de mi vida, que yo no puedo por menos que exclamar: ¡Confiad en Él! El no hacerlo así sería una ingratitud para mi Dios y una falta de caridad para con nosotros.

Que el Espíritu Santo, el Consolador, inspire una nueva fe al pueblo del Señor. Sin su poder divino, de nada servirá cuanto yo les diga. Pero con su vivificadora influencia, el testimonio más humilde servirá para sostener las rodillas vacilantes y fortalecer las manos débiles. Dios es glorificado cuando sus siervos confían plenamente en Él. Nunca seremos demasiado hijos de nuestro Padre Celestial. Nuestros hijos dejan de hacernos preguntas acerca de nuestra voluntad y poder, cuando han recibido la promesa de su padre, y se alegran de su cumplimiento, del que no dudan porque lo creen más cierto que el sol que nos alumbra. ¡Quiera Dios que muchos de mis lectores a quienes no conozco puedan comprender mientras lean estas porciones, que he preparado para cada día del año, que esta confianza filial en Dios es un deber y una alegría!

Estas lecturas de cada día han sido sacadas de diversos y variados asuntos, y ciertamente serán muy provechosas porque en ellas se trata de doctrinas, experiencias y de otros temas. Son una especie de aperitivo que en nada perjudica el alimento sustancial; antes por el contrario, estimulan nuestro deseo de nutrirnos más de la Palabra de Dios. Quiera el Señor Jesús aceptar este mi servicio destinado para sus ovejas y corderos por medio de su indigno siervo,

C. H. SPURGEON

LECTURAS
DEVOCIONALES

LA PRIMERA PROMESA

Y pondré hostilidad entre tú y la mujer, y entre tu descendencia y la descendencia de ella. Su descendiente te golpeará la cabeza, y tú le golpearás el talón.

Génesis 3:15

Esta es la primera promesa hecha al hombre caído. En ella está contenido todo el Evangelio y la esencia del pacto de la gracia. En gran parte, ya ha sido cumplida: el descendiente de la mujer, en la persona de nuestro Señor Jesucristo, ha sido herido en el talón. Y ¡qué herida más espantosa! Pero ¡cuán terrible será también el quebrantamiento final de la cabeza de la serpiente! Esta profecía, prácticamente, tuvo cumplimiento por primera vez cuando Jesucristo llevó sobre sí el pecado del hombre; venció a la muerte y quebrantó el poderío de Satanás; pero se cumplirá total y definitivamente en la segunda venida del Señor y en el juicio final.

Para nosotros esta promesa constituye una profecía, a saber: heridos en el talón también seremos afligidos en nuestra corrompida naturaleza por el poder del mal; sin embargo, podremos triunfar en Cristo, el cual aplastó la cabeza de la antigua serpiente. Durante el año, tendremos ocasión de experimentar la primera parte de esta promesa ante las tentaciones con que nos acechará Satanás, y ante los ataques de los impíos, que son su descendencia. Tal vez saldremos heridos y maltratados de la lucha, pero no desmayaremos si sabemos acogernos a la segunda parte del versículo. Alegrémonos por anticipado en la seguridad de que reinaremos con Cristo, el descendiente de la mujer.

2 de enero

CONQUISTA DIVINA

El Dios de paz pronto aplastará a
Satanás bajo los pies de ustedes.

ROMANOS 16:20

He aquí una promesa que viene a completar la que meditábamos ayer. Nuestra conformidad con nuestro modelo divino y cabeza no ha de manifestarse únicamente en ser heridos en el talón, sino en la victoria sobre el maligno. La antigua serpiente debe ser aplastada bajo nuestros pies. Los creyentes de Roma se vieron afligidos por luchas internas, pero su Dios, «el Dios de paz», les proporcionó el descanso del alma. El enemigo principal consiguió hacer vacilar los pies de los imprudentes y que los sencillos fueran engañados; pero, al final, quedó vencido, y por aquellos mismos entre quienes había sembrado la confusión. Esta victoria la consiguió el pueblo de Dios por su sabiduría y poder; Dios mismo desbaratará el poder de Satanás. Aun cuando los creyentes logren quebrantarlo, la herida, sin embargo, le será infligida únicamente por Dios.

¡Acometamos con valentía al tentador! Y no solo los espíritus malignos, sino el mismo príncipe de las tinieblas, huirán ante nosotros. Contemos con una victoria inmediata si confiamos plenamente en Dios. «Pronto». ¡Bienaventurada palabra! «Pronto» lograremos aplastar la cabeza de la antigua serpiente. ¡Cuán grande será nuestro gozo al vencer a Satanás, y qué deshonra para él cuando su cabeza sea quebrantada por nuestros pies! Por la fe en Jesús aplastemos al tentador.

DESCANSO EN LA PROMESA

*La tierra en la que estás acostado te pertenece.
Te la entrego a ti y a tu descendencia.*

GÉNESIS 28:13

No hay promesa alguna que sea de interpretación particular: las promesas no van dirigidas a un santo solamente, sino a todos los creyentes. Si tú, hermano mío, puedes apoyarte en esta promesa y descansar en ella como en una almohada, tuya será. El lugar que «encontró» Jacob y donde descansó, es el mismo del cual tomó posesión más tarde. Cuando sus miembros fatigados reposaron en la tierra, cuando las piedras le sirvieron de almohada, no se imaginaba que estaba tomando posesión de aquel país. Sin embargo, así fue. Durante el sueño, vio una maravillosa escalera que para el verdadero creyente une los cielos con la tierra. Indudablemente, tenía derecho a poseer la tierra donde descansaba el último peldaño de la escalera; de otro modo no era posible alcanzar la divina escalera. En Jesús, todas las promesas son «Sí» y «Amén». Y así como Cristo es pertenencia nuestra, así también nos pertenece su promesa si en Él descansa toda nuestra fe.

Ven, alma cansada; acepta las palabras del Señor como tu almohada. Reposa en paz. Piensa únicamente en Él. Jesús es la escala luminosa. Mira cómo suben y bajan los ángeles sobre Él, entre tu alma y Dios; ten la seguridad de que la promesa es la porción que Dios te da; si la tomas, como si fuera hecha exclusivamente para ti, no la robarás; es cosa tuya.

EL REPOSO DE
LOS SANTOS

Haré que ellos duerman seguros.

Oseas 2:18 (lbla)

Sí, los santos tendrán paz y dormirán seguros. El pasaje de nuestro texto nos habla de un pacto «con las bestias del campo, con las aves del cielo y con los reptiles de la tierra». Así es la paz en medio de los enemigos de este mundo, de las pruebas misteriosas y pequeñas contrariedades. Todas estas cosas pueden quitarnos el sueño, pero ninguna de ellas lo logrará. El Señor destruirá todo cuanto amenace a su pueblo y «quitará de la tierra el arco, la espada y la guerra». La paz será inquebrantable, cuando sean rotos los instrumentos de iniquidad.

Con esta paz habrá descanso. «A su amado dará Dios el sueño» (Salmos 127:2, rva). Los creyentes podrán entregarse al reposo abundantemente abastecidos y tranquilos.

Este descanso será seguro. Una cosa es acostarse y otra «dormir seguro». Hemos sido introducidos en la tierra de la promesa, en la casa del Padre, en la cámara del amor y en el seno de Cristo; ahora sí que podemos «dormir seguros». Para un creyente es mucho más seguro acostarse en paz, que permanecer levantado e intranquilo.

«En verdes prados me deja descansar» (Salmos 23:2). No descansaremos de verdad hasta que el Consolador nos haga «dormir seguros».

LA MEJOR
DE LAS GARANTÍAS

Yo soy quien te da fuerzas.

ISAÍAS 41:10 (RVC)

Cuando somos invitados al servicio de Dios o al sufrimiento, medimos nuestras fuerzas y vemos que son
menores de lo que juzgábamos y que no están en proporción con nuestras necesidades. Sin embargo, no nos desalentemos, porque podemos apoyarnos en una promesa
que nos asegura todo aquello de lo cual tenemos necesidad. La fuerza de Dios es omnipotente, y Él nos la dará,
así lo ha prometido. Él será alimento de nuestras almas y
salud de nuestros corazones; por tanto, Él nos fortalecerá.
No es posible ponderar cuán grande sea el poder que Dios
puede infundir en el hombre. Cuando nos llena el poder
divino, la debilidad humana deja de ser un obstáculo.

¿No recordamos aquellos tiempos de dolor y prueba
en que recibimos una fuerza tan especial que nos maravi-
llamos de nosotros mismos? En el peligro, tuvimos calma;
en el dolor de haber perdido seres queridos, permanecimos
resignados; en la calumnia, pudimos contener nuestro
enojo; y en la enfermedad, fuimos pacientes.

Dios, en efecto, nos dio una fuerza insospechada ante
las pruebas extraordinarias, y como resultado pudimos
levantarnos de nuestra flaqueza. Los cobardes se tornan
valientes, los insensatos se convierten en sabios, y a los
mudos se les inspira lo que han de hablar en aquella hora.
Nuestra propia debilidad nos atemoriza, pero la promesa
de Dios nos infunde valor. ¡Señor, fortifícame «según tu
palabra»!

6 de enero
AYUDA DEL EXTERIOR

Siempre te ayudaré.

ISAÍAS 41:10 (RVC)

*L*a promesa de ayer nos aseguró las fuerzas para cumplir con nuestro deber; la de hoy nos asegura la ayuda de Dios cuando no podemos trabajar solos. El Señor dice: «te ayudaré». La fuerza interior es perfeccionada por la ayuda exterior. Dios puede, si esa es su voluntad, proporcionarnos aliados en nuestra guerra. Él estará a nuestro lado en la lucha, lo cual es mucho mejor. «Nuestro Eminente Aliado» vale más que legiones de seres humanos.

Su ayuda es oportuna: «siempre está dispuesto a ayudar en tiempos de dificultad» (Salmos 46:1). Su ayuda es sabia: Él sabe prestar a cada uno aquella ayuda más apropiada a las circunstancias en las que se encuentra. Su ayuda es eficaz: aunque «toda la ayuda humana es inútil» (Salmos 60:11), porque él lleva sobre sí todo el peso de la carga y suple nuestras debilidades. «El SEÑOR es quien me ayuda, por eso no tendré miedo. ¿Qué me puede hacer un simple mortal?» (Hebreos 13:6).

Habiendo sido nuestra ayuda, podemos confiar en Él en lo que atañe a nuestro presente y futuro. Nuestra oración es: «SEÑOR, sé Tú mi ayudador». Nuestra experiencia: «El Espíritu Santo nos ayuda en nuestra debilidad» (Romanos 8:26). Nuestra esperanza: «Levanto la vista hacia las montañas, ¿viene de allí mi ayuda?» (Salmos 121:1). Y nuestra canción será algún día: «Tú, SEÑOR, me ayudaste».

SIEMPRE CRECIENDO

Verás cosas más grandes que ésta.

JUAN 1:50

*E*stas palabras fueron dirigidas a un creyente que se hizo como niño y que estaba dispuesto a aceptar a Jesús como el Hijo de Dios y Rey de Israel con un solo argumento decisivo. Quienes quieren abrir los ojos, ven. Permanecemos tristemente ciegos porque nos obstinamos en cerrar los ojos.

Por lo que a nosotros se refiere, hemos visto muchas cosas; el Señor nos ha revelado misterios inescrutables por los cuales podemos celebrar su nombre; sin embargo, en su Palabra se encierran verdades más profundas, experiencias más hondas y de mayor utilidad, descubrimientos maravillosos de su amor, de su poder y sabiduría. Todo esto lo veremos ciertamente si creemos en nuestro Señor. Cosa nociva es inventar falsas doctrinas, pero el don de discernir la verdad es una bendición. El cielo se nos abrirá de par en par; el camino a él quedará evidente en la persona del Hijo del Hombre, y se manifestará la comunión angelical entre el cielo y la tierra. Fijemos nuestros ojos con mayor atención en las cosas espirituales y veremos cada vez con mayor claridad cosas más importantes. No pensemos que nuestras vidas son algo pasajero y de poca importancia; antes al contrario, siempre iremos creciendo y viendo cosas de mayor importancia hasta que contemplemos cara a cara al mismo Dios y no podamos ya perderle de vista.

PUREZA DE CORAZÓN Y DE VIDA

Dios bendice a los que tienen corazón puro,
porque ellos verán a Dios.

Mateo 5:8

*L*a limpieza de corazón es uno de los fines principales que debemos perseguir. Importa mucho que seamos purificados interiormente por el Espíritu Santo y por medio de la Palabra, y en verdad lo seremos exteriormente por una mayor consagración y obediencia. Existe una relación íntima entre el corazón y la inteligencia. Si amamos el mal, jamás podremos comprender el bien. Si el corazón está manchado, el ojo estará entenebrecido. ¿Cómo podrán estos hombres ver al Dios Santo, si aman el pecado?

¡Cuán singular es el privilegio de ver a Dios en la tierra! Una sola mirada sobre Él constituye para nosotros un verdadero paraíso. En Cristo Jesús contemplan al Padre los de limpio corazón. En Él vemos a Dios, la verdad, su amor, su santidad, sus designios, su soberanía, su pacto. Sin embargo, estas cosas solo se perciben cuando se impide la entrada del pecado en el corazón. Solo quienes aspiran a la santidad pueden exclamar: «Mis ojos están siempre puestos en el SEÑOR» (Salmos 25:15). El deseo de Moisés: «Te suplico que me muestres tu gloriosa presencia» (Éxodo 33:18), solo tendrá cumplimiento en nosotros cuando estemos limpios de toda iniquidad. Nosotros «lo veremos tal como él es»; y «todos los que tienen esta gran expectativa se mantendrán puros» (1 Juan 3:2-3). El gozo de la presente comunión y la esperanza de ver a Dios son dos poderosas razones para andar en pureza de corazón y de vida. ¡Crea, Señor, en nosotros un corazón limpio para que podamos ver tu rostro!

DAR PARA PROSPERAR

El generoso prosperará.

PROVERBIOS 11:25

Si quiero la prosperidad de mi alma, no debo amontonar tesoros, sino repartirlos entre los pobres. El camino de la fortuna, según el mundo, es ser avaro y mezquino; pero éste no es el camino de Dios, porque nos dice: «Da con generosidad y serás más rico; sé tacaño y lo perderás todo» (Proverbios 11:24). Según la fe, la manera de adquirir ganancias consiste en dar. Hagamos la prueba, y veremos que siempre se nos dará en abundancia todo lo necesario a cambio de nuestra generosidad.

Sin duda, nunca llegaré a ser rico con semejante procedimiento. «Prosperaré», pero no en demasía. Tanta abundancia de riquezas podría hacerme engordar, y podría causarme una dispepsia mundanal y hasta producirme una degeneración cardíaca. En verdad, puedo darme por satisfecho si, estando lo suficientemente nutrido, gozo de buena salud, y si el Señor me concede lo necesario, puedo darme por contento.

Existe, no obstante, una grosura intelectual y espiritual que en gran manera codicio: la que proviene de nuestros nobles pensamientos acerca de Dios, de su Iglesia y de nuestros semejantes. Que nunca ponga yo límites a mi generosidad para que mi alma no desfallezca de hambre. Que siempre sea altruista y dadivoso, porque así imitaré a mi Señor. Él se dio a sí mismo por mí. ¿Podré yo negarle lo que me pida?

RECOMPENSA DIVINA

El que reanima a otros será reanimado.

PROVERBIOS 11:25

Si yo presto interés por los demás, Dios también se interesará por mí, y de algún modo será recompensado. Si pienso en el pobre, Dios pensará en mí; si me ocupo de los pequeñuelos, Dios me tratará como a hijo suyo. Si apaciento su rebaño, Él me alimentará; si riego su jardín, Él hará que mi alma florezca. Tal es la promesa del Señor. A mí me toca cumplir las condiciones para poder esperar su cumplimiento.

Puedo preocuparme de mí mismo hasta enfermar; ocultar mis sentimientos hasta no sentir nada; lamentar mi debilidad hasta el punto de no sentirme capaz de lamentar nada. De mayor provecho será para mí el ser desinteresado, y empezar, por el amor de mi Señor, a preocuparme de las almas que me rodean. El agua va menguando en mi cisterna; no ha caído agua suficiente para llenarla. ¿Qué debo hacer? Dejaré abierta la válvula para que el agua corra libremente y riegue las plantas que se marchitan a mi alrededor. Pero, ¿qué veo? Mi cisterna se llena a medida que el agua va saliendo; brota un manantial secreto. Mientras el agua estaba detenida, el manantial dejaba de manar; pero cuando sale para regar las almas, el Señor piensa en mí.

¡Aleluya!

11 de enero

EL ARCO DE LA PROMESA

*Cuando envíe nubes sobre la tierra,
el arco iris aparecerá en las nubes.*

GÉNESIS 9:14

El cielo aparece lleno de nubes, pero no tememos que la tierra sea inundada por un nuevo diluvio. El arco iris trazado en los cielos disipa todos nuestros temores. El pacto de Dios con Noé no ha sido quebrantado; de esto no tenemos duda alguna. Y siendo esto así, ¿por qué pensamos que las nubes de nuestras tribulaciones, que hoy oscurecen el cielo de nuestra dicha, serán para nuestra destrucción? Desechemos estos temores infundados y agobiantes.

Cuando nuestros sentidos perciben la nube del dolor, la fe siempre tiene delante de nuestros ojos el arco de la promesa. Dios tiene en sus manos un arco, pero no para lanzar flechas de destrucción; este arco apunta hacia arriba. Es un arco sin cuerda y sin flecha; es un arco de trofeo, inútil para la guerra; un arco de muchos y diversos colores que significa esperanza y amor; un arco que se torna rojo con la guerra y negro con la ira. Tengamos valor. Dios jamás ensombrece nuestro cielo, de tal modo que no podamos dar testimonio de su pacto. Y aun cuando vengan nubes, nosotros siempre podremos tener la seguridad de que el pacto de paz se cumplirá. Hasta que nuevamente las aguas cubran toda la tierra, no tendremos motivo para dudar de la promesa de nuestro Dios.

AMADOS HASTA EL FIN

Pues el Señor no abandona a nadie para siempre.

LAMENTACIONES 3:31

Tal vez el Señor nos abandona por algún tiempo, pero no para siempre. La mujer puede prescindir de sus adornos, pero no los olvida, ni los arroja a la basura. No es propio del Señor rechazar a los que ama, porque «habiendo amado a los suyos que estaban en el mundo, los amó hasta el fin» (Juan 13:1, LBLA). Algunos dicen estar en gracia o sin ella, como si se tratara de conejos que entran y salen libremente de sus madrigueras; y sin embargo, no es así. El amor de nuestro Salvador para con los suyos es algo más serio y permanente.

Desde toda la eternidad nos escogió, y durante toda la eternidad seguirá prodigándonos su amor. De tal manera nos amó que se entregó a la muerte por nosotros; por lo cual podemos estar seguros de que su amor nunca tendrá fin. Su honor está ligado de tal manera con nuestra salvación, que le es absolutamente imposible abandonarnos, como lo sería despojarse de su vestidura de Rey de gloria. ¡No! El Señor Jesús, como Cabeza que es, nunca se separa de sus miembros; como Esposo, nunca repudia a su esposa.

¿Acaso te creías abandonado? ¿Cómo podías pensar tal cosa del Señor que te ha desposado? Arroja lejos de ti tales pensamientos, y no permitas que aniden en tu corazón. «Dios no ha rechazado a su propio pueblo, al cual eligió desde el principio» (Romanos 11:2). «¡Pues yo odio el divorcio! —dice el SEÑOR» (Malaquías 2:16).

NUNCA RECHAZADOS

———————

Vendrán a mí, y jamás los rechazaré.

JUAN 6:37

Hay en el Evangelio un solo caso en que veamos que ¿Jesús rechace a quien a Él se acerca? Si lo hubiera, desearíamos saberlo; pero nunca lo hubo, ni lo habrá jamás. Ninguno de los condenados podrá nunca decir: «Vine a Jesús y me rechazó». No es posible que tú y yo fuéramos los primeros con quienes Jesús ha quebrantado su palabra. Jamás abriguemos tan mezquina sospecha.

Acerquémonos a Cristo con todos nuestros males presentes. De una cosa podemos estar seguros: jamás nos negará la entrada, ni nos rechazará. Quienes hemos ido muchas veces, y quienes nunca han ido, acudamos todos juntos, y comprobaremos que a nadie cierra la puerta de su gracia.

«Este recibe a los pecadores» (Lucas 15:2, LBLA), pero a nadie rechaza. Venimos a Él con la debilidad y el pecado, con una fe vacilante, con muy poco conocimiento y esperanza, y no nos rechaza. Venimos con la oración indecisa, con la confesión incompleta, con la alabanza que no está en armonía con sus merecimientos, y, sin embargo, nos recibe. Venimos enfermos, manchados, desanimados, indignos, pero no nos rechaza. Acudamos nuevamente a Él, hoy mismo, porque a nadie rechaza.

EL DON DEL DESCANSO

*Vengan a mí todos los que están cansados y llevan
cargas pesadas, y yo les daré descanso.*

MATEO 11:28

Quienes somos salvos encontramos descanso en Jesús; quienes no lo son alcanzarán ese descanso si se acercan a Él, ya que Dios así lo ha prometido. Nada es tan gratuito como un don; aceptemos complacidos lo que libremente nos da. No tienes necesidad de comprarlo, ni pedirlo prestado; te basta recibirlo como se recibe un don. Trabajas bajo el látigo de la ambición, de la codicia, de la pasión y la inquietud: Él te librará de tan dura esclavitud, y te hará descansar. Estás cargado, y sobrecargado con el peso del pecado, del temor, del desasosiego, del remordimiento y del temor de la muerte; pero si acudes a Él, te librará de la carga. Él llevó sobre sí el peso abrumador de nuestros pecados, a fin de que no sucumbiésemos con Él. Se constituyó en el gran portador de cargas, para que todos los cargados dejaran de doblarse bajo tan enorme peso.

Jesús proporciona descanso. Y así es, en efecto. ¿Lo crees tú? ¿Quieres probarlo? ¿Por qué no lo intentas ahora mismo? Acude a Jesús renunciando a toda otra esperanza, pensando en Él, creyendo en el testimonio que Dios da de Jesús, y depositando en Él todos tus afanes. Si con estas disposiciones recurres a Él, el descanso que te dará será profundo, seguro, santo y eterno. Este descanso perdurará hasta tu entrada en el cielo, y el Señor está dispuesto a concedérselo a cuantos a Él se acerquen confiadamente.

15 de enero

RICOS POR LA FE

---

*Pero aquellos que pasen necesidad no quedarán
olvidados para siempre; las esperanzas del
pobre no siempre serán aplastadas.*

SALMOS 9:18

*L*a pobreza es una herencia pasada, pero quienes confían en el Señor son ricos por la fe. Saben que Dios no les olvida, y aunque a veces parezca que son pasados por alto en la dispensación de los bienes terrenales, saben que llegará un momento en que todas las cosas se pondrán en su lugar. Lázaro no siempre permanecerá entre los perros a la puerta del rico; sabe que algún día será recompensado en el seno de Abraham.

Incluso ahora se acuerda Dios de sus hijos pobres, pero queridos. «Por cuanto yo estoy afligido y necesitado, el Señor me tiene en cuenta», dijo uno de ellos (Salmos 40:17). Y así es en efecto. Los santos en su pobreza poseen magníficas esperanzas. Saben que el Señor les proveerá de todo lo necesario para la vida temporal y espiritual. Saben que todas las cosas les ayudarán a bien, y esperan tener una comunión más íntima con su Señor, el cual no tenía donde reclinar la cabeza. Esperan su segunda venida y la participación de su gloria. Esta esperanza es eterna porque descansa en Jesús, que es eterno; y porque Cristo vive, la esperanza también vivirá. El creyente pobre entona muchos cánticos incomprensibles para los ricos pobres de este mundo. Por tanto, si nos escasea la comida aquí en la tierra, no olvidemos que allá arriba tenemos abastecida una mesa real.

OIRÁ MI DÉBIL CLAMOR

Todo el que invoque el nombre del SEÑOR será salvo.

JOEL 2:32

¿Por qué no invoco su nombre? ¿Por qué recurro a mis vecinos cuando tengo tan cerca a Dios, el cual oirá mi clamor, por débil que sea? ¿Por qué me siento para forjar proyectos y formar planes? ¿Por qué no descargo todo mi peso sobre los hombros de mi Señor? La mejor manera de avanzar es ir siempre adelante en línea recta. ¿Por qué no corro ahora mismo al Dios vivo? En vano buscaré la salvación en otra parte; en Dios ciertamente la encontraré. Su promesa es una garantía segura de que así será.

No es preciso preguntar si puedo invocarle o no, porque las palabras «todo el que» son suficientemente claras. «Todo el que» se aplica a mí, porque incluye a todos y cada uno de los que invocan a Dios. Por lo tanto, seguiré las enseñanzas de este versículo, invocando ahora mismo al glorioso Salvador que nos ha dejado una promesa tan magnífica.

Mi caso es urgente. Ignoro cómo podré ser liberado, pero esto no me preocupa. Quien ha formulado la promesa sabrá encontrar los medios para realizarla. A mí sólo me incumbe obedecer sus mandamientos, no dirigir sus consejos. Siervo suyo soy, y no abogado. Le invoco, y él me ayudará.

17 de enero

CAMINAR CON VALENTÍA

Dios contestó: —Yo estaré contigo.

ÉXODO 3:12

Es evidente que si Dios confió a Moisés una comisión, no le dejaría solo. Ante el riesgo que iba a correr y la fortaleza que le era necesaria para cumplir su cometido, sería ridículo que Dios enviara un pobre hebreo para que se enfrentara con el más poderoso monarca de la tierra y le dejara solo en su empresa. No es concebible que la sabiduría de Dios opusiera un hombre débil como Moisés a Faraón con todo el poderío de Egipto. Por eso dice el Señor: «Yo estaré contigo», para darle a entender que no iba solo.

También conmigo sucederá lo mismo. Si Dios me encarga una misión, confiando plenamente en su poder y buscando únicamente su gloria, tendré la seguridad de que Él estará conmigo. Por el mero hecho de enviarme, está obligado a favorecerme. ¿No es esto suficiente? ¿Qué más puedo desear? Incluso contando con el poder de sus ángeles y arcángeles, podría sucumbir en la demanda, pero si Él está conmigo, ciertamente saldré victorioso. Lo único que se me exige es que yo obre en consecuencia con esta promesa, que no emprenda el camino con timidez, desanimado, negligente o henchido de orgullo. ¡Esa es la conducta que debe observar una persona que tiene a Dios a su lado! Así amparado, debo caminar con valentía y, como Moisés, presentarme sin temor delante de Faraón.

CRISTO Y SUS HIJOS

—•—

*Cuando su vida sea entregada en ofrenda por
el pecado, tendrá muchos descendientes.*

ISAÍAS 53:10

Nuestro Señor Jesucristo no ha muerto en vano. Su muerte expiatoria constituyó un sacrificio. Murió como nuestro sustituto, porque su muerte fue la paga de nuestros pecados y porque su sustitución fue aceptada por Dios. Él salvó a todos aquellos por quienes entregó su vida. Por su muerte se hizo semejante al grano de trigo que lleva mucho fruto. Con su muerte logró una larga posteridad; es el «Padre Eterno» (Isaías 9:6). Él mismo podrá decir: «yo y los hijos que Dios me dio» (Hebreos 2:13).

Un padre es honrado en sus hijos, y Jesús tiene su aljaba llena con estas flechas del guerrero (Salmos 127:4-5). El padre está representado en sus hijos, y Cristo lo está en los cristianos. La vida de una persona se prolonga y perpetúa en sus descendientes; de la misma manera la vida de Cristo se continúa en la vida de los creyentes.

Jesús vive y ve su linaje; Él fija sus ojos en nosotros y se complace en nosotros y nos reconoce como fruto de sus trabajos. Gocémonos porque el Señor se deleita con el resultado del sacrificio cruento, y porque nunca cesará de gozarse ante la cosecha abundante recogida con su muerte. Sus ojos, que en otro tiempo lloraron sobre nosotros, ahora nos miran con regocijo. ¡Nuestros ojos se encuentran! ¡Cuán grande es el gozo de estas miradas!

CONFESAR DE BOCA, CREER DE CORAZÓN

Si confiesas con tu boca que Jesús es el Señor y crees en tu corazón que Dios lo levantó de los muertos, serás salvo.

ROMANOS 10:9

La confesión de boca es necesaria. ¿La he hecho yo? ¿He manifestado públicamente mi fe en Jesucristo como el Salvador a quien Dios resucitó de los muertos? ¿Lo he hecho como Dios manda? A esta pregunta yo mismo debo responder con toda sinceridad.

También se necesita fe en el corazón. ¿Creo sinceramente en Jesús resucitado? ¿Confío en Él como en mi única esperanza de salvación? ¿Brota de mi corazón esta confianza? La respuesta debo darla en la presencia de Dios.

Si en verdad puedo responder afirmativamente que he confesado a Cristo y he creído en Él, soy salvo. El texto no dice que podría ser así. Su afirmación es categórica y tan evidente como el sol que brilla en los cielos: «serás salvo».

Como creyente y confesor, puedo poner mi mano sobre esta promesa y presentarla delante de Dios, ahora, durante mi vida, en la muerte y en el día del juicio.

Debo ser salvo del castigo del pecado, del poder del pecado, de la mancha del pecado y, por último, del pecado mismo. Dios ha dicho: «serás salvo». Lo creo. Seré salvo. Soy salvo. ¡Gloria a Dios por siempre jamás!

20 de enero

LOS VENCEDORES

A todos los que salgan vencedores, les daré del fruto del árbol de la vida, que está en el paraíso de Dios.

Nadie puede volver la espalda en la batalla, ni negarse a ir a la guerra santa. Si queremos reinar, hay que pelear y proseguir luchando hasta vencer a nuestros enemigos; de lo contrario, la promesa no es para nosotros, ya que solo pertenece a los «vencedores». Debemos vencer a los falsos profetas que se han introducido en el mundo y todos los males que acompañan sus enseñanzas. Debemos vencer la cobardía de nuestro corazón y la tendencia a dejar nuestro primer amor. Leamos todo lo que el Espíritu dice a la Iglesia de Éfeso.

Si por gracia obtenemos la victoria, y ésta la lograremos ciertamente si seguimos a nuestro Capitán victorioso, seremos admitidos en el mismo centro del paraíso de Dios, y nos será permitido pasar por delante del querubín con su espada de fuego y llegaremos al árbol que él guarda, y quien coma del fruto, tendrá vida eterna. De este modo escaparemos de la muerte, que fue la sentencia lanzada contra el pecado, y ganaremos la vida eterna, sello de la inocencia, y coronamiento de principios inmortales de una santidad según Dios. Ven, alma mía, y esfuérzate. Huir del conflicto significa perder los deleites del nuevo y más excelente Edén. Pelear hasta vencer es andar con Dios en el Paraíso.

21 de enero
ORGULLO QUEBRANTADO

Los egipcios sabrán que yo soy el SEÑOR.

ÉXODO 7:5

Al mundo impío difícilmente se le puede enseñar. Egipto no conoce al Señor y por eso levanta sus ídolos y se atreve a preguntar: «¿Y quién es ese SEÑOR?» (Éxodo 5:2). Pero el Señor quebranta el orgullo de los corazones. Cuando estalla el juicio de Dios sobre sus cabezas, se oscurece su cielo, son destruidas sus cosechas y mueren sus hijos; entonces comienzan a discernir algo del poder soberano de Dios. Cosas tan extraordinarias como éstas sucederán entre nosotros para que los no creyentes doblen humillados sus rodillas. No desmayemos ante las blasfemias que profieren sus labios, porque el Señor sabrá velar por la gloria de su nombre, y seguramente lo hará de una manera muy eficaz.

La liberación de su propio pueblo fue un medio poderoso del que se sirvió para que Egipto conociera el Dios de Israel, el Dios vivo y verdadero. Ni siquiera un solo israelita pereció a causa de las diez plagas. Ninguno de los escogidos se ahogó en las aguas del Mar Rojo. Del mismo modo, la salvación de los escogidos y la glorificación de todos los verdaderos creyentes será parte para que hasta los más encarnizados enemigos de Dios reconozcan que Dios es el SEÑOR.

¡Ojalá que su poder victorioso y convincente por el Espíritu Santo sea manifiesto en la predicación del Evangelio hasta que todos los pueblos de la tierra inclinen sus frentes ante el nombre de Jesús y le proclamen como su Señor!

22 de enero

GENEROSIDAD CRISTIANA

¡Qué alegría hay para los que tratan bien a los pobres!
El SEÑOR los rescata cuando están en apuros.

SALMOS 41:1

Obligación de todo cristiano es pensar en los pobres y tener un corazón compasivo para con ellos. Jesús los puso al lado nuestro, entre nosotros, cuando dijo: «Siempre habrá pobres entre ustedes» (Juan 12:8).

Muchos dan limosna a los pobres de prisa para desentenderse de ellos; muchísimos otros no les dan nada. La promesa ha sido hecha para aquellos que tratan bien a los pobres, examinan sus necesidades, piensan en los medios de ayudarles y juiciosamente los llevan a cabo. Mucho más podemos hacer con nuestros cuidados, con nuestra delicada solicitud que con el dinero, y más todavía con ambas cosas a la vez. El Señor promete su ayuda, en los días de apuro, a quienes piensan en los pobres. Él nos librará de nuestra pena si ayudamos a los demás a salir de la suya, y nosotros recibiremos una ayuda providencial muy grande si el Señor ve cómo procuramos nosotros proveer a los demás. Por muy generosos que seamos, tendremos días malos; pero si somos benévolos, podremos reclamar del Señor una ayuda especial y directa, porque Él ha empeñado su palabra y no podrá negarla. El avaro se preocupa de sí mismo, pero el Señor favorece al creyente compasivo y generoso. De la misma forma en que hayas tratado a los demás, así hará el Señor contigo. Sé generoso.

23 de enero

SACRIFICIO CONSUMADO

*Coloca la mano sobre la cabeza del animal, y
el SEÑOR aceptará la muerte del animal en tu
lugar a fin de purificarte y hacerte justo ante él.*

LEVÍTICO 1:4

Tan pronto como el que presentaba el holocausto ponía la mano sobre la víctima, ésta era aceptada. ¡Con cuánta más razón lo será Cristo, nuestra víctima, cuando sobre Él ponemos la mano de la fe!

En ti mi fe se apoya
En ti, Jesús, mi gloria y embeleso
En tanto que afligido y penitente
Mi culpa yo confieso.

Si Dios aceptaba un becerro en expiación del pecado, ¡con cuánto mayor motivo aceptará Dios el sacrificio de Jesús que fue nuestra propiciación completa y suficiente! Algunos discuten la doctrina de la sustitución; para nosotros esa sustitución es nuestra esperanza, nuestro gozo nuestra gloria, nuestro todo. Jesús es aceptado por nosotros, como nuestra expiación, y nosotros somos «aceptos en el Amado» (Efesios 1:6, RVC).

Lector, pon tu mano ahora mismo sobre el sacrificio consumado de Jesús, y recibirás bendición completa. Si nunca lo hiciste, extiende con fe tu mano sin demora alguna. Jesús será tuyo si quieres que lo sea. Apóyate en Él ahora mismo con todas tus fuerzas. Tuyo es, no tengas la menor duda. Estás reconciliado con Dios; tus pecados son borrados, y tú perteneces al Señor.

24 de enero

GUARDIÁN DE NUESTROS PIES

Él guarda los pies de sus santos.

1 Samuel 2:9 (lbla)

El camino es resbaladizo y nuestros pies son débiles; pero el Señor guarda nuestros caminos y afirma nuestros pies. Si con fe y obediencia nos entregamos a Él, Él mismo se constituirá en nuestro custodio. No sólo mandará a sus ángeles para que nos guarden, sino que Él mismo guardará nuestras salidas.

Él guardará nuestros pies de toda caída para que no manchemos nuestras vestiduras, ni seamos heridos en nuestras almas, ni la causa de que blasfeme el enemigo.

Él guardará nuestros pies para que no deambulen, ni entremos por senderos de mentira o por caminos anchos de locura, o por sendas mundanales.

Él guardará nuestros pies para que no se hinchen con la fatiga del largo caminar, ni se hieran por la aspereza del sendero.

Él guardará nuestros pies de las heridas; de hierro y metal será nuestro calzado. Aun cuando tuviéramos que poner nuestros pies sobre el filo de una espada, o sobre serpientes venenosas, no se ensangrentarán nuestros pies, ni seremos envenenados.

Finalmente, Él librará nuestros pies de la red. No seremos envueltos en los lazos de seducción que nos tienda el enemigo astuto de nuestras almas. Fortalecidos con esta promesa, corramos sin cansancio y sin temor. El que guarda nuestros pies los guardará con eficacia.

CONFESIÓN SINCERA

---

*Declarará a sus amigos: "Pequé y torcí la verdad,
pero no valió la pena. Dios me rescató de la
tumba y ahora mi vida está llena de luz".*

Job 33:27-28

Esta es una palabra de verdad sacada de la experiencia de un hombre de Dios y que puede ser considerada como una promesa. Todo lo que el Señor ha hecho y está haciendo continuará llevándolo a cabo hasta tanto que el mundo subsista. El Señor aceptará a todos los que acudan a Él confesando sinceramente sus pecados. Dios siempre está atento para descubrir a todos los que están tristes a causa de sus pecados.

¿No podemos nosotros aplicarnos estas mismas palabras? ¿No hemos pecado voluntaria y personalmente, de modo que hemos podido decir con verdad: «Pequé»? ¿No hemos pecado intencionadamente pervirtiendo lo recto? ¿No hemos pecado con el resultado de que no valió la pena y solo nos acarreó la muerte eterna? Vayamos a Dios con esta confesión sincera. Dios no nos exige más, pero tampoco nosotros podemos darle menos.

Presentemos su promesa en nombre de Jesús. Él librará nuestra alma del abismo del infierno, cuya boca está abierta para tragarnos; Él nos concederá vida y luz. ¿Por qué desesperar? ¿Por qué dudar? El Señor jamás defrauda a las almas sencillas. Piensa bien lo que dice. Los culpables pueden ser perdonados. Quienes merecen la condenación pueden ser absueltos de forma gratuita. ¡Señor, a ti confesamos nuestros pecados e imploramos tu perdón!

SIN TEMORES

———◆———

Ninguna maldición puede tocar a Jacob; ninguna magia ejerce poder alguno contra Israel.

NÚMEROS 23:23

¡Estas palabras deberían arrancar de raíz todos los temores pueriles y supersticiosos! Aun cuando hubiese alguna verdad en la hechicería y los agüeros, el pueblo de Dios no debería dejarse afectar por ellos. A quienes Dios bendice no puede maldecir el diablo.

Hombres sin temor de Dios, como Balaam, pueden conspirar astutamente contra el pueblo de Israel, pero su silencio y mentira fracasarán. Su pólvora está húmeda, y mellado el filo de su espada. Se juntan en asamblea, pero en vano, porque Dios no está en medio de ellos. Bien podemos permanecer tranquilos y dejarles tender sus redes; es seguro que no caeremos en ellas. Aun cuando soliciten la ayuda de Satanás, y se sirvan de todas sus artimañas, de nada les valdrá; todos sus encantamientos saldrán fallidos y a sí mismos se engañarán. ¡Cuán grande bendición es ésta! ¡Y cómo tranquiliza el corazón!

Los Jacob de Dios pelean con Dios, pero ninguno peleará con ellos y vencerá. Los Israel de Dios tienen poder cerca de Dios y triunfan. Ninguno podrá prevalecer contra ellos. No temamos al enemigo mortal de nuestras almas, ni a los enemigos ocultos cuyas palabras son mentirosas y cuyos proyectos, incomprensibles. Jamás podrán dañar a quienes confían en el Dios viviente. Nosotros desafiamos al diablo y a todas sus legiones juntas.

27 de enero

VALIOSO
ARREPENTIMIENTO

*Recordarán todas las formas en que se contaminaron
y se odiarán a sí mismos por el mal que hicieron.*

EZEQUIEL 20:43

*C*uando el Señor nos recibe y gozamos de su favor, de su paz y seguridad, nos conduce al arrepentimiento de nuestros pecados y de nuestra mala conducta para con nuestro bondadoso Dios. El arrepentimiento es tan valioso que bien podemos calificarlo de diamante de primerísima calidad, el cual bondadosamente es prometido al pueblo de Dios como la consecuencia más santificadora de la salvación. Quien acepta el arrepentimiento, también lo da, y no de su «caja amarga», sino de entre las «obleas con miel» (Éxodo 16:31), con las cuales alimenta a su pueblo. El mejor modo de ablandar un corazón de piedra es poseer el sentimiento de un perdón, comprado con sangre, y de una misericordia inmerecida.

¿Somos duros de corazón? Pensemos en el pacto de su amor, y así dejaremos el pecado, lo lamentaremos y llegaremos a aborrecerlo; más aún, nos sentiremos indignos por haber pecado contra el amor infinito de Dios. Acerquémonos a Dios con la promesa de penitencia y pidámosle que nos ayude a recordarla, a arrepentirnos de nuestro pecado y volvernos a Él. ¡Ojalá pudiéramos gozar de la dulzura de una tristeza santa! ¡Cuán aliviados quedaríamos si nos fuera dado derramar torrentes de lágrimas! ¡Señor, golpea la roca, habla a la roca y haz que brote el agua!

NO MÁS LÁGRIMAS

Él les secará toda lágrima de los ojos.

APOCALIPSIS 21:4

Sí, esto sucederá con nosotros si somos verdaderos creyentes. El dolor cesará y nuestras lágrimas serán secadas. Este mundo es un valle de lágrimas, pero éstas cesarán de brotar de nuestros ojos. Habrá un cielo nuevo y una tierra nueva, así dice el primer versículo de este capítulo. Lee el versículo 2, y considera cómo habla de la novia y de su boda. Las bodas del Cordero serán motivo de regocijo infinito y en ellas no tienen cabida las lágrimas. El versículo 3 añade que el mismo Dios vivirá con los hombres, y seguramente habrá deleites a su diestra para siempre, y las lágrimas no caerán jamás.

¿Qué tal será nuestro estado cuando ya no habrá más llanto, ni tristeza, ni dolor? Esto será más glorioso de lo que ahora mismo nos podemos siquiera imaginar. ¡Ojos enrojecidos de tanto llorar, dejen su llanto abrasador; dentro de poco tiempo no sabrán qué cosa sean las lágrimas! Nadie como Dios puede secar las lágrimas; para eso ha venido. «El llanto podrá durar toda la noche, pero con la mañana llega la alegría» (Salmos 30:5).

¡Ven, Señor, y no tardes, porque ahora todos tenemos que llorar!

BENDICIONES
POR OBEDECER

---

*Asegúrate de obedecer todos mis mandatos, para
que te vaya bien a ti y a todos tus descendientes,
porque así estarás haciendo lo que es bueno
y agradable ante el SEÑOR tu Dios.*

DEUTERONOMIO 12:28

Aun cuando la salvación no es por las obras de la ley,
sin embargo las bendiciones prometidas a la obediencia tampoco son negadas a los siervos fieles al Señor.
Jesucristo borró todas las maldiciones cuando fue hecho
maldición por nosotros; en cambio, ninguna promesa de
bendición ha sido revocada.

Nuestro deber es estudiar y escuchar la voluntad de
Dios prestando nuestra atención, no únicamente a ciertos
pasajes de su Palabra, sino a «todos mis mandatos». No
hemos de entresacar y escoger, sino que debemos esperar,
con imparcialidad todo cuanto Dios nos ha mandado. Tal
es el camino de bendición tanto para el padre como para
los hijos. La bendición del Señor acompaña a sus escogidos
hasta la tercera y cuarta generación. Si andan rectamente
en su presencia, Él hará que todos los hombres conozcan
que son descendencia bendita del Señor.

Por el engaño y la hipocresía jamás podrá caer bendición alguna sobre nosotros y sobre los nuestros. Los
caminos según el mundo y la impiedad tampoco pueden
traernos bien alguno. Todo nos saldrá bien si Dios está
con nosotros. Si la integridad no puede prosperarnos,
tampoco prosperaremos por medio del engaño. Todo lo
que es del agrado de Dios nos proporcionará alegría.

30 de enero

ESCOLTA SEGURA

---

*Además, yo estoy contigo y te
protegeré dondequiera que vayas.*

GÉNESIS 28:15

¿Necesitamos de alguna gracia especial para algún viaje que debemos emprender? Aquí la tenemos: la presencia y el cuidado de Dios. Siempre necesitamos ambas cosas, y en todo lugar las tendremos si cumplimos con nuestro deber y no nos dejamos guiar por nuestras propias inclinaciones. ¿Por qué consideramos nuestro traslado a otro país como una triste necesidad, cuando esa es la voluntad de Dios? El creyente, dondequiera que viva, es un peregrino y extranjero, y en todas partes Dios será su refugio, como lo ha sido para los santos de generación en generación. Podemos carecer de la protección del monarca de la tierra, pero cuando Dios dice: «te protegeré», no hay por qué temer. Este es el mejor pasaporte para un viajero, y una escolta segura para el emigrado.

Jacob nunca había abandonado la casa de su padre: no teniendo el espíritu aventurero de su hermano, permaneció en casa como el hijo mimado de su madre. Sin embargo, salió de casa y Dios le acompañó. Mezquino era su bagaje, y ningún séquito iba con él, pero ningún príncipe de la tierra se vio tan escoltado. Cuando dormía en pleno campo, los ángeles velaban sobre él, y le habló el Señor. Si el Señor nos manda salir, digamos con Jesús: «Vamos, salgamos de aquí» (Juan 14:31).

31 de enero

NOS OIRÁ SIEMPRE

━━━◆━━━

Mi Dios me oirá.

MIQUEAS 7:7

Nuestros amigos pueden ser desleales, pero el Señor jamás se apartará del alma sincera; al contrario, Él oirá todos sus deseos. Dice el Profeta: «No confíen en nadie… ¡ni siquiera en su esposa! ¡Sus enemigos están dentro de su propia casa!» (Miqueas 7:5-6). Angustiosa es nuestra situación, pero incluso en este caso permanece a nuestro lado el mejor Amigo a quien podemos comunicar todas nuestras penas.

Nuestra sabiduría consiste en mirar al Señor, no en discutir con los hombres. Si nuestros llamamientos cariñosos son desatendidos por nuestros parientes mismos, confiemos en el Dios de nuestra salud, porque Él oirá nuestros clamores. Él nos atenderá mejor a causa de la crueldad y opresión de los demás, y pronto podremos exclamar: «¡Enemigos míos, no se regodeen de mí!» (Miqueas 7:8).

Porque Dios es el Dios viviente, puede oírnos; porque es un Dios de amor, nos oirá; porque es el Dios del pacto, se ha comprometido a oírnos. Si cada uno de nosotros podemos llamarle «mi Dios», podremos añadir con absoluta certeza: «Mi Dios me oirá».

¡Acércate, pues, corazón herido, y cuenta todas tus penas a tu Dios! Yo me arrodillaré en secreto, e interiormente diré: «Mi Dios me oirá».

1 de febrero

NO DESMAYEMOS

Sin embargo, para ustedes que temen mi nombre, se
levantará el Sol de Justicia con sanidad en sus alas.

MALAQUÍAS 4:2

Esta promesa alentadora, cumplida ya en la primera venida de nuestro glorioso Salvador, tendrá perfecto cumplimiento en su segunda venida: sin embargo, es una promesa de aplicación cotidiana. ¿Vives, lector, en la oscuridad? ¿Notas que esa oscuridad va haciéndose cada vez más profunda? No desmayes, porque aún tiene que brillar el sol. La noche es más sombría cuando se acerca el alba.

El sol que nacerá no será un sol cualquiera. Es el Sol de Justicia que irradiará santidad. Viene a regocijarnos con los resplandores de su justicia y misericordia, no a quebrantar ley alguna para salvarnos. Jesús es la manifestación de la santidad y amor de Dios. Cuando venga, nuestra liberación será cierta porque es justa.

Nuestra pregunta debería ser esta: ¿Tememos el nombre del Señor? ¿Reverenciamos al Dios vivo y andamos en sus caminos? Si así es, la noche para nosotros será de corta duración; y cuando llegue la mañana, la enfermedad y la tristeza desaparecerán para siempre de nuestros corazones. Nuestra herencia será luz, calor, gozo y claridad; después vendrá la sanidad de toda dolencia y desaparecerán todas las preocupaciones.

¿Ha resplandecido Jesús sobre nosotros? Gocémonos de este sol. ¿Ha escondido su rostro? Estemos seguros de que, a manera de sol, resplandecerá sobre nosotros.

2 de febrero

SALTOS DE ALEGRÍA

Saldrán libres, saltando de alegría como
becerros sueltos en medio de los pastos.

MALAQUÍAS 4:2

*C*uando resplandece el sol, abandonan los enfermos sus habitaciones para respirar el aire fresco del campo. Cuando el sol nos trae la primavera y el verano, dejan los ganados sus establos para buscar los ricos pastos de las altas montañas. Del mismo modo, cuando estamos en plena comunión con nuestro Dios, abandonamos las moradas del temor y salimos al campo de una santa confianza. Escalamos las montañas de la bendición y nos nutrimos de los pastos que crecen más cerca del cielo que entre las provisiones de un mundo carnal.

«Saldrán» y «saltando». Esta es una doble promesa. ¡Oh, alma mía! Procura gozar con ansia de ambas bendiciones. ¿Por qué apetecer la cautividad? Levántate y corre con libertad. Jesús dice que sus ovejas entrarán y saldrán y encontrarán pastos. Por lo tanto, sal fuera y aliméntate en las ricas praderas del amor infinito.

¿Por qué quieres seguir siendo niño en la gracia? Crece. Los novillos crecen rápidamente, sobre todo si han sido cebados en los establos: pero tú gozas de los solícitos cuidados de tu Redentor. Crece, pues, en la gracia y conocimiento de tu Señor y Salvador. No crezcas débil y enfermizo. El Sol de Justicia resplandece sobre ti. Abre tu corazón a sus rayos como las rosas abren sus capullos a la luz del sol para que te desarrolles y crezcas en Él.

3 de febrero
ÉL DA LIBREMENTE

Si Dios no se guardó ni a su propio Hijo, sino que lo entregó
por todos nosotros, ¿no nos dará también todo lo demás?

Romanos 8:32

Si bien no tenemos aquí una promesa formal, sin embargo realmente lo es, y más que una promesa, es un conglomerado de promesas: rubíes, esmeraldas y diamantes engarzados en oro. La pregunta y respuesta de nuestro texto, de ninguna manera pueden causar ansiedad en nuestro corazón. ¿Qué cosa podrá negarnos el Señor después de habernos dado a su propio Hijo? Si tenemos necesidad de las cosas que hay en el cielo y en la tierra, ciertamente nos las dará, porque si hubiese habido límite en los dones de su amor, no habría entregado a su Unigénito.

¿De qué estoy necesitado en este momento? Solo me queda pedírselo. Puedo hacerlo en reiteradas instancias, pero no como si tuviera que arrancar por la fuerza de la mano del Señor un don que se da de mala gana. Dios lo concede gratuitamente. De su propia voluntad nos dio a su propio Hijo. A buen seguro que a nadie se le hubiera ocurrido pedirle semejante don. Sería presuntuoso exigírselo. Él nos ha dado espontánea y libremente a su Hijo amado, y siendo así, ¿puedes, alma mía, desconfiar de que tu Padre celestial te conceda todas las cosas? Si la fuerza fuera necesaria, tu pobre oración sería nula ante su omnipotencia; pero su amor, a manera de manantial, brota de su corazón y es sobreabundante para satisfacer todas tus necesidades.

CONSUELO EN SU SEGUNDA VENIDA

———◆———

No los abandonaré como a huérfanos; vendré a ustedes.

JUAN 14:18

Jesús nos dejó, pero no quedamos huérfanos. Fue nuestro consuelo y se fue, pero no quedamos desconsolados. Nuestro mayor gozo es que vendrá, lo cual es suficiente para que podamos sostenernos y consolarnos durante su prolongada ausencia. Jesús está ya de camino. Él nos dice: «Vengo en breve»: con rapidez se acerca a nosotros. «Vendré», y nadie podrá impedir su venida, o retrasarla ni siquiera un cuarto de hora. «Vendré a ustedes», y así lo hará. Su venida es sobre todo para los suyos. Y esto constituye su consuelo presente mientras lloran la ausencia del Esposo.

Cuando perdemos el gozoso sentido de su presencia, nos afligimos; pero no debemos entristecernos como quien no tiene esperanza. Nuestro Señor, tal vez en su ira, nos ha escondido su rostro por algunos momentos; pero pronto se nos revelará con todo su favor. En cierto sentido nos deja, pero cuando así lo hace, nos deja la garantía de su retorno. Oh, Señor, ven pronto. Mientras estés ausente, no puede haber vida en esta existencia terrenal. Suspiramos por el retorno de tu dulce sonrisa. ¿Cuándo vendrás a nosotros? Estamos seguros de tu venida.

¡Apresúrate y no tardes, oh Dios, nuestro Señor!

5 de febrero

JUSTICIA SATISFECHA

Cuando yo vea la sangre, pasaré de largo.

ÉXODO 12:13

Ver la preciosa sangre de Cristo es un consuelo, pero lo que importa y me da seguridad es que Dios la ve. Aun cuando yo no pueda verla, estoy seguro de que el Señor la contempla, y a causa de ella me perdona. Si no vivo tan tranquilo como debiera vivir, porque mi fe es débil, no por eso dejo de estar igualmente seguro, ya que los ojos del Señor no están nublados, y ven la sangre del gran sacrificio. ¡Qué alegría!

Dios conoce la plenitud infinita y el hondo significado que se encierran en la muerte de su amado Hijo. Delante de sus ojos tiene siempre el recuerdo de su justicia satisfecha y de sus incomparables atributos glorificados por Él. Al contemplar la creación en su espléndido desarrollo reconoció que lo que había hecho era «muy bueno» (Génesis 1:31); pero ¿qué dice de la Redención completa?, ¿qué de la obediencia hasta la muerte de su amado Hijo? Nadie podrá jamás expresar cuál sea su satisfacción al contemplar la muerte de Jesús y cuál sea su contentamiento ante el olor suave que en su presencia despidió el sacrificio del Cordero sin mancha.

Por eso vivimos en calma y seguridad, porque tenemos el sacrificio de Dios y su Palabra que nos proporcionan esa perfecta seguridad. Él pasará de largo como el ángel sobre las casas de los hebreos, puesto que tenemos a nuestro glorioso Sustituto. La justicia y la misericordia juntan sus manos para conceder salvación eterna a todos los que han sido rociados con su sangre.

BENDICIÓN EN LA CIUDAD

Si obedeces al SEÑOR tu Dios:
Bendito serás en la ciudad.

DEUTERONOMIO 28:2-3 (LBLA)

La ciudad está llena de preocupaciones y quien vive en ella sabe que es un lugar donde te agobias mucho. Toda ella es ruido, movimiento, agitación incesante y trabajo penoso. Hay muchas tentaciones, pérdidas y molestias de todo tipo. Pero si entramos en ella con la bendición divina, todas estas dificultades perderán su carácter agresivo. Y si allí permanecemos con esta bendición, hallaremos gozo en el cumplimiento de nuestros deberes y fuerza proporcionada a sus exigencias.

La bendición en la ciudad tal vez no nos haga grandes, pero nos librará del mal. Tal vez no nos enriquezca, pero sí nos mantendrá fieles. Podemos ser porteros, oficinistas, directores, hombres de negocios, o magistrados, la ciudad nos proporcionará oportunidades para ser útiles. Es fácil pescar donde abunda la pesca, y se puede trabajar con éxito para el Señor en medio de las multitudes. Podemos anhelar la apacible quietud de una vida campestre; pero si somos llamados a vivir en la ciudad, ciertamente podemos preferirla, ya que allí encontraremos un campo más propicio para desarrollar nuestras actividades.

Esperemos grandes cosas de esta promesa; tengamos muy abiertos nuestros oídos para escuchar la voz del Señor, y nuestras manos dispuestas para llevar a cabo sus mandatos. La obediencia a sus leyes trae consigo la bendición. Hay «una gran recompensa para quienes las obedecen» (Salmos 19:11).

VOLVER PARA SER RESTAURADO

Si te vuelves al Todopoderoso, serás restaurado.

JOB 22:23

Al expresarse así, Elifaz dijo una gran verdad que compendia muchas verdades de la Palabra de Dios. Lector, ¿has sucumbido al pecado? ¿Te has convertido en una verdadera ruina? ¿De tal manera ha caído sobre ti la mano del Señor, que te encuentras empobrecido y sin fuerzas? ¿Acaso no fue tu propia locura la que te acarreó tantos perjuicios? En este caso, lo primero que has de hacer es volverte a tu Señor. Retorna de tu apostasía por medio del arrepentimiento y una fe sincera. Ese es tu deber, porque te has apartado de Aquel a quien prometiste servir. Si posees la verdadera sabiduría, comprenderás que es un desatino luchar contra Él y salir aventajado. Además, volver a Él es una necesidad muy urgente porque todo lo que Él ha hecho no puede compararse con el castigo que puede enviarte, puesto que es Todopoderoso para castigar.

Esta es su promesa: «serás restaurado». Solo el Todopoderoso puede levantar las columnas caídas y restaurar los muros vacilantes de tu ser moral. Y puede hacerlo y seguramente lo hará si te vuelves a Él. No tardes. Si perseveras en tu rebelión, tu mente acabará por trastornarse del todo. Una confesión sincera te aliviará, y una fe humilde te consolará. Hazlo así, y todo irá bien.

SEGURIDAD GOZOSA

Siempre te sostendré con mi justiciera mano derecha.

Isaías 41:10 (RVC)

El temor de caer es cosa saludable: en cambio, la temeridad no es señal de sabiduría. Hay momentos en que por fuerza tenemos que sucumbir, si no contamos con un auxilio muy especial. Este auxilio lo tenemos: la mano derecha de Dios es un sólido punto de apoyo. Presta atención: ya no es solamente su mano la que sostiene en su puesto los cielos y la tierra, es su mano derecha, en la que están reunidas la fuerza y la habilidad, la que nos asegura este apoyo. Es más, escrito está: «Siempre te sostendré con mi justiciera mano derecha». Es la mano que utiliza para mantener su santidad y ejecutar sus sentencias reales. Nuestro peligro es digno de temerse, pero nuestra seguridad es gozosa. El hombre sostenido por Dios no puede ser derribado por los demonios.

Podrán ser débiles nuestros pies, pero la mano derecha de Dios es omnipotente. El camino es arduo, pero el Todopoderoso es nuestro sostén. Bien podemos avanzar confiados sin temor de caer. Apoyémonos de continuo en Aquel que sostiene todas las cosas. Dios jamás retirará de nosotros su fuerza, porque su justicia está al lado de su fuerza. Él será fiel a su promesa, fiel a su Hijo, y, por lo tanto, fiel a nosotros. ¡Cuán alegres deberíamos estar! ¿No lo estamos ya?

REFINADOS POR FUEGO

*A este último grupo lo pasaré por el fuego y los
haré puros. Los refinaré como se refina la plata y
los purificaré como se purifica el oro. Invocarán mi
nombre y yo les responderé. Les diré: "Éste es mi pueblo",
y ellos dirán: "El SEÑOR es nuestro Dios".*

ZACARÍAS 13:9

*L*a gracia nos convierte en metal precioso: después, el
horno y el fuego vienen como consecuencia natural.
¿Nos espanta esta visión? ¿Preferimos ser estimados sin
valor alguno, como las piedras del campo, con tal de gozar
de quietud y descanso? Esto sería escoger la parte más despreciable, como hizo Esaú renunciando al pacto por un
plato de comida. ¡No, Señor, antes ser lanzados al horno
que arrojados de tu presencia!

El fuego afina los metales, no los destruye. Seremos
pasados por el fuego, pero no quedaremos en él. El Señor
estima a su pueblo como a la plata; por eso quiere puri-
ficarlo de la escoria. Si somos sabios, sabremos apreciar
el proceso de la fundición, antes que rehusarlo. Nuestra
oración ha de consistir en pedir, no que seamos sacados
del crisol, sino que desaparezca la escoria.

¡Oh, Señor, Tú nos pruebas de verdad! A punto estamos de derretirnos bajo el calor de la llama. Sin embargo,
éste es tu camino, y tu camino es el mejor. Sostennos en
la prueba y perfecciona la obra de nuestra purificación, y
tuyos seremos para siempre.

TESTIGO CONSTANTE

*Pues tú serás su testigo; les contarás
a todos lo que has visto y oído.*

HECHOS 22:15

El apóstol Pablo fue escogido para ver al Señor y oír cómo le hablaba desde el cielo. Esta elección fue para él un privilegio singular. Sin embargo, la bendición recibida no fue para que se quedara solamente con su persona, sino para que influyera en los demás y en todos los hombres. Europa entera debe a san Pablo el evangelio que ahora tiene.

Nosotros también, en la medida de nuestras fuerzas, tenemos la obligación de ser testigos de lo que el Señor nos ha revelado; y esconder esta gloriosa revelación constituiría un peligro para nosotros. Primero, debemos ver y oír; de lo contrario, nada tendríamos que comunicar; pero si hemos visto y oído, debemos sentir ansias de dar nuestro testimonio. Y nuestro testimonio ha de ser personal: «tú serás». Ha de ser para Cristo: «serás su testigo». Debe ser constante y absorberlo todo. Primeramente, y dejando a un lado muchas cosas, debemos ser testigos. Nuestro testimonio no ha de dirigirse a unos pocos escogidos que lo aceptarían con agrado, sino a todos, a cuantos podamos alcanzar, tanto jóvenes como ancianos, ricos y pobres, buenos y malos. No hemos de callar, como si estuviéramos poseídos de un espíritu mudo, porque el versículo en cuestión es un mandamiento y una promesa, y debemos cumplirlo. «Pues tú serás su testigo». «"Ustedes son mis testigos", declara el SEÑOR» (Isaías 43:10, NBLH). ¡Cumple, Señor, también en mí tu palabra!

11 de febrero

BENDICIÓN SOBRE
LOS HIJOS

*Derramaré mi Espíritu sobre tus descendientes,
y mi bendición sobre tus hijos.*

ISAÍAS 44:3

Nuestros hijos, por naturaleza, carecen del Espíritu de Dios, como podremos comprobarlo. En ellos podemos advertir muchas cosas que nos hacen temer por su porvenir, lo cual debe ser objeto de nuestras súplicas y oraciones. Cuando uno de nuestros hijos se descarría, clamamos con Abraham: «¡Que Ismael viva bajo tu bendición especial!» (Génesis 17:18). Preferiríamos ver a nuestras hijas humildes y piadosas antes que emperatrices. Este texto debería animarnos mucho. Viene a continuación de estas palabras: «No tengas miedo, oh Jacob, siervo mío», y por tanto no debemos amedrentarnos.

El Señor dará su espíritu y lo dará en abundancia; lo dará eficazmente para que sea una verdadera y eterna bendición. Con esta efusión divina, nuestros hijos avanzarán, y «algunos dirán con orgullo: "Yo le pertenezco al SEÑOR"; otros dirán: "Soy descendiente de Jacob"» (Isaías 44:5).

Ésta es una de las promesas cuyo cumplimiento quiere el Señor que se lo pidamos. ¿No deberíamos, en determinados momentos, orar por nuestros hijos? Somos incapaces de darles un nuevo corazón, pero el Espíritu Santo puede hacerlo, y quiere que se lo pidamos. El Padre Celestial se contenta mucho con las oraciones de los padres. ¿Ha quedado fuera del arca alguno de nuestros seres queridos? No descansemos hasta verlos metidos en ella por la mano del Señor.

BENDICIÓN POR BUSCAR LA PAZ

———

El SEÑOR le dijo a Abram: «Mira lo más lejos que puedas en todas las direcciones: al norte y al sur, al oriente y al occidente. Yo te doy toda esta tierra, tan lejos como alcances a ver, a ti y a tu descendencia como posesión permanente».

GÉNESIS 13:14-15

Es una bendición especial en una ocasión memorable. Abraham había dado fin a una contienda familiar: «No permitamos que este conflicto se interponga entre nosotros… Después de todo, ¡somos parientes cercanos!» (Génesis 13:8). Por lo tanto, él recibió la gracia prometida a los pacíficos. El Señor y dador de toda paz se complace en manifestar su gracia a quienes buscan la paz y la siguen. Si deseamos gozar de una comunión más íntima con Dios, tenemos que seguir más de cerca los caminos de la paz.

Abraham fue muy generoso con su pariente permitiéndole escoger la tierra. Si renunciamos a nosotros mismos por amor de la paz, el Señor nos recompensará generosamente. Abraham podía reclamar toda la tierra que alcanzaba su vista, y nosotros podemos hacer lo mismo por la fe. Abraham tuvo que esperar hasta conseguir la posesión que se le prometía, pero el Señor entregó a él y a su posteridad la tierra prometida. Por el don del pacto nos pertenecen infinitas bendiciones. Todo es nuestro. Cuando nuestra vida es grata al Señor, nos permite mirar alrededor nuestro y considerar como nuestras todas las cosas; lo presente y lo porvenir todo es nuestro y nosotros de Cristo y Cristo de Dios.

BENDICIÓN EN EL CAMPO

Bendito serás en el campo.

Deuteronomio 28:3 (LBLA)

*I*saac fue bendito cuando, al atardecer, salió al campo para meditar. ¡Cuántas veces nos ha encontrado el Señor cuando estábamos solos! Las setas y los árboles pueden dar testimonio de nuestra alegría, y abrigamos la esperanza de poder disfrutar nuevamente de esos apacibles momentos.

Booz fue bendito cuando recogió su cosecha, y sus siervos le saludaron con bendiciones. ¡Que el Señor prospere a todos aquellos que cultivan la tierra! El agricultor que obedece la voz de Dios puede presentar esta promesa en su presencia.

Vayamos al campo a trabajar como lo hizo nuestro padre Adán; desde que la maldición de Dios cayó sobre la tierra a causa del pecado del primer Adán, es un consuelo poder encontrar una bendición en el segundo.

Vayamos al campo para ejercitar nuestros cuerpos, en la esperanza cierta de que Dios bendecirá este ejercicio que fortalecerá nuestra salud y que servirá para su gloria.

Vayamos al campo para estudiar allí las maravillas de la creación porque todo conocimiento de la naturaleza puede ser santificado y utilizado del modo más eficaz para la bendición del Señor. Finalmente, hemos de ir al campo para enterrar a nuestros muertos; y otros, algún día, irán para darnos sepultura a nosotros. Encontraremos la bendición de Dios tanto si lloramos ante una tumba, como si yacemos en ella.

RODEADOS DE MISERICORDIA

⎯⎯●⎯⎯

Al que confía en el SEÑOR, la misericordia lo rodeará.

SALMOS 32:10 (LBLA)

¡*Q*ué galardón tan espléndido para el que confía! ¡Quiera el Señor concedérmelo con abundancia! Quien en Él confía se confiesa el mayor pecador del mundo, y para él está preparada la misericordia de Dios. Sabe que ningún mérito hay en él, pero la misericordia desciende sobre su persona y se le concede con liberalidad. ¡Señor, concédeme esta gracia, porque en ti confío!

Considera, alma mía, la defensa que te rodea. De igual manera que un príncipe se halla cercado de soldados, así lo estás tú de la misericordia de Dios. Delante y detrás de ti, por todos los lados, puedes contemplar esta numerosa guardia de la gracia.

Nos encontramos en el centro mismo de la gracia porque estamos en Cristo Jesús.

¡Oh, alma mía! ¡Qué atmósfera te envuelve! Del mismo modo que el aire te rodea por todas partes, así te circunda la misericordia de Dios. Grandes males están reservados para los malos; en cambio, hay para ti tanta abundancia de dones, que ni siquiera merecen mencionarse las tribulaciones. Dice David: «¡Así que alégrense mucho en el SEÑOR y estén contentos, ustedes los que le obedecen! ¡Griten de alegría, ustedes de corazón puro!» (Salmos 32:11). Obedeciendo este mandato, mi corazón triunfará en Dios y manifestará su gozo. De la manera que Tú me has rodeado de tu misericordia, así andaré yo alrededor de tus altares, oh Dios mío, con himnos de gratitud.

ÉL SE ACUERDA
DE NOSOTROS

El SEÑOR se acuerda de nosotros y nos bendecirá.

SALMOS 115:12

En cuanto a mí, podría firmar en mi propio nombre este primer testimonio. ¿Podrías hacerlo tú? Sí, el SEÑOR se acuerda de nosotros; nos ha consolado, nos ha liberado y nos ha guiado. En su paternal providencia ha tenido memoria de nosotros, y no nos ha dejado un solo momento de nuestra vida. Siempre nos tiene presentes: tal es el significado de la palabra «acordarse».

Así ha sucedido siempre, y así sucederá en el futuro. Sin embargo, en muchos casos, hemos podido comprobar de un modo clarísimo esta promesa, y podríamos recordarlo a los demás con gozosa gratitud. Sí, «El SEÑOR se acuerda de nosotros».

La frase que sigue es consecuencia lógica de la anterior. Dios no cambia, y, como lo hizo en el pasado, así también lo hará en el futuro. Ahora bien, acordarse es sinónimo de bendición. Sin embargo, no se trata de conclusiones dictadas por la razón, sino de afirmaciones de la Palabra inspirada por Dios. Estas afirmaciones están respaldadas por el Espíritu Santo: «nos bendecirá». Esto quiere decir cosas grandes e incomprensibles. Lo indefinido de la promesa tiene un alcance verdaderamente infinito. Nos bendecirá como Dios bendice, y su bendición será eterna. Por tanto, digamos agradecidos: «Bendice, alma mía, al SEÑOR» (Salmos 103:1, LBLA).

16 de febrero
TRATAMOS CON DIOS

*No, no desataré mi ira feroz. No destruiré por completo
a Israel, ya que no soy un simple mortal, soy Dios.*

Oseas 11:9

De este modo manifiesta Dios su clemencia. Tal vez el
lector se halla bajo la impresión del enojo de Dios,
y presienta una ruina rápida. Sirva este versículo para
librarte de la desesperación. El Señor te invita ahora a examinar tus caminos y a confesar tus pecados. Si fuera un
hombre, hace mucho tiempo que habría cortado el hilo de
tu vida. Si obrara como los hombres, después de la amonestación habría sobrevenido el castigo, y puesto fin a tu
vida. Pero Dios no obra así, porque «así como los cielos
están más altos que la tierra, así mis caminos están más
altos que sus caminos» (Isaías 55:9).

Sabes que Dios está enojado, pero su enojo no es
para siempre: Si te conviertes a Jesús, Dios no desatará
su ira. Porque Dios es Dios y no hombre, incluso cuando
te encuentres hundido en el pantano del pecado, tendrá
misericordia de ti. Date cuenta de que has de tratar con
Dios, no con hombres crueles, ni siquiera con hombres
justos. Ningún ser humano podría ser paciente contigo: a
los mismos ángeles habrías molestado como has afligido
a tu propio padre; no obstante, Dios es paciente. Puedes
probarlo ahora mismo. Confiésale tus pecados, cree y
arrepiéntete, y serás salvo.

RECOMPENSA POR NUESTRO TRABAJO

Pero en cuanto a ustedes, sean fuertes y valientes
porque su trabajo será recompensado.

2 Crónicas 15:7

Grandes cosas hizo Dios por el rey Asa y por Judá; sin embargo, era un pueblo débil. Sus pies vacilaban en el camino del Señor, y sus corazones andaban indecisos. Necesitaban saber que el Eterno estaría con ellos mientras se mantuvieran fieles en su servicio; pero si ellos le abandonaban, Él los abandonaría también. Del mismo modo fue necesario recordar a su vecino reino de Israel cuánto mal les vino encima a causa de su rebelión, y cuán bondadoso se mostró Dios cuando se arrepintieron. El propósito de Dios era confirmarles en su camino y fortalecerles en la justicia. Dios merece que le sirvamos con toda la energía de que somos capaces.

El servicio de Dios es digno de cualquier sacrificio. Si lo hacemos con diligencia y decisión, encontraremos en la obra del Señor la más rica recompensa. Nuestro trabajo en el Señor no es vano, lo sabemos perfectamente. El trabajo realizado sin esfuerzos, no nos proporcionará beneficio alguno; pero cuando se lleva a cabo con entereza, prosperará.

Este versículo fue el mensaje que recibió el autor en un día de terrible y pavorosa tormenta, y le ayudó a seguir adelante a todo vapor para poder llegar con seguridad al puerto con una carga gloriosa.

18 de febrero

ÉL SIEMPRE RESPONDERÁ

Él concede los deseos de los que le temen;
oye sus gritos de auxilio y los rescata.

SALMOS 145:19

El mismo Espíritu de Dios ha producido en nosotros estos deseos, y, por consiguiente, los cumplirá. Su vida en nosotros es la que inspira nuestros gritos, y, por tanto, Él los oirá. Quienes temen a Dios son aquellos que están piadosamente influidos por Él, y, por lo tanto, su deseo es glorificar a Dios y gozar de su presencia eternamente. Como Daniel, son hombres de santos deseos y el Señor hará que sus aspiraciones tengan cumplimiento.

Estos santos deseos son semillas de gracia, y el jardinero celestial las cultivará hasta que lleguen a madurar como el grano en la espiga. Los hombres que temen a Dios desean ser santos, útiles y de bendición para los demás, y con ello glorifican al Señor. Reclaman su ayuda en sus necesidades, piden fuerzas para sobrellevar la carga, consejo en sus perplejidades y liberación en sus angustias. A veces este deseo es tan intenso y su angustia tan apremiante que, en medio de su agonía, claman como los pequeñuelos en su dolor, y el Señor obra compasivamente y, de acuerdo con su promesa, «los rescata».

En efecto, si tememos a Dios, nada hemos de temer; si clamamos al Señor, nuestra salvación está asegurada. Amado lector: pon este versículo en tus labios y guárdalo en tu boca todo el día, y te será como «obleas con miel» (Éxodo 16:31).

19 de febrero
FIN DE LA AFLICCIÓN

Aunque te haya afligido, no te afligiré más.

NAHÚM 1:12 (LBLA)

*L*as aflicciones tienen sus límites. Dios las envía, y cuando le place las retira. Suspiras diciendo: ¿cuándo llegará el fin? Acuérdate de que tus penas ciertamente desaparecerán algún día: cuando termine nuestra vida terrenal. Mientras tanto, esperemos en silencio y aceptemos con paciencia la voluntad del Señor hasta que Él venga.

Entre tanto, nuestro Padre Celestial aparta la vara de su castigo cuando ya se han cumplido sobre nosotros sus designios. Cuando con su látigo haya arrojado todas nuestras locuras, cesarán los azotes. Y si la aflicción ha sido enviada para probarnos, con el fin de que nuestros corazones glorifiquen al Señor, estemos seguros de que la prueba terminará tan pronto como Dios haya sido glorificado con el testimonio de nuestra fe. Hemos de desear, pues, que no cese la aflicción hasta que hayamos podido tributar a Dios toda la honra que podemos darle.

Tal vez hoy habrá «una gran calma» (Mateo 8:26). ¿Quién sabe si estas olas furiosas no se tornarán algún día en mar de vidrio y las aves marinas puedan posarse sobre su apacible superficie? Después de una larga tribulación se levanta el trillo de la era, y el trigo reposa en el granero. Tal vez, al cabo de pocas horas, nuestro gozo sobrepasará nuestra pasada tristeza. Para el Señor no es difícil convertir la noche en día. El que amontona las nubes en el cielo puede también disiparlas. Cobremos ánimo. En adelante todo irá mejor; por eso, entonemos anticipadamente un aleluya regocijado.

20 de febrero
GUÍA CONTINUA

El SEÑOR los guiará continuamente.

ISAÍAS 58:11

*¿Q*ué es lo que te inquieta? ¿Has perdido tu camino? ¿Te has extraviado entre la espesura del bosque, y te es imposible encontrar el sendero? Detente, y verás la salvación enviada por tu Dios. Él conoce el camino y te guiará si clamas a Él.

Cada día trae sus preocupaciones. ¡Cuán dulce es saber que el Señor nos guiará continuamente! Si elegimos nosotros el camino, o si consultamos a otras personas, rechazamos la dirección de Dios; pero si rechacemos nuestra propia voluntad, Él guiará todos nuestros pasos en cada hora del día, en cada día del año, y en cada año de nuestra vida. Si queremos dejarnos guiar, seremos guiados. Si encomendamos a Dios nuestros caminos, Él enderezará nuestros pasos para que no nos perdamos.

Pero observa a quién se ha hecho esta promesa. Lee el versículo anterior: «Alimenten a los hambrientos» (v. 10). Debemos ayudar a nuestros prójimos y darles, no cortezas de pan duro, sino todo aquello que nosotros quisiéramos recibir. Si en la hora de escasez nos mostramos generosos y serviciales con nuestros semejantes, el Señor suplirá nuestras necesidades y nos guiará continuamente. Jesús es el Capitán no de los avaros y opresores de los pobres, sino de los generosos y compasivos. Tales viajeros nunca perderán su camino.

BENDICIÓN PARA LOS HUMILDES

Bendecirá a los que temen al SEÑOR,
tanto a los grandes como a los humildes.

SALMOS 115:13

Aquí hay una promesa de consuelo para todos aquellos que viven en una posición humilde. Nuestro Dios mira con bondad a quienes carecen de fortuna, talento e influencia. Dios se preocupa de las cosas más insignificantes de la creación. Ve a los pajarillos cuando caen en tierra. Nada es pequeño para Dios, porque el Señor se sirve de los más viles instrumentos a nuestros ojos para realizar sus propósitos. Que el más humilde entre los hombres pida a Dios una bendición y verá su persona, por insignificante que sea, iluminada por la felicidad.

Entre los que temen a Dios, hay humildes y grandes. Algunos son niños, otros gigantes. Pero todos son benditos. La fe, por pequeña que sea, es bendecida. La esperanza, por pequeña que sea, es bendecida. Todo don del Espíritu Santo, aunque en germen, lleva dentro de sí una bendición. El Señor Jesús ha comprado con su sangre a grandes y humildes, y tiene cuidado tanto de los corderos, como de las ovejas crecidas. No hay madre alguna que no se preocupe de su hijo, por pequeño que sea; antes al contrario, cuanto más pequeño, con mayor ternura le cría. Si el Señor pudiera tener preferencias para con los suyos, a buen seguro que no las pondría en la escala de «grandes a humildes», sino de «humildes a grandes».

22 de febrero

LIBERACIÓN PASADA PARA FE PRESENTE

*¡El mismo SEÑOR que me rescató de las garras
del león y del oso me rescatará de este filisteo!*

1 SAMUEL 17:37

Si solamente nos fijamos en las palabras, no veremos una promesa; sin embargo, lo es en realidad, porque David pronunció palabras que el Señor confirmó haciéndolas efectivas. De liberaciones pasadas dedujo él que podría recibir socorro en el peligro presente. En Jesús, todas las promesas son Sí y Amén para que el Señor sea glorificado por nosotros. Dios obra todavía con su pueblo como lo hizo en el pasado.

Recordemos, pues, las misericordias del Señor en otro tiempo. En otro tiempo, no esperábamos ser liberados por nuestras propias fuerzas, pero el Señor nos rescató. ¿Y no podrá rescatarnos nuevamente? Sin duda alguna lo hará. Así como David salió al encuentro de su enemigo, del mismo modo saldremos nosotros. El Señor que estuvo con nosotros, está también ahora. Él ha dicho: «Nunca te fallaré. Jamás te abandonaré» (Hebreos 13:5). ¿Por qué temblamos? Lo pasado, ¿fue un sueño? Pensemos en el oso y en el león muertos. ¿Quién es este filisteo? Aunque no sea un oso ni un león, Dios es el mismo y su honor está comprometido tanto en un caso como en otro. No nos salvó de las bestias del campo para que nos matase un gigante. Tengamos valor y no desmayemos.

23 de febrero
COMUNIÓN CONTINUA

Si ustedes permanecen en mí y mis palabras
permanecen en ustedes, pueden pedir lo
que quieran, ¡y les será concedido!

JUAN 15:7

Si queremos vivir para Cristo, es necesario estar en Él, y para poder aprovecharnos de la generosidad de esta promesa, debemos permanecer en Él. Esto significa no dejarle a cambio de otro amor u objeto, sino mantenerse en comunión con Él de una manera íntima, consciente y libre. La rama no solo está siempre cerca del tronco, sino que recibe vida y alimento continuamente de él. Todo verdadero creyente está en Cristo en cierto sentido, pero esta expresión tiene un más alto significado, al que debemos llegar si queremos alcanzar delante de su trono un poder ilimitado. El «pueden pedir lo que quieran», es para los Enoc que caminan con Dios, para los que como Juan se recuestan sobre su pecho, para aquellos cuya comunión con Cristo es continua.

El corazón debe conservarse en el amor, el entendimiento enraizarse en la fe, y la esperanza asegurarse en la Palabra; todo nuestro ser ha de estar en perfecta armonía con el Señor, sin lo cual sería peligroso confiarle este poder en la oración. Este poder ilimitado sólo puede ser concedido a quienes tienen por lema: «Ya no vivo yo, sino que Cristo vive en mí» (Gálatas 2:20). ¡Qué poder tan maravilloso se pierden todos aquellos que rompen la comunión con Dios! Si quieres ser poderoso en tus oraciones, es necesario que el Señor esté en ti y que tú permanezcas en Él.

24 de febrero
OÍDO ATENTO

Si ustedes permanecen en mí y mis palabras
permanecen en ustedes, pueden pedir
lo que quieran, ¡y les será concedido!

JUAN 15:7

Tengamos en cuenta que si queremos que Jesús nos escuche, es necesario que nosotros le oigamos a Él. Si no prestamos atención a Cristo, tampoco Él nos oirá; en la medida en que oímos, seremos oídos.

Además, lo que hemos oído tiene que permanecer y vivir en nosotros y después influir en nuestro carácter como una fuerza poderosa. Debemos aceptar las verdades que Jesucristo enseñó, los mandamientos que nos dejó y seguir los impulsos del Espíritu en nosotros; de lo contrario, no tendremos poder alguno ante el trono de su gracia.

Si recibimos las palabras de nuestro Señor y permanecen en nuestros corazones, se abrirá ante nuestros ojos un campo sin límites de bendiciones. Podemos expresar nuestra voluntad en la oración porque ya la hemos sometido antes a la voluntad del Señor. De este modo se preparan los Elías de este mundo para manejar las llaves del cielo y cerrar o desatar las nubes. Un hombre así vale más que mil cristianos ordinarios. ¿Deseamos humildemente ser intercesores con la Iglesia, con el mundo, y, como Lutero, obtener del Señor cuanto queramos? Si es así, debemos inclinar nuestro oído a la voz del Amado, atesorar sus palabras y cumplirlas fielmente. El que quiera orar con eficacia debe «escuchar atentamente» (Éxodo 15:6).

25 de febrero

APARTADOS PARA
EL SERVICIO

Ustedes serán llamados sacerdotes del SEÑOR.

Isaías 61:6

Esta promesa, hecha de un modo directo a Israel, pertenece espiritualmente a su posteridad según el Espíritu, o sea, a todos los creyentes. Si hacemos uso de nuestros privilegios, nuestra vida estará consagrada a Dios de una manera tan evidente, que todos los hombres reconocerán que hemos sido apartados para el servicio del Señor, y nos llamarán sacerdotes del Señor. Podemos trabajar o negociar, como lo hacen los demás, sin dejar de ser por eso siervos y ministros del Señor. Nuestra única ocupación será presentar al Dios vivo por Jesucristo el sacrificio perpetuo de nuestra oración, alabanza, testimonio y entera consagración.

Siendo éste nuestro único propósito, dejemos aquellas ocupaciones ordinarias de la vida, que nos distraen, en manos de aquellos que no tienen una ocupación más elevada. «Deja que los muertos espirituales entierren a sus muertos» (Mateo 8:22). La Biblia dice: «Los extranjeros serán sus siervos; alimentarán a los rebaños de ustedes, ararán sus campos y cuidarán de sus viñedos» (Isaías 61:5). Pueden dirigir la política, resolver los problemas financieros, discutir de ciencia, e interesarse por las más recientes investigaciones de la crítica, pero nosotros dedicaremos nuestro trabajo a un ministerio que conviene a quienes, como el Señor Jesús, se han consagrado a un sacerdocio perpetuo. Aceptemos esta promesa que conlleva un deber sagrado, y pongámonos el vestido de santidad para poder servir todo el día en la presencia del Señor.

LA VERDAD QUE PREVALECE

———◆———

*Las palabras veraces soportan la prueba del tiempo,
pero las mentiras pronto se descubren.*

PROVERBIOS 12:19

*L*a verdad permanece. El tiempo la pone a prueba, y ella sale victoriosa. Si he hallado la verdad y sufro por ella, debo esperar tranquilo y gozoso. Y si creo en la verdad de Dios, y procuro dar testimonio de ella, podré encontrar oposición, pero no he de temer, porque al final la verdad prevalecerá.

¡Cuán despreciable y momentáneo es el triunfo de la mentira! «Las mentiras pronto se descubren». La mentira es como una calabaza vacía que crece en una noche y perece en otra; cuanto mayor sea su crecimiento, más rápida será su ruina. Por el contrario, ¡cuán digno de un ser inmortal es proclamar y defender esta verdad inmutable, el evangelio eterno basado en la verdad de un Dios que no cambia! Dice un viejo proverbio: «El que habla la verdad avergüenza al diablo». En efecto, el que habla la verdad de Dios avergonzará a todos los demonios del infierno y confundirá a la posteridad de la serpiente que en la actualidad silba sus mentiras.

Procura, alma mía, permanecer siempre al lado de la verdad, tanto en las cosas pequeñas como en las grandes; pero sobre todo no dejes de estar al lado de Aquel que ha traído la gracia y la verdad a los hombres.

27 de febrero

CONFIANZA PLENA

*Ellos no tienen miedo de malas noticias; confían
plenamente en que el SEÑOR los cuidará.*

SALMOS 112:7

*L*a incertidumbre es algo terrible. Cuando no tenemos
noticias de nuestros seres queridos, nos sumimos en la
inquietud, y nos cuesta llegar a persuadirnos de que la falta
de noticias es lo mismo que buenas noticias. La fe es el
único remedio contra esta clase de tristeza. El Señor, por
medio de su Espíritu Santo, inunda nuestro corazón de
inefable serenidad, y disipa todo temor presente o venidero.

Busquemos diligentemente esta confianza de la que
nos habla el Salmista. No se trata de creer en esta o en
otra promesa del Señor, sino de un estado del alma que
nos permite confiar plenamente en Dios. Confiamos en
que nunca nos causará mal alguno ni permitirá que otro
nos perjudique. Tal confianza constante afronta tanto lo
desconocido como lo conocido de la vida. Pase lo que pase
en el día de mañana, nuestro Dios es el Dios de mañana.
Cualesquiera que sean los acontecimientos que de impro-
viso pueden sobrevenirnos, el Eterno es el Dios tanto de lo
conocido como de lo desconocido. Estamos dispuestos a
confiar en Él, venga lo que venga. Aun cuando nos acon-
tezca lo peor, sabemos que nuestro Dios está por encima
de todo. Por tanto, no temeremos cuando llame el cartero
a la puerta, o cuando el sonido del teléfono nos despierte
a medianoche. El Señor vive, así que sus hijos no tienen
por qué temer.

COSAS MEJORES
EN EL CIELO

*Sabían que en el futuro les esperaban cosas
mejores, que durarán para siempre.*

HEBREOS 10:34

Esta es la verdad. Los bienes terrenales proporcionan poca felicidad y son de corta duración. Pero Dios nos ha prometido bienes imperecederos en su reino glorioso, y esta promesa engendra en nuestros corazones la certidumbre de que allí tenemos una posesión más perfecta que durará para siempre. De hecho, la tenemos ahora mismo. Según el dicho popular: «Vale más pájaro en mano que ciento volando». Nosotros tenemos ambas cosas. El cielo es nuestro, lo tenemos ahora mismo. En nuestro poder están los documentos, las arras y las primicias. Tenemos la promesa del cielo, y en principio gozamos del cielo anticipadamente; esto lo sabemos no solo por haberlo oído, sino por la experiencia «en nosotros».

El pensamiento de bienes más excelentes al otro lado del Jordán, ¿no debería compensarnos las pérdidas presentes? Podemos perder nuestro dinero, pero nuestro tesoro permanece intacto. Hemos perdido la sombra, pero la sustancia permanece, porque el Señor vive y el lugar que nos ha preparado permanece. Hay una tierra mejor, bienes más abundantes y una promesa más excelente, todo lo cual es nuestro gracias a un pacto mejor; por lo tanto, cobremos ánimo y digamos al Señor: «Te alabaré todos los días; sí, te alabaré por siempre» (Salmos 145:2).

29 de febrero
LO QUE NOS SIGUE

Ciertamente el bien y la misericordia me
seguirán todos los días de mi vida.

SALMOS 23:6 (LBLA)

Un poeta dijo: «Señor, cuando Tú me concedes un día, como lo has hecho hoy, desconocido en otros años, te pido que lo ilumines con tu gracia y que alargues mi santidad y alabanza».

Este día afortunado sólo llega cada cuatro años. ¡Ojalá pudiéramos sacar de él una bendición cuatro veces mayor! Hasta el momento, el bien y la misericordia, a manera de guardias, nos han acompañado sin cesar, el uno abriéndonos el camino y el otro defendiéndolo. Y como este día extraordinario cuenta entre los días de nuestra vida, no nos faltarán tampoco esos ángeles custodios en el día de hoy. El bien para suplir nuestras necesidades, y la misericordia para borrar nuestros pecados, ambos seguirán nuestros pasos en este día hasta el final de nuestra vida.

Por lo tanto, sirvamos al Señor en este día extraordinario consagrándole de un modo especial nuestros corazones, y cantemos sus alabanzas con mayor fervor que nunca.

¿No podríamos hoy dedicar una ofrenda extraordinaria para la causa de Dios o para los pobres? Y como el amor es ingenioso, sepamos hacer de este día 29 de febrero un día cuyo recuerdo perdure hasta la eternidad.

GOZO PARA LOS RECHAZADOS

Ustedes, los que tiemblan cuando escuchan la palabra del Señor, escuchen lo que él dice: «Los propios hermanos de ustedes, que los odian y rechazan por causa de mi nombre, dicen: "Que el Señor sea glorificado. Que se deje ver para que ustedes se alegren." Pero ellos quedarán en vergüenza.»

ISAÍAS 66:5 (RVC)

Tal vez este versículo apenas pueda aplicarse a uno solo de los muchos millares que lean este libro de promesas. Pero el Señor fortalecerá con estas palabras a quien se halle en tal situación. Oremos, pues, por todos aquellos que han sido rechazados injustamente por aquellos que aman. ¡Que el Señor se deje ver para que se alegren!

Este texto se dirige a personas verdaderamente piadosas que tiemblan ante la palabra del Señor. Sus hermanos las odian y, al final, las rechazan a causa de su fidelidad y santidad. Esto les pareció muy duro porque al obrar así con ellas se hizo en nombre de la religión y con el pretexto de glorificar a Dios. ¡Cuántas cosas se llevan a cabo en defensa de Satanás con el nombre de Dios! El uso que se hace del nombre del Señor para aumentar el veneno de la antigua serpiente es una prueba de la astucia del diablo.

La manifestación del Señor es la esperanza de sus perseguidos. Él se manifiesta como abogado y defensor de sus escogidos: y cuando obra de esta manera, es para liberación de quienes temen a Dios, y vergüenza de sus opresores. ¡Oh, Señor, cumple tu palabra en aquellos que soportan las burlas de los hombres!

2 de marzo

DAR EN SECRETO

— ◆ —

*Pero tú, cuando le des a alguien que pasa
necesidad, que no sepa tu mano izquierda lo que
hace tu derecha. Entrega tu ayuda en privado,
y tu Padre, quien todo lo ve, te recompensará.*

MATEO 6:3-4

Quienes dan a los pobres para ser vistos de los hombres no reciben promesa alguna. Ya han obtenido su recompensa; jamás podrán ser pagados dos veces.

Ocultemos nuestra caridad, incluso de nosotros mismos. Dar a menudo y mucho debe ser tan natural que para ti sea lo mismo tomar diariamente tu alimento como ayudar al necesitado. Reparte tus limosnas sin decir en tu interior: ¡Cuán generoso soy! No intentes con ello recompensarte a ti mismo. Déjalo todo en manos de Dios, el cual siempre ve, recuerda y recompensa. Bendito el hombre que trabaja en secreto por los demás; sus favores ocultos serán para él fuente inagotable de alegrías. Este pan comido en secreto es para él alimento más sabroso que los banquetes reales. ¿Cómo podré yo proporcionarme este placer tan exquisito? Teniendo yo un verdadero y abundante banquete en el que se derrame el amor y la generosidad de mi alma.

Desde ahora en adelante, el mismo Señor en persona recompensará al que da en secreto. Esta recompensa llegará ciertamente a su tiempo y de la manera más perfecta. ¡Cuántas cosas se encierran en esta promesa! Solamente la eternidad nos lo revelará.

3 de marzo
ÉL NO NOS OLVIDARÁ

Porque tú no dejarás mi alma entre los muertos ni
permitirás que tu santo se pudra en la tumba.

SALMOS 16:10

Estas palabras han tenido su cumplimiento en la persona de Jesús; pero también, en cierto modo, se aplican a quienes están en Él. Nuestras almas no quedarán abandonadas cuando se separen de la envoltura de la carne, y nuestro mismo cuerpo, aunque se pudra en la tumba resucitará de nuevo. Queremos llamar la atención de nuestros lectores, más bien sobre el significado general de estas palabras, que sobre su aplicación específica.

Nuestro espíritu puede decaer tanto que nos parezca haber descendido a los abismos del infierno; pero Dios no nos dejará en él. Tal vez pensemos que nuestra alma y nuestro corazón se hallan a las puertas de la muerte; pero no quedaremos allí.

Esta muerte interior, en cuanto al gozo y esperanza, podrá ser grande, pero nunca llegará a sus últimas consecuencias, de tal modo que alcance la corrupción absoluta de una desesperación total. Podemos caer muy hondo, pero nunca más allá de lo que Dios permita; podemos estar durante algún tiempo en la cárcel de la duda, pero no permaneceremos en ella. Por muy negra que sea la noche, todavía brilla en el cielo la estrella de la esperanza. El Señor no nos olvidará, ni nos dejará a merced del enemigo. Descansemos en esta esperanza. Contamos con Aquel cuya misericordia es para siempre, y de la muerte, de la oscuridad y de la desesperación, renaceremos a la vida, a la luz y a la libertad.

HONRAR A DIOS

———◆———

Honraré a los que me honran.

1 SAMUEL 2:30

*E*s la gloria de Dios el objetivo de mi vida y la norma de ¿mi conducta? Si es así, Él me honrará. Puede ser que, durante algún tiempo, no sea yo honrado de los hombres; sin embargo, Dios me honrará de un modo más eficaz. Al fin, se probará que el medio más seguro para obtener honra es sentirse menospreciado a causa de la conciencia.

Elí deshonró al Señor gobernando mal su casa, y sus hijos, con su conducta poco digna de su ministerio sagrado; por lo cual el Señor no les honró a ellos; antes al contrario, quitó de su familia el sumo sacerdocio y entregó el gobierno de la nación en manos del joven Samuel, que no era de su linaje. Si quiero que mi casa sea engrandecida, debo honrar al Señor en todo lo que hago. Dios puede permitir que los impíos adquieran honores mundanales, pero la dignidad, la gloria, la honra y la inmortalidad que Dios concede están reservadas para quienes, obedeciéndole, se preocupan de honrarle a Él.

¿Qué puedo hacer yo en honra del Señor? Trataré de glorificarle con el testimonio de mi boca y con mi obediencia. Asimismo, procuraré honrarle con mi persona y bienes, consagrándome a Él con algún servicio especial. Puesto que Él quiere enaltecerme a mí, yo debo pensar en la manera de glorificar su nombre.

BENDICIONES PARA
EL HOGAR

El SEÑOR... bendice el hogar de los justos.

*L*os justos temen al Señor y, por lo tanto, están bajo la protección divina que se extiende hasta el techo que cubre a su familia. Su casa es morada de amor, escuela de sana educación, y hogar de luz divina. Es como un altar donde se le rinde culto diario al nombre del Señor. Por esta razón Dios bendice su hogar. Tal vez ésta sea una humilde choza o una casa señorial; pero la bendición del Señor desciende sobre ella, no a causa de su grandeza, sino por el carácter de sus habitantes.

Esta casa es bendita cuando los esposos son temerosos de Dios; pero el hijo o la hija, y hasta un criado cristiano, pueden atraer las bendiciones sobre toda la casa. Muy a menudo, el Señor guarda, prospera y bendice a una familia porque en ella hay una o dos personas que son «justas» por la gracia de Dios. Amados, tengamos a Jesús como huésped constante en nuestra casa, como le tuvieron las hermanas de Betania, y entonces seremos ciertamente bendecidos. Procuremos ser justos en todas las cosas: en nuestros negocios, en nuestro juicio sobre los demás, en nuestro trato con el prójimo, en nuestro carácter personal. Un Dios justo jamás podrá bendecir transacciones injustas.

GUARDIÁN DE LOS HUÉRFANOS

En ti los huérfanos encuentran misericordia.

OSEAS 14:3

Ésta es una de las razones para que dejemos de confiar en otras cosas, y confiemos únicamente en el Señor. Cuando un niño se ve privado de su protector natural, interviene Dios y se constituye en guardián suyo. Y cuando una persona ha perdido todo aquello que le servía de apoyo en este mundo, puede echarse en los brazos del Dios vivo y hallar en Él todo cuanto necesita. Los huérfanos encuentran el amor paternal de Dios que los toma bajo su cuidado. El autor de estas páginas sabe por experiencia lo que significa depender del brazo de Dios, y puede dar testimonio de que ninguna otra confianza está tan plenamente confirmada por los hechos, ni tiene tanta seguridad de ser recompensada en sus resultados, como aquella que se ponga en el Dios invisible y siempre vivo.

Hay hijos que, aun teniendo padres, no se hallan en mejor situación; los huérfanos que tienen a Dios por padre son ricos. Mejor y más excelente cosa es tener a Dios y carecer de amigos, que contar con todos los protectores del mundo y no tener a Dios. Es penoso verse desamparado de nuestros semejantes, pero si Dios está con nosotros como un manantial de misericordia, no somos huérfanos. Hijos huérfanos, aprópiense hoy de estas palabras, y que todos aquellos que se ven privados de apoyo, hagan lo mismo. ¡Señor, halle yo misericordia cerca de Ti! ¡Cuanto más necesitado y desamparado esté, con mayor confianza llamaré a las puertas de tu amoroso corazón!

ÉL ROMPE LAS CADENAS

—————

El SEÑOR libera a los prisioneros.

SALMOS 146:7

Así lo ha hecho. Acuérdate de José, de Israel en Egipto, de Manasés, de Jeremías, de Pedro y de otros muchos. Y así lo puede hacer todavía. Con una sola palabra puede romper los cerrojos de bronce y con una sola mirada, las cadenas de hierro. Somos testigos de ello. En todas partes los perseguidos recuperan la luz y la libertad. Jesús sigue proclamando todavía la libertad de los prisioneros. Ahora mismo se están abriendo puertas y cayendo a tierra los grilletes de hierro.

Querido amigo, el Señor se gozará en tu libertad si gimes a causa de la tristeza, la duda y el temor. Para Él será un gozo proporcionarte la libertad. Experimentará en ello tanta alegría como placer sentirás tú en verte libre. Pero no eres tú quien debes romper la cadena de hierro; esto será obra suya. Confía en Él y Él será tu libertador. Cree en Él a pesar de las murallas de piedra o las esposas de hierro. Satanás no es capaz de detenerte, ni el pecado de encadenarte; tampoco la desesperación podrá jamás atarte si quieres creer en el Señor Jesús, en la liberalidad de su gracia y en la plenitud de su gracia para salvarte.

Desafía al enemigo, y que la promesa de hoy sea para ti un cántico de liberación: «El SEÑOR libera a los prisioneros».

BENDICIÓN SOBRE LAS PROVISIONES

Bendito tu canastillo y tus sobras.

DEUTERONOMIO 28:5 (RVA)

*L*a obediencia trae bendición sobre todos los bienes que puede proporcionarnos nuestro trabajo. Lo que entra y sale, como la fruta en la canasta destinada al uso inmediato, será bendito; y lo que nos reservamos para utilizarlo más tarde, también será objeto de bendición. Tal vez nuestra porción llene solo una canasta. Nos contentamos con una pequeña parte para el desayuno, y un bocado para la comida cuando salimos por la mañana a nuestro trabajo. Pero todo irá bien porque la bendición de Dios ha sido prometida a esta canasta. Si nos alimentamos según la escasa provisión que nos procura nuestro trabajo diario, somos tan dichosos como lo era Israel; porque, cuando el Señor favoreció a su pueblo, no le dio más que el maná que necesitaba para cada día. ¿Y qué más necesitamos nosotros?

Pero si tenemos sobras, ¡cuán necesitados estamos de que el Señor las bendiga! Existe la preocupación de adquirir, de guardar, de administrar y usar, y si el Señor no bendice estos cuidados, se consumirán nuestros corazones. Nuestras preocupaciones se convertirán en dioses, y nuestros cuidados vendrán a ser como la gangrena.

¡Oh, Señor, bendice nuestros bienes! ¡Ayúdanos a usarlos para gloria tuya! Enséñanos a colocar en su sitio las cosas del mundo, y que nuestros ahorros jamás pongan en peligro la salvación de nuestras almas.

ORACIÓN POR LA PAZ

Y trabajen por la paz y prosperidad de la ciudad donde los envié al destierro. Pidan al SEÑOR por la ciudad, porque del bienestar de la ciudad dependerá el bienestar de ustedes.

JEREMÍAS 29:7

La invitación contenida en este versículo debería inducirnos a todos nosotros, que somos extranjeros y peregrinos en este mundo, y pertenecemos al Señor, a procurar y mantener la paz y prosperidad del pueblo en medio del cual vivimos. De un modo particular debemos interceder constantemente por nuestra patria y por nuestra ciudad para que Dios las bendiga.

Oremos constantemente por la gran dádiva de la paz, tanto en nuestra patria como en el extranjero. Si la discordia causara derramamiento de sangre en nuestras calles, o si la guerra con el extranjero produjera la muerte de nuestros valientes soldados, todos deberíamos llorar ante semejante desgracia. Oremos, pues, por la paz, y tratemos de sembrar en diligencia aquellos principios que tienden a unir con lazos de afecto a las diversas clases sociales y a las diferentes razas.

También a nosotros se nos promete tranquilidad en la medida de la paz que disfrute nuestra nación, lo cual es un bien apetecible, porque así podremos educar a nuestra familia en el temor de Dios y predicar el Evangelio sin impedimentos. Oremos hoy por nuestra patria, confesando nuestros pecados nacionales y pidiendo perdón y bendición para nuestro pueblo por amor a Jesucristo.

10 de marzo

ANDAR EN LA LUZ

*Yo he venido como una luz para brillar en este
mundo de oscuridad, a fin de que todos los que pongan
su confianza en mí no queden más en la oscuridad.*

JUAN 12:46

Este mundo es tan sombrío como la noche: Jesús ha venido para que por medio de la fe tengamos luz y no permanezcamos en medio de la oscuridad que envuelve a toda la humanidad.

«Todos» es un término muy amplio que abarca al mundo entero: tú y yo. Si seguimos a Jesús, jamás permaneceremos en la sombra de la muerte, sino que entraremos en la luz vivificadora de un día que no tendrá fin. ¿Por qué no nos decidimos a salir ahora mismo a la luz? Tal vez se cierna sobre nosotros alguna nube, pero no quedamos en oscuridad si creemos en Jesús. Él ha venido para darnos la luz del mediodía. ¿Será vana su venida? Si tenemos fe, la luz del sol será su privilegio para nosotros; disfrutemos de su esplendor. Jesús ha venido para librarnos de la noche de la ignorancia, de la duda, de la desesperación, del pecado y del temor; y todos los creyentes han de saber que así como el sol se levanta y derrama luz y calor, así la venida de Jesús tampoco será vana.

Querido hermano, aparta de ti todo desaliento. No vivas en la oscuridad, sino en la luz. En Jesús está tu esperanza, tu gozo, tu cielo. Mírale sólo a Él y te regocijarás, como las avecillas cuando sale el sol, y como los ángeles delante del trono de Dios.

¿DE QUIÉN ES LA BATALLA?

*Todos los que están aquí reunidos sabrán que el
SEÑOR rescata a su pueblo, pero no con espada
ni con lanza. ¡Esta es la batalla del SEÑOR,
y los entregará a ustedes en nuestras manos!*

1 SAMUEL 17:47

Sin duda alguna, la batalla es del Señor, y, por tanto,
podemos contar con la victoria, y con una victoria
en la que se despliegue todo el poder de Dios. Todos se
han olvidado del Señor, incluso las asambleas de Israel,
y cuando se presenta una oportunidad de hacer ver a los
hombres que Dios puede llevar a cabo sus planes sin contar con el poder de ellos, esta oportunidad es de un valor
inestimable que nadie debe menospreciar. El mismo Israel
confía demasiado en la espada y la lanza. Es algo maravilloso ver a David sin espada en la mano, y, sin embargo,
sabe que su Dios derrotará a todo el ejército de enemigos.

Si luchamos con todo nuestro entusiasmo por la causa
de la verdad y la justicia, no esperemos hasta que nos creamos con suficiente talento, riqueza u otro poder visible;
corramos hacia el enemigo con las piedras que encontremos en el arroyo, y con nuestra honda en la mano. Si
combatiéramos por nosotros mismos, tal vez podríamos
desconfiar, pero si luchamos por Jesús y peleamos con
su poder, ¿quién podrá resistirnos? Hagamos frente, sin
vacilaciones, al ejército de Filisteos, porque el Señor de los
ejércitos está con nosotros y ¿quién contra nosotros?

12 de marzo
SALIR CON ALEGRÍA

Que los de Zabulón prosperen en sus viajes.

DEUTERONOMIO 33:18

Podemos aplicarnos las bendiciones anunciadas a las tribus, porque somos nosotros el verdadero Israel y a Dios servimos en espíritu y no confiamos en la carne. Zabulón debe regocijarse porque el Señor bendecirá su salida, y nosotros podemos ver también en esta invitación una bendición que nos otorga. Cuando salgamos, será para nosotros motivo de gozo.

¿Emprendemos un viaje? La providencia de Dios nos acompañará en el camino. ¿Tal vez tenemos que emigrar? El Señor estará con nosotros en tierra y en mar. ¿Salimos como misioneros? Jesús nos dice: «Y tengan por seguro esto: que estoy con ustedes siempre, hasta el fin de los tiempos» (Mateo 28:20). ¿Vamos cada día a nuestro trabajo? Bien podemos hacerlo con alegría, porque Dios estará a nuestro lado desde la mañana hasta la noche.

Si a veces, en el momento de la partida, se apodera de nosotros el temor porque ignoramos lo que podrá acontecernos, esta bendición será para nosotros una palabra de aliento. Cuando hagamos nuestra maleta, pongamos en ella este versículo; pongámoslo en nuestro corazón y guardémoslo allí, y pongámoslo en nuestros labios para cantarlo cuando levemos anclas o entremos en el vagón del tren. Seamos parte de esta tribu afortunada y que cada uno de nuestros movimientos alabe al Señor con alegre corazón.

NO DESESTIMES
TU JUVENTUD

---

*Entonces dije: ¡Ah, Señor DIOS! He aquí, no
sé hablar, porque soy joven. Pero el SEÑOR me
dijo: No digas: "Soy joven", porque adondequiera
que te envíe, irás, y todo lo que te mande, dirás.*

JEREMÍAS 1:6-7 (LBLA)

Jeremías era joven y se asustó cuando Dios le confió una misión difícil. Pero el Señor, que le envió, no admitía esta excusa: «Soy joven». Debía olvidar lo que en sí mismo era para fijarse únicamente en que era el escogido para hablar en lugar de Dios. No tenía que inventar el mensaje, ni elegir a los oyentes, sino comunicar lo que Dios le ordenaba y hablar en el lugar que Dios le señalaba, y esto lo haría con una fortaleza que no era suya.

¿Por casualidad será este el caso de algún predicador o joven evangelista que lee estas líneas? Dios sabe que eres joven, cuán limitados son tus conocimientos y experiencia; pero si Él te llama, no te pertenece a ti negarte a su divino llamamiento. Dios será glorificado en tu pequeñez. Aun cuando fueras más viejo que Matusalén, ¿de qué te servirán tus muchos años? Si fueras tan sabio como Salomón, tal vez te extraviarías como él.

Céntrate en tu mensaje, y en esto consistirá tu sabiduría. Sigue tu orden de marcha y en eso consistirá tu prudencia.

14 de marzo

CONSUELO TIERNO

Los consolaré allí, en Jerusalén,
como una madre consuela a su hijo.

Isaías 66:13

¡El consuelo de una madre! Es la ternura misma. ¡Cuán perfectamente comprende la pena de su hijo! ¡Cómo lo estrecha contra su seno y procura meter todas sus amarguras en su corazón! El hijo puede comunicárselo todo a su madre, seguro de que nadie como ella simpatizará con él. Entre todos los consoladores, el niño siempre preferirá a su madre; esto mismo experimentan los mayores.

¿Y consiente Dios en cuidar a su pueblo como una madre? Esto demuestra una bondad exquisita. Podemos comprender fácilmente que es un padre, pero ¿será también para nosotros una madre? ¿No nos invita con esto a una santa familiaridad con Él, a entregarnos sin reserva, a descansar en su regazo? Cuando Dios mismo se hace nuestro Consolador, la prueba no puede durar mucho. Confiémosle nuestra pena, aunque sea suspirando y sollozando en su presencia. Sin duda, no nos menospreciará a causa de nuestras lágrimas. Nuestra madre no lo haría. Él verá nuestra debilidad como lo hacía ella y perdonará nuestras faltas con mayor ternura de lo que podía hacer nuestra propia madre. No tratemos de llevar la carga solos; esto sería muy duro para quien desea con tanta benignidad consolarnos. Comenzamos el día con nuestro Dios amoroso, ¿por qué no hemos de terminarlo a su lado, ya que las madres nunca se cansan de estar al lado de sus hijos?

NUESTRO VERDADERO SANTUARIO

Por lo tanto, diles a los desterrados: "Esto dice el SEÑOR Soberano: 'A pesar de que los esparcí por los países del mundo, yo seré un santuario para ustedes durante su tiempo en el destierro'".

EZEQUIEL 11:16

Alejados de los medios de gracia habituales, no estamos, sin embargo, privados de ella. El Señor coloca a veces a su pueblo en un lugar de destierro; pero a su lado está, y les dará todo lo que habrían recibido en su propia casa o en sus asambleas. Ustedes que tienen que permanecer lejos, guarden estas palabras.

Dios es para los hijos de su pueblo un lugar de refugio. En Él encuentran un Santuario a salvo de sus enemigos. Él es también para ellos un lugar de adoración. Con ellos está como estuvo con Jacob cuando durmió en el campo, el cual levantándose exclamó: «Ciertamente el Señor está en este lugar». Dios será para ellos santuario de reposo, como el lugar Santísimo, donde moraba el Altísimo. Aquí vivirán tranquilos sin temor del maligno.

Dios mismo, en Cristo Jesús, es el Santuario de misericordia. Jesús es el arca del pacto, y la vara de Aarón; el vaso del maná y las tablas de la ley se hallan en Cristo, que es nuestro verdadero Santuario. En Dios encontramos, asimismo, el templo de la santidad y de la comunión. ¿Qué más necesitamos? ¡Oh, Señor, cumple en nosotros tu promesa, y sé siempre nuestro santuario!

16 de marzo
PUROS Y PACÍFICOS

No dejen de poner en práctica todo lo que aprendieron y recibieron de mí, todo lo que oyeron de mis labios y vieron que hice. Entonces el Dios de paz estará con ustedes.

FILIPENSES 4:9

Es algo excelente poder imitar con provecho a una persona, como por ejemplo al apóstol Pablo. ¡Ojalá pudiéramos imitarlo hoy y todos los días de nuestra vida!

Si con la ayuda de Dios ponemos en práctica las enseñanzas de Pablo, podemos reclamar el cumplimiento de la promesa que se nos hace en su exhortación. ¡Y qué promesa! Dios, que ama la paz, que es el Autor de la paz y que inspira paz, estará con nosotros. «La paz sea con ustedes» es una magnifica bendición. Pero mucho más rica bendición es saber que el Dios de paz está con nosotros. De este modo tenemos el manantial con todos sus riachuelos, el Sol con todos sus rayos. Si el Dios de paz está con nosotros, gozaremos de esta paz que sobrepasa todo entendimiento, aunque las circunstancias exteriores se conjuren para destruirla. En las contiendas de los hombres, nosotros podremos convertirnos en pacificadores, si el autor de la paz está con nosotros.

La auténtica paz se halla en el camino de la verdad. Y si con el pretexto de extenderla abandonamos la fe o nos apartamos del camino de la justicia, caeremos en un gravísimo error. Ser primeramente puros y después pacíficos, este es el orden de la sabiduría y de la verdad. Mantengámonos en la senda trazada por Pablo, y el Dios de paz estará con nosotros como lo estuvo con el apóstol.

17 de marzo

VALIENTES COMO DANIEL

———◆———

No le tengas miedo a la gente, porque estaré contigo
y te protegeré. ¡Yo, el SEÑOR, he hablado!

JEREMÍAS 1:8

*C*uando nos invade el temor, vacilamos y corremos el peligro de caer en el pecado. La presunción es peligrosa, pero también lo es la cobardía. Debemos ser como Daniel. Nuestro gran Capitán ha de ser servido por soldados valientes.

¡Cuántas razones tenemos aquí para ser valientes! Dios está con los que se acercan a Él. En la hora de la lucha, jamás se ausentará de nuestro lado. ¿Te amenazan? ¿Por qué has de temer a los hombres mortales? ¿Pierdes el empleo? El Señor a quien sirves proporcionará el pan y el agua a sus servidores. ¿Se burlan de ti y esto te quebranta y tortura el corazón? Sufre por amor de Cristo y regocíjate.

Dios está con los que le sirven en verdad, con los justos y los santos para protegerlos; Él te protegerá. Recuerda cómo Daniel salió ileso de la fosa de los leones, y los tres jóvenes del horno de fuego. Tu caso no es tan desesperado como el de ellos; pero incluso si lo fuera, el Señor te sostendrá y harás más que vencer. Teme al temor. Ten miedo de ser cobarde. El peor enemigo es el que llevas dentro de ti. Arrodíllate y pide ayuda, y después levántate diciendo: «Confiaré y no temeré».

18 de marzo

SEGUIR OBRANDO
EN INTEGRIDAD

El SEÑOR… se deleita con las oraciones de los íntegros.

PROVERBIOS 15:8

Estas palabras son una verdadera promesa, porque atestiguan un hecho actual que se repite a través de todos los tiempos. Dios se deleita con las oraciones de los hombres íntegros. La integridad ha de ser nuestro anhelo principal. Mantente íntegro sin inclinarte hacia un lado u otro. No procedas torcidamente, ni cedas al mal; antes al contrario, dirígete en todo con la más estricta sinceridad, porque si tratamos de engañar y buscar excusas, quedaremos a merced de nuestros propios engaños. Si seguimos caminos torcidos, veremos que no nos será posible orar, y si fingimos hacerlo, no serán escuchadas nuestras oraciones.

¿Obramos con integridad y seguimos la voluntad revelada por Dios? En este caso, oremos mucho y con fe. Si nuestra oración es agradable a Dios, jamás omitiremos hacer lo que a Él le place. Él no mira la gramática, ni la metafísica, ni la retórica de nuestras oraciones. Como padre se complace en los balbuceos de sus pequeñuelos. ¿No deberíamos gozarnos en la oración, ya que Dios se deleita con ellas? Llevemos nuestras súplicas ante su trono. El Señor nos presenta muchas razones para orar, y deberíamos darle gracias porque sea así.

APTOS PARA LA GLORIA

Él nos da gracia y gloria.

SALMOS 84:11

Lo que más necesitamos es la gracia, y ésta se nos ofrece gratuitamente. ¿Hay algo tan gratuito como un don? En este día recibimos el don de la gracia que sustenta, corrobora, santifica y sacia. Hasta hoy nos ha dado la gracia de cada día; por lo que respecta a lo futuro, estemos seguros de que no nos faltará. Si la gracia es escasa, la culpa está en nosotros, porque el Señor no es tacaño, ni tardo para dar en abundancia. Podemos pedir todo cuanto queramos sin que seamos rechazados. Da con abundancia y sin reprender.

Tal vez el Señor no nos dé oro, ni bienes materiales, pero nos dará su gracia; tal vez nos envíe pruebas, pero nos acompañará con su gracia en proporción de las mismas. Tal vez sea nuestra vocación trabajar y sufrir, pero indudablemente obtendremos cuantas gracias nos sean necesarias.

Consideremos ahora lo que sigue a esta gracia: «gloria». Todavía no necesitamos la gloria, ni somos aptos para ella; pero se nos dará en tiempo oportuno. Después de haber comido el pan de la gracia, beberemos el vino de la gloria. Tenemos que atravesar el lugar santísimo que es la gloria. Estas palabras «y gloria» son suficientes para inundarnos de alegría. ¡Un poco de tiempo todavía, muy poco, y después la gloria para siempre!

20 de marzo

PROVISIÓN DIVINA

*Pues si Dios viste así a la hierba, que hoy está en
el campo y mañana se echa en el horno, ¿no hará
mucho más por ustedes, hombres de poca fe?*

MATEO 6:30 (RVC)

*L*os vestidos son costosos y los creyentes poco afortunados tal vez vivan inquietos preocupándose cómo
adquirirán un nuevo vestido. Las suelas de sus zapatos
están ya gastadas, ¿cómo comprar unos nuevos? Mira con
cuánta diligencia ha provisto para esta necesidad. El Padre
celestial viste la hierba del campo con tal esplendor que
ni el mismo Salomón pudo igualar, ¿y no vestirá a sus
propios hijos? No lo dudemos. Tal vez llevemos muchos
remiendos y zurcidos, pero iremos vestidos.

Un ministro del Señor, que era muy pobre, llevaba su
ropa tan raída que se le caía a pedazos; pero como fiel
siervo de Dios, esperaba que su Maestro le proveyera vestidos. Cuando el que escribe estas líneas fue a visitar a un
amigo suyo, le invitó a predicar a este buen siervo y se
le ocurrió hacer una colecta para ayudarle; de este modo
pudo obtener un traje. ¡Cuántos casos como éste se han
repetido en los siervos de Dios, en los cuales se ha visto
cómo el Maestro se ha preocupado de proporcionarles vestidos! El que proporcionó al primer hombre ropa después
de su caída, también se la procurará en su misericordia; y
la que el Señor dio a los primeros padres fue mucho mejor
que la que ellos se hicieron para sí mismos.

CAMINAR SIN TROPEZAR

*Entonces andarás con seguridad por
tu camino, y no tropezará tu pie.*

PROVERBIOS 3:23 (LBLA)

Es decir, que si sigues el camino de la sabiduría y santidad serás guardado. El que viaja a la luz del día por el camino real se halla bajo la protección del rey. Cada hombre tiene su camino, a saber: su propia vocación; y si por él andamos en el santo temor de Dios, Él nos amparará contra todo mal. Tal vez no viajaremos lujosamente, pero sí con seguridad. Tal vez no correremos como los jóvenes, pero sí como personas honradas.

Nuestro mayor peligro lo encontramos en nosotros mismos: nuestros débiles pies fácilmente tropiezan. Pidamos una fuerza moral más grande para vencer nuestra propensión a resbalar. Algunos tropiezan porque no ven las piedras del camino; la gracia divina nos hace ver el pecado y así poder evitarlo. Pidamos el cumplimiento de esta promesa y confiemos en Aquel que defiende a sus escogidos.

Por desgracia, el mayor peligro está en nuestra propia negligencia; por eso, para combatirla, nos ha dicho el Señor Jesús: «Estén alerta y oren» (Mateo 26:41).

¡Oh, si tuviésemos gracia para caminar hoy sin tropezar ni siquiera una sola vez! No basta estar preservado de no caer; nuestra súplica ha de ser que no demos el más mínimo tropiezo y que al fin podamos adorar a Aquel que es «poderoso para evitar que caigan» (Judas 1:24).

GRACIA PARA LOS HUMILDES

Dios… da gracia a los humildes.

SANTIAGO 4:6 (LBLA)

*L*os corazones humildes buscan la gracia y la alcanzan. Los corazones humildes se someten a su dulce influencia, y por eso se les concede con mayor generosidad. Los corazones humildes habitan en los valles donde corren los arroyos de la gracia, y beben de sus aguas con abundancia. Los corazones humildes agradecen esta gracia y glorifican a Dios por ella. Por eso, quedarle agradecido está en consonancia con la honra de Dios.

Ven, querido lector, y acepta un lugar humilde. Hazte pequeño a tus propios ojos para que el Señor pueda hacer contigo grandes cosas. Tal vez digas: «Temo no ser bastante humilde». Este lenguaje puede ser el de la humildad. Algunos se envanecen de su humildad, lo cual es el peor de los orgullos. Somos pobres, inútiles, indignos, merecedores del infierno, y si no somos humildes, deberíamos serlo. Humillémonos por haber pecado contra la humildad, y gozaremos del favor del Señor. La gracia es la que nos hace humildes, y la que en esta humildad nos brinda ocasión para derramar mayor abundancia de gracia. Humillémonos para que seamos levantados. Seamos pobres en espíritu para que el Señor nos enriquezca. Seamos humildes para que no tengamos que ser humillados, sino que, por la gracia de Dios, seamos exaltados.

GUÍA DE LOS CIEGOS

Conduciré a los ciegos por un camino que no conocen.

ISAÍAS 42:16 (LBLA)

¡El Señor, que es infinitamente glorioso, se hace guía de los ciegos! ¡Cuán ilimitada es su benevolencia! El ciego no puede encontrar el camino que ignora, y aun cuando lo conociera, siempre le resultaría difícil cruzarlo. Pero si lo ignora por completo, ha de descartar toda idea de emprender el camino sin alguien que le guíe. Somos ciegos por naturaleza en lo que se refiere al camino de la salvación; pero el Señor nos guía y nos conduce a sí mismo y entonces son abiertos nuestros ojos. Por lo que al futuro se refiere, todos somos ciegos, incapaces de ver una hora siquiera por delante; pero el Señor nos guiará hasta el final del viaje. ¡Sea bendito su nombre!

No podemos soñar por dónde nos vendrá la liberación; el Señor lo sabe y nos guiará hasta que haya desaparecido todo peligro. Bienaventurados los que ponen su mano en la del guía celestial y le dejan el cuidado de dirigirlos. Él les guiará durante todo el camino, y cuando los haya llevado a su hogar en la gloria y abierto sus ojos para que vean el camino, ¡qué cántico de gratitud entonarán en alabanza de su gran Protector!

¡Señor, guía a tu pobre hijo ciego, en este día, porque no conozco tu camino!

FORTALECIDOS
Y PROTEGIDOS

*Pero el Señor es fiel; él los fortalecerá
y los protegerá del maligno.*

2 Tesalonicenses 3:3

A menudo los hombres carecen de razón y de fe. Todavía tenemos entre nosotros «gente perversa y mala» (2 Tesalonicenses 3:2). Todo intento de discutir con ellos o procurar la paz es vano; su corazón es falso y sus palabras engañosas. ¿Qué haremos, pues? ¿Incomodarnos con ellos? No; antes bien, volvámonos hacia el Señor porque sólo Él es fiel. Jamás quebrantará la promesa de su palabra, ni pedirá de nosotros nada que no sea razonable, ni se mostrará desleal ante nuestras peticiones. Nuestro Dios es fiel, y esto deberá ser nuestra alegría.

Él nos confirmará de tal modo que la gente perversa nunca podrá causar nuestra ruina, y de tal suerte nos guardará que ningún mal podrá causarnos daño. ¡Qué bendición para nosotros el no tener que contender con los hombres, sino el poder escondernos cerca de nuestro Dios cuya simpatía nunca nos faltará. En Él encontraremos un corazón verdadero, un alma fiel, un amor invariable en el que podremos descansar. El Señor cumplirá los propósitos de su gracia para con nosotros, siervos suyos: no permitamos que caiga sobre nuestros espíritus la más ligera sombra de temor. Todos los hombres y demonios juntos jamás podrán arrebatarnos esta protección divina. Pidamos al Señor en este día que nos confirme y guarde.

DULCES SUEÑOS

*Puedes irte a dormir sin miedo; te acostarás
y dormirás profundamente.*

PROVERBIOS 3:24

Tal vez el lector se halle postrado en cama por algún tiempo. Acuéstate sin temor llevando esta promesa en tu corazón: «Puedes irte a dormir sin miedo».

Cuando vayas a la cama por la noche, pon estas palabras como almohada debajo de tu cabeza. Durante el sueño, no podemos guardarnos, pero el Señor vela por nosotros durante la noche. Los que se acuestan bajo la protección del Señor están más seguros que los reyes en sus palacios. Si al acostarnos dejamos a un lado todos nuestros cuidados y ambiciones, obtendremos el reposo del que carecen los ansiosos y avaros. Se alejarán los sueños malos, y, si nos asaltaren, podremos borrar la impresión que nos producen, sabiendo que no son otra cosa que sueños.

Por tanto, podremos descansar tranquilos. ¡Cuán dulcemente durmió Pedro en la cárcel que ni la luz del ángel pudo despertarle y fue necesario que le sacudiera para despertarle! Y, sin embargo, debía morir al día siguiente. Así murieron los mártires antes de ser quemados en la hoguera. «Dios da descanso a sus amados» (Salmos 127:2). Para que nuestro sueño sea dulce, nuestra vida, nuestro carácter, nuestras meditaciones y nuestro amor han de ser dulces también.

26 de marzo

CUIDAR DE LOS POBRES

—◆—

El SEÑOR los atiende cuando están enfermos.

SALMOS 41:3

Ten presente que esta promesa es para quien piensa en el pobre. ¿Eres tú uno de éstos? Si así es, aprópiate este versículo, pero sólo con esta condición.

Considera cómo en la hora de la enfermedad el Dios de los pobres sabrá bendecir al que cuida de los pobres. Los brazos eternos sostendrán su alma como manos cariñosas y suaves almohadas sostienen el cuerpo del enfermo. ¡Cuán hermosa y tierna es esta figura! ¡Cuánto nos cuida Dios en nuestras enfermedades y flaquezas! ¿Quién oyó jamás que se dijera esto del antiguo Júpiter o de los dioses de la India o de la China? Tal es el lenguaje del Dios de Israel; Él se hace enfermero y custodio de los hombres. Si con una mano hiere, con la otra sostiene. ¡Bendito sufrimiento que nos hace caer en el seno de Dios para ser consolados! La gracia es el mejor reconstituyente; el amor divino es el más eficaz estimulante para un enfermo postrado y abatido. El alma se convierte en gigante, aun cuando a través de la piel se transparenten los huesos. No hay médico tan hábil como el Señor, ni medicina tan eficaz como su promesa, ni vino tan sabroso como su amor.

Si el lector no ha cumplido sus deberes con el pobre, dese cuenta de lo mucho que ha perdido, y que en adelante se haga amigo de los pobres y les ayude.

27 de marzo

ACERCARSE A DIOS

Acérquense a Dios, y Dios se acercará a ustedes.

SANTIAGO 4:8

*C*uanto más nos acercamos a Dios, más benigno se muestra con nosotros. Cuando el hijo pródigo vuelve a la casa paterna, su padre sale al encuentro. Cuando la paloma llega al arca, Noé extiende su mano y la introduce en ella. Cuando la esposa amorosa busca la compañía de su esposo, éste se acerca a ella con las alas del amor. Acerquémonos, querido amigo, al Señor que con tanta bondad nos espera y viene a nuestro encuentro.

¿Te has fijado alguna vez en el pasaje de Isaías 58:9? Aquí podemos ver cómo el Señor se pone a la disposición de su pueblo, diciéndole: «Sí, aquí estoy». Como si dijera: «¿Tienes que decirme algo? ¿Qué puedo yo hacer por ti? Estoy esperándote para bendecirte». ¿Por qué, pues, tardamos tanto en acercarnos a Él? Dios está muy cerca para perdonar, para bendecir, para consolar, ayudar, vivificar y dar la libertad. Que nuestra más importante preocupación sea acercarnos a Dios. Si hacemos esto, lo tendremos todo hecho. Si nos acercamos a los hombres, éstos se cansarán pronto y nos abandonarán; pero si buscamos solo a Dios, Él jamás cambiará; antes al contrario, cada vez se acercará más a nosotros con la más amplia y gozosa comunión.

TOMAR NUESTRA POSICIÓN

———◆———

El SEÑOR te pondrá a la cabeza y no en la cola.

DEUTERONOMIO 28:13

Si obedecemos al Señor, Él obligará a nuestros enemigos a que reconozcan que su bendición reposa sobre nosotros. Aun cuando esta promesa pertenecía a la ley, sin embargo, es valedera para el pueblo de Dios, porque Jesús ha quitado la maldición para dar bendición.

A los santos les toca enseñar el camino a los hombres ejerciendo sobre ellos una influencia positiva; su lugar no es en la cola para ser arrastrados de aquí para allá. No hemos de someternos al espíritu de estos tiempos, sino obligar al mundo a que se someta a Cristo. Si el Señor está con nosotros, no nos contentaremos con reclamar tolerancia para la práctica de la religión, sino que procuraremos asentarla sobre el trono de la sociedad.

¿No nos ha hecho de los suyos, un pueblo de sacerdotes? Este pueblo está llamado a enseñar, y no a aprender filosofías de incrédulos. ¿Acaso no hemos sido hechos reyes en Cristo para reinar sobre la tierra? ¿Cómo, pues, podremos convertirnos en siervos de la costumbre y en esclavos de la opinión de los demás?

Querido amigo, ¿has tomado tu posición al lado de Jesús? Muchos callan por ser tímidos. ¿Podemos permitir que el nombre del Señor Jesús sea arrinconado?

¿Nuestra religión ha de ser arrastrada como una cola? ¿No debería más bien enseñar el camino y ser la fuerza que domine en nosotros y en los demás?

29 *de marzo*

FE INTRÉPIDA

Yo estoy contigo, y nadie te atacará ni te hará daño.

HECHOS 18:10

Mientras el Señor tenía ocupado a Pablo con algún trabajo en Corinto, el furor del pueblo era contenido. Los judíos se oponían y blasfemaban, pero no podían impedir la predicación del Evangelio, ni la conversión de los que oían. Dios ejerce su dominio sobre las mentes más obstinadas, y sabe sacar su alabanza del furor de los hombres cuando se desenfrena; pero manifiesta bondad también cuando reprime este furor; y tiene poder para hacerlo. «El poder de tu brazo los deja sin vida, como una piedra, hasta que tu pueblo haya pasado, oh SEÑOR» (Éxodo 15:16).

Por tanto, no temas al hombre cuando sabes que estás cumpliendo con tu deber. Sigue adelante, como lo hubiera hecho Jesús, y verás que quienes se te oponen serán semejantes a la caña más débil y a la vela que centellea. Razón han tenido a veces los hombres para temer, porque eran miedosos; pero una fe intrépida en Dios disipa todo temor, como un gigante deshace las telarañas que encuentra en su camino. Nadie podrá hacernos daño sin permiso de Dios. El que con una sola palabra pueda ahuyentar al diablo, ciertamente podrá reprimir a sus agentes. Tal vez en este momento tengan más miedo de ti, que tú de ellos. Adelante, pues, que donde pensabas tener enemigos encontrarás amigos.

ORACIÓN Y ACCIÓN DE GRACIAS

No se preocupen por nada; en cambio, oren por todo.
Díganle a Dios lo que necesitan y denle gracias por todo
lo que él ha hecho. Así experimentarán la paz de Dios, que
supera todo lo que podemos entender. La paz de Dios cuidará
su corazón y su mente mientras vivan en Cristo Jesús.

FILIPENSES 4:6-7

No tengas preocupaciones, sino oraciones; no inquietudes, sino mucha comunión con Dios. Pon tus súplicas delante del Señor de tu vida, guardián de tu alma. Acércate a Él con dos partes de oración y una de alabanzas fervorosas. No ores con dudas, sino con gratitud. Ten por cierto que tus peticiones han sido atendidas, y, por tanto, alaba al Señor por su misericordia. Él te prodiga sus bendiciones; dale tú las gracias. Nada le escondas, ni guardes en tu pecho inquietud alguna que perturbe tu corazón; dile a Dios lo que necesitas. No recurras al hombre, sino sólo a Dios, al Padre de Jesús que te ama en Él.

De este modo encontrarás la paz de Dios. Jamás podrás comprender de cuánta paz te inundará. Él te estrechará en sus brazos amorosos. Tu corazón y tu espíritu quedarán sumergidos por Cristo Jesús en un océano de reposo. Venga sobre ti la vida o la muerte, la pobreza o el dolor, la calumnia o el odio, siempre estarás al abrigo de toda tempestad, por encima de todas las nubes que te amenacen. ¿Por qué no obedeces a este mandato tan maravilloso?

Sí, Señor, creo en ti, pero ayuda mi incredulidad.

DEMOSTRAR GRAN FORTALEZA

No hay por qué temer la calamidad repentina ni la destrucción que viene sobre los perversos, porque el SEÑOR es tu seguridad. Él cuidará que tu pie no caiga en una trampa.

PROVERBIOS 3:25-26

Cuando Dios juzga, no quiere que su pueblo se atemorice. Dios no viene para perjudicar, sino para defender a los justos.

El Señor quiere que te muestres valiente. Los que gozamos de la presencia de Dios, deberíamos demostrar una gran fortaleza. El Señor puede venir de repente, por eso no deberíamos ser sorprendidos por ninguna cosa repentina. La serenidad en el peligro y en medio de las calamidades es un don precioso del amor divino.

El Señor quiere que sus escogidos tengan discernimiento para comprender que la ruina de los perversos no es una calamidad para el mundo. La única calamidad es el pecado, el castigo que le sigue es como la sal que impide la corrupción de la sociedad. Deberíamos indignarnos mucho más contra el pecado que nos hace merecedores del infierno, que no contra el mismo infierno que es consecuencia fatal del pecado.

Asimismo, el pueblo de Dios debe manifestar la quietud de su espíritu. El diablo y su simiente están llenos de engaño; pero los que están con Dios jamás caerán en sus trampas seductoras. Sigue adelante, tú que crees en Jesús, y deposita en el Señor toda tu confianza.

CAMINO DE SANTIDAD

---

*Allí habrá una calzada, un camino, y será llamado Camino
de Santidad; el inmundo no transitará por él, sino que será
para el que ande en ese camino; los necios no vagarán por él .*

ISAÍAS 35:8 (LBLA)

El camino de la santidad es tan recto y claro que si las
almas sencillas lo siguen con perseverancia no se pueden extraviar. Los sabios del mundo dan muchas vueltas,
y, sin embargo, se equivocan lastimosamente, y no suelen
llegar al final. La prudencia del mundo es algo despreciable y tan corta de vista que quienes escogen su camino
andan por valles oscuros y sombríos. Las almas sinceras
no saben hacer otra cosa mejor que lo que el Señor les
manda. Por eso las mantiene en el camino real y caminan
bajo la protección del Rey.

Lector querido, nunca pretendas salir de alguna dificultad por medio de una mentira o por alguna acción
dudosa; consérvate en medio de la calzada de la verdad
e integridad; esto será para ti lo más acertado. En nuestra vida nunca debemos navegar con rodeos, ni pensar en
engaños. Sé justo y no temas. Sigue fielmente a Jesús, y no
te preocupes de las consecuencias. Aun cuando pudieras
evitar el peor de los males cometiendo una mala acción, el
solo intento bastaría para hacerte caer en otros mayores.
El camino de Dios es el mejor de todos. Síguelo, aunque
los hombres te juzguen por insensato, y serás verdaderamente sabio.

Señor, guía a tus siervos por la senda de la rectitud a
causa de sus enemigos.

2 de abril

PONER TODO EL CORAZÓN

---

*Presta suma atención a estos asuntos. Entrégate de lleno a
tus tareas, para que todos vean cuánto has progresado.*

1 Timoteo 4:15

Aquí tenemos prácticamente la promesa de que con la
meditación atenta y entregándonos de lleno a la obra
del Señor, realizaremos progresos tan manifiestos que
todos los podrán ver. Sacaremos provecho de la Palabra de
Dios, no leyéndola a la ligera, sino meditándola profundamente. Avanzaremos en el conocimiento de Dios, no por
el número de obras hechas con negligencia, sino entregándonos por entero al trabajo que hemos emprendido. «El
trabajo trae ganancias» (Proverbios 14:23), con tal de que
no sea hecho con apresuramientos y sin poner en él todo
nuestro corazón.

Si nos dividimos entre Dios y el dinero, entre Cristo
y nosotros mismos, no haremos progreso alguno. Hemos
de entregarnos enteramente a las cosas de Dios; de lo contrario, seremos unos pobres comerciantes en los negocios
celestiales, y jamás obtendremos ganancia alguna en nuestro inventario.

¿Soy yo un fiel siervo del Señor? Debo serlo enteramente y no malgastar las energías en cosas secundarias.
¿Qué deben importarnos los partidos políticos, o las vanas
diversiones? ¿Soy cristiano? Que el servicio de Jesús sea
mi constante ocupación, el trabajo de mi vida y mi único
interés. Debemos estar con Jesús; de otra forma no adelantaremos nada ni sacaremos provecho, y ni la Iglesia, ni el
mundo sentirán aquella influencia poderosa que Él desea
que ejerzamos.

EL HUMILDE ES PRESERVADO

Estabas apenado y te humillaste ante el SEÑOR al oír lo que yo pronuncié contra esta ciudad y sus habitantes, que esta tierra sería maldita y quedaría desolada. Rasgaste tu ropa en señal de desesperación y lloraste delante de mí, arrepentido. Ciertamente te escuché, dice el SEÑOR.

2 REYES 22:19

Los que desprecian la amonestación perecerán; pero felices son aquellos que tiemblan ante la Palabra del Señor. Así lo hizo Josías y se vio libre de presenciar los juicios que Dios envió sobre Judá a causa de sus pecados. ¿Tienes entendimiento? ¿Practicas tú esta humillación personal? Entonces también tú serás preservado en el día malo. Dios pone una señal en la frente de aquellos que gimen y lloran a causa de los pecados presentes. El ángel exterminador ha recibido la orden de meter su espada en la vaina hasta que los escogidos del Señor se encuentren a salvo. Estos son conocidos sobre todo por el temor de Dios y porque tiemblan al oír la Palabra de Dios.

¿Los tiempos son amenazadores? ¿Avanza la superstición y la incredulidad a grandes pasos y temes que sobre tu pueblo caiga un castigo de Dios? Motivos hay para ello. Pero confía en esta promesa: «No enviaré el desastre que he prometido hasta después de que hayas muerto y seas enterrado en paz. Tú no llegarás a ver la calamidad que traeré sobre esta ciudad» (2 Reyes 22:20). Más aún: tal vez vendrá el mismo Señor y entonces acabarán los días de tu luto.

4 de abril

LAS AVISPAS DE DIOS

*Y enviaré avispas delante de ti para que echen fuera
al heveo, al cananeo y al heteo de delante de ti.*

ÉXODO 23:28 (LBLA)

No es necesario examinar aquí lo que eran las avispas.
Fueron el ejército que Dios mandó delante de su pueblo para picar a sus enemigos y facilitar así las conquistas
de Israel. Nuestro Dios escogió sus medios y peleará en
favor de su pueblo y afligirá a sus enemigos antes de que
se entable la batalla. A veces confunde a los adversarios de
la verdad por medios en los cuales ni sus mismos defensores habían pensado. El ambiente está lleno de influencias
misteriosas que molestan a los enemigos de Israel. Leemos
en el libro de Apocalipsis que «la tierra ayudó a la mujer»
(Apocalipsis 12:10).

Nunca debemos temer. Las estrellas mismas, en
su curso, pueden pelear contra los enemigos de nuestras almas. Muchas veces, cuando vamos a la pelea, nos
encontramos sin enemigos. «El SEÑOR mismo peleará
por ustedes. Solo quédense tranquilos» (Éxodo 14:14). Las
avispas de Dios pueden más que nuestras armas. Jamás
podremos imaginarnos que la victoria podía conseguirse
por los medios que Dios emplea. Obedezcamos a la orden
de marcha y salgamos a la conquista de los pueblos por
Jesús. Veremos que el Señor nos ha tomado la delantera
y preparado el camino; y al final, con toda seguridad
podremos cantar gozosos: «Su mano derecha obtuvo una
poderosa victoria; su santo brazo ha mostrado su poder
salvador» (Salmos 98:1).

5 de abril

NO OLVIDADOS

Tú eres mi siervo, oh Israel. Yo, el
SEÑOR, te hice y no te olvidaré.

ISAÍAS 44:21

Nuestro Dios jamás podrá olvidarse de sus siervos hasta el punto de cesar de amarles. No los ha escogido para un poco de tiempo, sino para la eternidad. Cuando los llamó a formar parte de su familia, sabía lo que serían. Él disipa sus pecados como una nube; y podemos tener la seguridad de que no les echará fuera a causa de los pecados que ya ha borrado. Pensar tal cosa sería blasfemia.

Jamás los olvidará hasta el punto de dejar de pensar en ellos. Un momento de olvido por parte de Dios sería nuestra ruina. Por eso dice: «no te olvidaré». Los hombres nos olvidan; aquellos a quienes hemos favorecido se tornan en contra nuestra. No tenemos morada permanente en el corazón inconstante de los hombres, pero el Señor jamás se olvidará de sus fieles servidores. Él se une a nosotros, no porque hayamos hecho algo por Él, sino por lo que Él ha hecho por nosotros. Hemos sido amados hace mucho tiempo, y comprados a gran precio para ser olvidados. El Padre ve en nosotros a la esposa de su Hijo, y el Espíritu Santo ve en nosotros el resultado de su propia obra. El Señor piensa en nosotros. En este día nos ayudará y nos sustentará. ¡Que nunca nos olvidemos del Señor!

6 de abril

UN REY, UN SEÑOR

El SEÑOR será rey sobre toda la tierra. En aquel día habrá
un solo SEÑOR y únicamente su nombre será adorado.

ZACARÍAS 14:9

¡Bendita perspectiva! No se trata del sueño de un entusiasta, sino de la declaración de la Palabra infalible. El Señor será conocido de todos los pueblos, y su autoridad paternal será aceptada por todas las familias de la tierra. ¡Cuántos señores y dioses abundan en la tierra! Incluso entre los que hacen profesión de fe cristiana, ¡cuánta diversidad de pareceres acerca de Dios y su Evangelio! Pero llegará un día en que no habrá más que un Rey, un Señor y un solo nombre para el Dios viviente. Apresura, Señor, ese día glorioso y clamemos cada día: «Que tu reino venga pronto» (Mateo 6:10).

Lejos de nosotros discutir sobre cuándo será esto, no sea que perdamos el consuelo de la certidumbre de que será así. Con la misma seguridad con que el Espíritu Santo habló por sus profetas, del mismo modo será llena la tierra de la gloria del Señor. Jesús no murió en vano. El Espíritu de Dios tampoco obra en vano. Los designios eternos del Padre nunca serán frustrados. Donde triunfó Satanás, Cristo será coronado, y el Señor Dios omnipotente reinará. Prosigamos nuestro trabajo de cada día, y luchemos con valentía amparados en la fe.

SIN TEMOR ALGUNO

*Entonces verán todos los pueblos de la tierra que sobre ti
es invocado el nombre del SEÑOR; y te temerán.*

DEUTERONOMIO 28:10 (LBLA)

Siendo esto así no hay razón para temer. De lo contrario, demostraríamos un espíritu pobre y daríamos una prueba más bien de incredulidad que de fe. Dios puede hacernos tan semejantes a Él, que los hombres se vean obligados a reconocer que con sobrada razón llevamos su nombre y que realmente pertenecemos al Señor. ¡Quiera el Señor que obtengamos esta gracia que Él quiere darnos!

Los impíos temen a los verdaderos santos. Les aborrecen, es cierto, pero les temen. Amán tembló delante de Mardoqueo, aun cuando buscaba la destrucción de aquel hombre bueno. De hecho, su odio proviene muchas veces del temor que su excesivo orgullo les impide confesar. Prosigamos sin temor el camino de la verdad y de la rectitud. El temor no debe dominarnos a nosotros, sino a aquellos que obran mal y pelean contra el Señor de los ejércitos. Si en verdad es invocado el nombre del Señor sobre nosotros, podremos estar seguros, como en otros tiempos lo estaba el romano con solo decir soy romano, y podía reclamar la protección de las legiones de aquel vasto Imperio. Del mismo modo, todo aquel que es hijo de Dios puede contar con la omnipotencia de Dios, el cual antes se quedaría sin ángeles en el cielo que dejar a un siervo suyo desamparado. Sé tú tan valiente, como un león, en defensa de la verdad, porque Dios está contigo.

PRESERVADOS
PARA TERMINAR
NUESTRO TRABAJO

El Señor... le dijo: «Ten ánimo, Pablo. Así como
has sido mi testigo aquí en Jerusalén, también
debes predicar la Buena Noticia en Roma».

HECHOS 23:11

¿Eres tú uno de los testigos del Señor y te ves ahora en peligro? Acuérdate de que eres inmortal hasta que termine tu trabajo. Si el Señor quiere que sigas todavía dando testimonio de Él, vivirás para darlo. ¿Quién podrá quebrar el vaso que el Señor quiere utilizar?

Si tu Maestro no te confía trabajo alguno, no te lamentes de que te lleve a su morada adonde no llegarán los dardos de tus enemigos. Tu principal negocio es dar testimonio de Jesús, y nadie podrá impedirte esta empresa hasta que esté terminada. Por tanto, vive tranquilo. La vil calumnia, la falsedad, el abandono de los amigos, la traición de aquellos en quienes has confiado, todo lo que pudiera acontecerte, jamás podrán torcer los designios que el Señor tiene sobre ti. El Señor te ampara en la noche de tu aflicción y te dice: «también debes predicar la Buena Noticia». Cálmate y regocíjate en el Señor.

Si no necesitas ahora de esta promesa, tal vez la necesitarás mañana. Guárdala como un tesoro. Acuérdate de orar por los misioneros y por los perseguidos para que el Señor los guarde hasta que terminen su trabajo en esta vida.

9 de abril

SOMETERSE A LA AUTORIDAD SUPREMA

*Mucha paz tienen los que aman tu ley,
y nada los hace tropezar.*

SALMOS 119:165 (LBLA)

Sí, un amor verdadero al Santo Libro nos proporcionará una inmensa paz que proviene de Dios mismo. El vivir constantemente en la compañía de la ley de Dios producirá en nuestros corazones una tranquilidad tan grande que ninguna otra cosa podrá proporcionárnosla. El Espíritu Santo obra por medio de su Palabra como un Consolador cuya influencia positiva calma todas las tempestades del alma.

Nada es capaz de hacer caer al hombre en quien habita la Palabra de Dios con abundancia. La cruz de cada día es su mayor delicia. Está preparado para la dura prueba, la cual no es para él una cosa extraña que le deje completamente abatido. Tampoco tropieza en la prosperidad como otros muchos tropiezan, ni cae aplastado bajo el peso de la adversidad, porque está muy por encima de las circunstancias que le rodean. Cuando el Señor pone delante de su mente algún misterio de la fe que hace decir a otros: «Esto es muy difícil de entender. ¿Cómo puede alguien aceptarlo?» (Juan 6:60), el creyente lo acepta sin discutir, porque las dificultades que pueden surgir en su mente se desvanecen ante el temor respetuoso de la ley del Señor, que para él es la autoridad suprema a la que se somete con alegría. Señor, danos este amor, esta paz y descanso en el día de hoy.

MIRAR Y VIVIR

*Y el SEÑOR dijo a Moisés: Hazte una serpiente
abrasadora y ponla sobre un asta; y acontecerá que
cuando todo el que sea mordido la mire, vivirá.*

NÚMEROS 21:8 (LBLA)

Aquí tenemos una gloriosa figura del Evangelio. Jesús,
contado con los malvados, está suspendido delante
de nosotros. Una sola mirada sobre Él nos sanará de la
mordedura de la serpiente del pecado. La curación será
inmediata. Fíjese el lector, que llora su pecado, en estas
palabras: «cuando todo el que sea mordido la mire, vivirá».
Todo el que mira comprobará la verdad de esta afirmación. Yo así lo he experimentado. Miré a Jesús, e inmediatamente tuve vida. Puedo testificarlo. Lector, si miras a
Jesús, también vivirás. Cierto que te estás hinchando con
el veneno y ya has perdido la esperanza; pero también es
cierto que fuera de esta mirada no hay esperanza de remedio. No se trata de una curación dudosa. «Cuando todo el
que sea mordido la mire, vivirá».

La serpiente de metal no fue levantada como un objeto
de curiosidad para que la mirasen los sanos; estaba destinada de un modo especial para los «mordidos». Jesús
murió como verdadero Salvador por los pecadores. Si la
mordedura ha hecho de ti un borracho, un ladrón, o un
impuro, la mirada que dirijas al Salvador te sanará de
todas estas dolencias y te hará vivir en santidad y comunión con Dios. Mira y vivirás.

COMUNIÓN ÍNTIMA

*Y no habrá necesidad de enseñar a sus vecinos ni habrá
necesidad de enseñar a sus parientes diciendo: "Deberías
conocer al SEÑOR". Pues todos ya me conocerán, desde el
más pequeño hasta el más grande —dice el SEÑOR.*

JEREMÍAS 31:34

Podemos ignorar muchas cosas, pero conocemos al
Señor. Y si esta promesa se realiza hoy en nosotros,
no es poca cosa. El más pequeño de los creyentes conoce
a Dios en Cristo Jesús. Seguramente no tanto como fuera
necesario, pero en realidad le conocemos. No solo conocemos las doctrinas que a Él se refieren, sino que conocemos
a Él mismo. Es nuestro Padre y Amigo, y nosotros estamos en relación personal con Él. Podemos decir: «Señor
mío y Dios mío». Estamos en comunión íntima con Dios,
y hemos pasado muchas horas en su compañía. No somos
extranjeros para Dios, porque el secreto del Señor está con
nosotros.

Esto supera todo cuanto pudiera enseñarnos la naturaleza. La carne y la sangre no nos han revelado a Dios.
Cristo es el que nos ha revelado al Padre. Y si es así, ¿no
tenemos aquí la fuente de todo conocimiento salvador?
Conocer a Dios es vida eterna. Tan pronto como conocemos a Dios, tenemos la prueba de que hemos resucitado a
una nueva vida.

¡Oh, alma mía! Alégrate de este conocimiento y bendice al Señor durante este día.

12 de abril

NO SE ACORDARÁ DE NUESTROS PECADOS

*Perdonaré sus maldades y nunca más
me acordaré de sus pecados.*

JEREMÍAS 31:34

Tan pronto como conocemos al Señor, obtenemos el perdón de los pecados. En Él encontramos al Dios de gracia que borra todas nuestras transgresiones. ¡Cuán gozoso es este conocimiento!

¡Y cuán divinamente expresada esta promesa: El Señor promete que jamás se acordará de nuestros pecados! ¿Puede Dios olvidarlos? El lo ha dicho así, y piensa bien en lo que dice. Nos considera como si nunca hubiéramos pecado. La gran expiación ha borrado tan eficazmente todo pecado que ya no existe en la memoria de Dios. El creyente ha sido tan aceptado por Dios como lo fue Adán en su inocencia.

Nuestro gran Dios no se acordará de nuestros pecados para castigarlos, o para amarnos un ápice menos de lo que nos ama. Así como la deuda pagada deja de ser deuda, de la misma manera el Señor cancela por completo la iniquidad de su pueblo.

Cuando lloramos nuestros pecados y nuestras omisiones, como es nuestro deber mientras vivamos, alegrémonos de que en adelante jamás nos serán echados en cara. Esto nos hace odiar el pecado. El perdón gratuito de Dios nos hace más atentos para que nunca le entristezcamos con nuestras desobediencias.

13 de abril

LA TRANSFORMACIÓN DE NUESTROS CUERPOS

El cual transformará el cuerpo de nuestro estado de humillación en conformidad al cuerpo de su gloria.

FILIPENSES 3:21 (LBLA)

Muchas veces, cuando nos vemos atormentados por el dolor e incapaces de pensar u orar, sentimos hasta qué punto nuestro cuerpo es «el cuerpo de nuestro estado de humillación». Y cuando somos tentados por las pasiones de la carne, no encontramos exagerada la palabra humillación. Nuestro cuerpo nos humilla, y tal vez sea el mejor servicio que nos hace. ¡Ojalá fuéramos lo suficientemente humildes, ya que nuestros cuerpos nos acercan más a los animales y al polvo de la tierra!

No obstante, nuestro Salvador, el Señor Jesús, modificará este estado de cosas. Nuestros cuerpos serán transformados a la semejanza de su cuerpo de gloria. Esto se realizará en todos aquellos que creen en Jesús. Sus almas han sido transformadas por la fe, y sus cuerpos experimentarán tal renovación que quedarán adaptados a sus espíritus regenerados. Cuándo será esta transformación, no es posible asegurarlo; pero esta sola esperanza puede alentarnos para soportar las pruebas de hoy y los males de nuestra carne. Dentro de poco tiempo seremos como Jesús es ahora. Ya no habrá más cabezas doloridas, ni miembros hinchados, ni ojos entristecidos, ni corazones desmayados. El anciano dejará de ser una imagen de miserias, y el enfermo un cuerpo de agonía. «En conformidad al cuerpo de su gloria». Incluso nuestra carne descansará en la esperanza de la resurrección.

14 de abril

ÉL ELEGIRÁ

Él nos escoge nuestra heredad.

SALMOS 47:4 (LBLA)

*L*a herencia que nos asignarían nuestros enemigos sería poco generosa; pero no estamos en su mano. El Señor hará que nos mantengamos firmes en nuestra heredad, y la sabiduría divina ha señalado nuestro lugar. Una inteligencia superior a la nuestra prepara nuestro destino. Dios dirige todas las cosas, y nos gozamos de que sea así; nuestra elección es dejar a Dios que escoja en lugar nuestro. Si pudiéramos tener voluntad propia, deberíamos someterlo todo a la voluntad de Dios.

Conscientes de nuestra ignorancia, preferimos que Dios dirija nuestros propios destinos. Mucho más seguros y descansados estamos cuando el Señor dirige la nave de nuestra vida, que si tuviéramos que dirigirla según nuestro criterio personal. Dejamos con alegría las penalidades presentes y el futuro desconocido en las manos de nuestro Padre, nuestro Salvador y Consolador.

¡Oh, alma mía! Deposita todos tus deseos a los pies de Jesús. Si hasta el presente has sido malo y obstinado, deseoso de hacer siempre tu propia voluntad, deja tu egoísmo insensato, y abandona las riendas en las manos del Señor. Di: «Él elegirá». Si otros disputan la sabiduría del Señor y glorifican la libertad del hombre, contesta tú: «Él elegirá por mí». Mi elección voluntaria es que Dios elija. Como ser libre, prefiero que Él ejerza su autoridad absoluta.

15 de abril

DESEOS CONCEDIDOS

El deseo de los justos será concedido.

PROVERBIOS 10:24 (LBLA)

*S*iendo este un deseo justo, Dios lo concederá con toda seguridad. Si esta promesa fuera hecha a los injustos, no sería bueno para el hombre ni para la sociedad en general. Guardemos los mandamientos del Señor y Él atenderá con justa razón nuestros deseos.

Si sucede que los justos prefieren cosas injustas, éstas ciertamente no les serán dadas, porque no son éstos sus verdaderos deseos, sino extravíos o ignorancia, y es justo que les sean negadas. En cambio, sus legítimos deseos llegarán hasta el Señor y no serán rechazados.

Tal vez por el momento niegue el Señor nuestras peticiones. Sin embargo, la promesa de hoy debe animarnos a reiterar nuestras demandas. ¿Nos las ha negado completamente? Debemos darle gracias, porque nuestro mayor deseo es que nos niegue todo aquello que no sea bueno para nuestras almas.

Hay cosas que pedimos con mucha confianza. Nuestros mejores deseos son ser santos, útiles, semejantes a Cristo y estar maduros para el cielo. Tales son los deseos de la gracia y no de la naturaleza, los deseos del justo y no del hombre natural. Dios no escatima su gracia en estas cosas, antes la da en abundancia. «Deléitate en el SEÑOR, y él te concederá los deseos de tu corazón» (Salmos 37:4). ¡Alma mía, pide hoy sin temor!

CONSAGRACIÓN TOTAL

*En aquel día estará grabado en los cascabeles
de los caballos: SANTIDAD AL SEÑOR.*

ZACARÍAS 14:20 (LBLA)

¡Qué día tan dichoso será aquél en que todo será consagrado y cuando los cascabeles de los caballos cantarán: «Santidad al Señor». Este día ha llegado para mí. ¿Acaso no santifico yo todas las cosas para Dios? Cuando me quito o pongo estos vestidos, ¿no me recuerdan la justicia de Cristo, Jesús, mi Señor? ¿No empleo todo mi trabajo para el Señor? Sean hoy mis vestidos, vestidos sacerdotales; mis comidas, sacramentos; mi casa, un templo; mi mesa, un altar; mis palabras, incienso; y yo mismo, un sacerdote. Cumple, oh Señor, tu promesa, y que nada haya en mí profano o inmundo.

Creyendo que puede ser así, y deseándolo con ansias, espero que el Señor me ayudará para cumplirlo. Como yo mismo soy propiedad de Jesús, Dios puede hacer un inventario de todo lo que tengo, porque todo es suyo. Estoy dispuesto a probárselo por el uso que haré hoy de todo lo que me pertenece. Quiero que todos mis días, desde la mañana hasta la noche, sean dirigidos por una norma santa. Mis campanas cantarán: ¿por qué no? Y mis caballos llevarán cascabeles, ¿quién tiene más derecho a la música que los santos? Pero toda mi música y alegría se dirigirán hacia la santidad y harán resonar el nombre del «Dios Feliz».

17 de abril

EN PAZ CON LOS ENEMIGOS

Cuando la vida de alguien agrada al SEÑOR,
hasta sus enemigos están en paz con él.

PROVERBIOS 16:7

*H*e de procurar que mi vida agrade al Señor. Aun así
tendré enemigos, y tal vez más, porque trato de obrar
con rectitud. ¡Qué gran promesa es ésta! Dios sacará alabanza de la ira del hombre y la apaciguará de forma tal
que no me aflija.

Dios puede hacer que el enemigo desista de hacerme
daño, incluso cuando intente hacérmelo. Así sucedió
con Labán, el cual persiguió a Jacob pero no se atrevió a
tocarlo. Dios puede apaciguar el furor del enemigo, y convertir su odio en amistad, como aconteció cuando Esaú
vino fraternalmente a besar a su hermano, en el momento
en que éste temía morir al filo de su espada junto con toda
su familia. Dios puede también convertir un enemigo
encarnizado en un hermano en Cristo y en colaborador,
como lo hizo con Saulo de Tarso. ¡Quiera el Señor obrar
así todas las veces que surge un espíritu perseguidor!

Feliz es el hombre cuyos enemigos se tornan mansos y
apacibles como hicieron los leones para Daniel en el foso.
Cuando venga la muerte, que es «el último enemigo» (1
Corintios 15:26), pido al Señor que encuentre la paz, y
que mi principal interés sea agradar al Señor en todas las
cosas.

¡Que pueda yo tener fe y santidad porque estas virtudes son agradables al Altísimo!

18 de abril
FIDELIDAD ABSOLUTA

Pues yo estaré contigo como estuve con Moisés.
No te fallaré ni te abandonaré.

Josué 1:5

Estas palabras dirigidas a Josué se repiten muchas veces; son la base de aquellas otras del Nuevo Testamento: «Dios ha dicho: "Nunca te fallaré. Jamás te abandonaré"» (Hebreos 13:5).

Querido lector, delante de nosotros se presenta una vida de combates, pero el Señor de los ejércitos está con nosotros. ¿Estamos llamados a conducir un pueblo numeroso e inconstante? Esta promesa nos asegura toda la sabiduría y prudencia necesarias. ¿Tenemos que luchar con astutos y poderosos enemigos? Aquí tenemos la fuerza y el valor y la victoria. ¿Tenemos que conquistar una rica herencia? Tenemos una señal del éxito en nuestros propósitos: El Señor está con nosotros.

Sería una verdadera calamidad si Dios pudiera faltar a su palabra; pero como esto nunca podrá suceder, el viento de la inquietud se estrellará contra el muro de la fidelidad divina. El Señor nunca nos abandonará. Suceda lo que suceda, Él velará a nuestro lado. Los amigos nos abandonan y su ayuda es como lluvia de primavera; pero Dios es fiel. Jesús es el mismo eternamente y el Espíritu Santo mora en nosotros.

Ven, alma mía, cálmate y ten confianza. Si las nubes se amontonan, el Señor las disipará. Si Dios no puede ser infiel, tampoco mi fe se debilitará; y como Él no me abandonará, tampoco yo le abandonaré. ¡Sea siempre nuestra fe tranquila!

19 de abril

ÉL BUSCA Y ENCUENTRA

*Esto dice el SEÑOR Soberano: yo mismo saldré
a buscar a mis ovejas y las encontraré.*

EZEQUIEL 34:11

Esto es lo que hace el Señor cuando sus elegidos son como ovejas descarriadas que no conocen ni al pastor, ni al rebaño. ¡Cuán maravillosamente sabe buscar el Señor a sus escogidos! Jesús es un pastor admirable, no solo cuando busca a sus ovejas, sino también cuando las salva. Aun cuando muchos de los que el Padre le dio han estado a las puertas del infierno, no obstante el Señor, en su afán de buscarlos, ha logrado dar con ellos y los recibe en su gracia. Él nos ha buscado. Tengamos la esperanza cierta de que también aquellos por quienes oramos serán hallados.

El Señor renueva sus esfuerzos cada vez que una oveja de su manada se aleja de los pastos de la verdad y santidad. Pueden caer en graves errores, en lamentables pecados o en el endurecimiento; pero aun así, Jesús, que ha salido fiador por ellos delante del Padre, jamás permitirá que ni una sola se extravíe y perezca. Él las seguirá con su gracia y providencia a través de regiones apartadas, en las viviendas de la miseria y en los abismos oscuros de la desesperación. Jamás perderá una sola de las ovejas que el Padre le confió. Para Jesús es gran honor buscar y salvar a toda la manada, sin una sola excepción. ¡Cuán magnífica es esta promesa para que yo me sirva de ella si me veo obligado a decir: «He andado descarriado como una oveja perdida» (Salmos 119:176)!

VIVIR POR LA FE

Mas el justo por la fe vivirá.

ROMANOS 1:17 (LBLA)

No moriré. Puedo confiar en mi Dios y esta fe me conservará la vida. Quisiera ser de aquellos cuya vida puede ser contada entre los justos; pero aun cuando fuera así, no desearía vivir de mi propia justicia; preferiría fundamentarme en la obra del Señor Jesús y vivir únicamente por la fe en Él. Aunque entregara mi cuerpo para ser quemado por mi Jesús, con todo desconfiaría de mi propio valor y de mi felicidad; al contrario, seguiría viviendo por fe.

Si yo fuera mártir en la hoguera,
Invocaría el nombre de mi Salvador.
Suplicaría el perdón en su nombre,
Y ningún reclamo más por su amor.

Vivir por fe es mucho más seguro e infinitamente más feliz que vivir de sentimientos o de las obras. La rama adherida a la vid tiene una vida más abundante de la que podría tener separada del tronco, en el caso de que esto fuera posible. Vivir en comunión con Cristo y sacar de Él nuestra fortaleza es lo más agradable y sagrado. Y si hasta los hombres más justos solo pueden vivir así, con cuánta mayor razón deberé vivir yo así que soy un pobre pecador. Señor, creo. En ti confío enteramente. ¿Qué más puedo hacer? Confiar en ti es mi vida; así lo experimento y en este propósito me mantendré hasta el fin de mi vida.

¡ÉL TE LO PAGARÁ!

*Si ayudas al pobre, le prestas
al SEÑOR, ¡y él te lo pagará!*

PROVERBIOS 19:17

Debemos dar al pobre con compasión, no precisamente para ser vistos y aplaudidos, y mucho menos todavía para ejercer influencia sobre ellos; hemos de ayudarles por pura simpatía.

Tampoco hemos de esperar nada de los pobres, ni siquiera la gratitud, sino que todo lo que por ellos hacemos debemos considerarlo como un préstamo al Señor. Él es quien se hace cargo de la obligación y de Él esperamos el pago, no de la persona que ayudamos. ¡Cuánto nos enaltece el Señor cuando condesciende en pedirnos prestado! Grandemente favorecido es el comerciante que en sus libros ve figurar el nombre del Señor. Sería una lástima anotar su nombre con una cantidad insignificante; no temamos asignarle una suma cuantiosa. Sepamos ayudar al necesitado con el que tropezamos en el camino.

En cuanto al reembolso, no merece la pena pensar en ello; sin embargo, tenemos el pagaré del Señor. Bendito sea su nombre; su promesa de pagar vale más que el oro y la plata. ¿Andamos apurados de dinero a causa de los malos tiempos? Presentemos humildemente este cheque en el Banco de la fe.

¿Has sido, lector, avaro con los pobres? ¡Desgraciado! Que el Señor te perdone.

22 de abril

SEREMOS LEVANTADOS

El SEÑOR abre los ojos de los ciegos.
El SEÑOR levanta a los agobiados.

SALMOS 146:8

¿Estoy agobiado? Presentaré esta palabra de gracia delante del Señor. Su modo de ser, su costumbre, su promesa y su mayor gozo es levantar a los agobiados. Lo que ahora me aflige ¿es el sentimiento de mis pecados, y, por lo tanto, un abatimiento de espíritu? La obra de Jesucristo es precisamente sacarme de mi quebranto y hacerme descansar. ¡Oh, Señor, levántame por tu misericordia!

¿Tal vez lo que nos apesadumbra es la pérdida de un ser querido y el vivir unas circunstancias penosas? Aquí también el divino Consolador nos consolará. ¡Qué gran misericordia para nosotros saber que una de las personas de la Santísima Trinidad se haya hecho nuestro Consolador! Y esta misericordia ha sido hecha, ya que una persona tan gloriosa se ha encargado de dispensarla.

Algunos andan tan agobiados que sólo Jesús puede librarles de su enfermedad. Puede y quiere hacerlo. Puede restituirnos la salud, la esperanza y la alegría. Así lo ha hecho en otras pruebas, y como es el mismo Salvador, no hay duda de que repetirá sus obras de misericordia. Los que andamos tristes y agobiados, seremos levantados tan altos que quienes ahora nos menosprecian serán confundidos. ¡Qué honor ser ensalzado por el Señor! Merece la pena estar agobiados para que experimentemos el poder de ser levantados.

SIN TEMOR A LA MUERTE

---

*Todo el que tenga oídos para oír debe escuchar al Espíritu
y entender lo que él dice a las iglesias. Los que salgan
vencedores no sufrirán daño de la segunda muerte.*

APOCALIPSIS 2:11

Debemos pasar por la primera muerte, a no ser que el Señor venga muy pronto a su templo. Estemos atentos esperándola sin temor, ya que Jesús ha transformado este valle oscuro en un camino que conduce a la gloria.

Lo que más debemos temer no es la primera muerte, sino la segunda; no la separación del alma y cuerpo, sino la separación definitiva del hombre completo de Dios. Esta es la verdadera muerte, la que mata toda paz, toda alegría y esperanza. Cuando Dios se marcha, todo desaparece. Una muerte de tal naturaleza es peor que dejar de existir, porque es una existencia, pero sin la vida que es la única que le da su razón de ser y su valor.

Si por la gracia de Dios luchamos hasta el fin, y vencemos en esta guerra gloriosa, nunca podrá tocarnos la muerte con su garra fría. No temeremos ni a la muerte, ni al infierno, porque tenemos en perspectiva una corona incorruptible. ¡Cuánto nos fortalece este pensamiento en la batalla! La vida eterna bien merece una vida de lucha. Para vernos libres del daño de la segunda muerte, vale la pena luchar durante toda la vida.

¡Señor, danos fe para que salgamos vencedores y concédenos la gracia de poder perseverar sanos y salvos, incluso cuando el pecado y Satanás traten de seguir nuestros pasos!

CONDICIÓN PARA LA BENDICIÓN

Traigan todos los diezmos al depósito del templo, para que haya suficiente comida en mi casa. Si lo hacen —dice el SEÑOR de los Ejércitos Celestiales— les abriré las ventanas de los cielos. ¡Derramaré una bendición tan grande que no tendrán suficiente espacio para guardarla!

MALAQUÍAS 3:10

Muchos leen esta promesa y apoyan sus oraciones en ella sin darse cuenta de la condición impuesta a las bendiciones que se prometen. No podemos esperar a que se abran los cielos para que desciendan esas bendiciones, si antes no pagamos el diezmo a Dios y a su causa. No habría escasez de fondos para llevar a cabo las buenas obras si todos los que llevan el nombre de cristianos pagaran la parte que les corresponde.

Muchos son pobres porque roban a Dios. Asimismo, muchas iglesias dejan de ser visitadas por el Espíritu porque dejan morir de hambre a los siervos del Señor. Si negamos al siervo de Dios el alimento temporal, no nos extrañemos de encontrar en su ministerio poco alimento espiritual para nuestras almas. Cuando las misiones languidecen por falta de recursos y la obra del Señor queda paralizada por una caja vacía, ¿cómo podremos tener la esperanza de prosperar espiritualmente?

Veamos: ¿Qué he dado yo al Señor últimamente? ¿He sido tacaño con Dios? ¿He regateado algo a mi Señor Jesús? De ahora en adelante obraré de otro modo. Daré mi diezmo al Señor ayudando a los pobres y a su obra; así experimentaré su poder para bendecirme en abundancia.

LEGADO PARA LOS HIJOS

*Los justos caminan con integridad; benditos
son los hijos que siguen sus pasos.*

PROVERBIOS 20:7

Es muy natural que nos preocupemos por nuestra familia, pero haríamos muy bien si nos preocupáramos también por nuestro propio carácter. Si andamos delante de Dios en integridad, haremos mucho mayor bien a nuestros hijos que dejándoles una gran fortuna. La vida santa del padre es el más rico legado para los hijos.

El justo deja a sus hijos su ejemplo, lo cual es una verdadera mina de riqueza. ¡Cuántos atribuyen el éxito de su vida al buen ejemplo recibido de sus padres!

Asimismo, les deja su reputación. Los hombres tienen mejor concepto de nosotros si somos hijos de un padre honrado, o herederos de un comerciante de excelente reputación. ¡Ojalá todos los jóvenes se preocuparan de conservar intacto el buen nombre de la familia!

Sobre todo, el justo deja a sus hijos sus oraciones, y la bendición de Dios que las escucha. Estas hacen que nuestros descendientes sean favorecidos entre los hijos de los hombres. Dios salvará a nuestros hijos aun después de nuestra muerte. ¡Ojalá fuesen salvos desde ahora!

Nuestra integridad será tal vez el medio del que Dios se sirva para salvar a nuestros hijos e hijas. Si ven en nuestras vidas la realidad de la religión, tal vez llegarán al conocimiento de Jesús por sí mismos. ¡Señor, que tu promesa sea cumplida en mi propia casa!

TRATAR BIEN A LOS DEMÁS

*Y el SEÑOR tu Dios te bendecirá
en todo lo que hagas.*

DEUTERONOMIO 15:18

El señor israelita debía dar la libertad a su siervo en el tiempo designado y cuando éste abandonaba su servicio darle un salario generoso para que pudiera establecerse. Debía hacer esto cordial y gozosamente; el Eterno prometía bendecir este acto de generosidad. El espíritu de este precepto, como toda la ley de Cristo, nos obliga a tratar bien a nuestros subordinados. Recordemos cómo nos ha tratado el Señor y que esto nos obliga a nosotros a tratar a los demás con la debida consideración. Es necesario que los hijos de un Dios de bondad sean generosos. ¿Cómo podemos esperar que nuestro gran Maestro bendiga nuestros negocios si somos injustos con los que nos sirven?

¡Qué bendición se promete aquí a las almas generosas! Si en todo cuanto hacemos somos bendecidos, tenemos verdadera bendición. El Señor nos la concederá, en la prosperidad, en el gozo de espíritu, o por el sentimiento de su favor, que es la más excelente de las bendiciones. Él nos hará sentir que somos objeto de sus cuidados especiales y que estamos cercados de su amor. Nuestra vida en la tierra será así un gozoso preludio de la vida venidera. La bendición de Dios vale más que una fortuna. Enriquece, y en ella no hay tristeza alguna.

NINGUNA OBRA INCOMPLETA

El SEÑOR llevará a cabo los planes
que tiene para mi vida.

SALMOS 138:8

Aquel que ha comenzado la obra en mi alma la perfeccionará. Todo lo que me concierne, interesa también al Señor. Todo lo que es bueno, aun cuando no sea perfecto, será por Dios vigilado, guardado y realizado. Tal es nuestro consuelo. Por mí mismo no podría yo terminar la obra de la gracia. Mis culpas cotidianas lo demuestran suficientemente, y si hasta el momento he perseverado es porque el Señor me ha ayudado. Si me abandonara un solo instante, de nada me valdría mi experiencia pasada, y sucumbiría en el camino. Pero el Señor perfeccionará mi fe, mi amor, mi carácter y el trabajo de mi vida. Él seguirá bendiciéndome. Y lo hará ciertamente porque ha comenzado en mí esta obra. De su mano me viene el interés que pongo en mi perfeccionamiento, y, en cierta medida, ha cumplido mis anhelos. Nunca puede dejar una obra incompleta, porque esto ni sería propio de Él, ni redundaría en gloria suya. Él conoce la manera de realizar los designios de su gracia, y aunque mi naturaleza torcida, el mundo y Satanás conspiran para detener su obra, yo nunca dudaré de su promesa. Ciertamente llevará a cabo los planes que tiene para mí y yo le alabaré para siempre. ¡Señor, haz que la obra de tu gracia prospere en mí durante este día!

RECIPROCIDAD DE INTERESES

Viviré en ellos y caminaré entre ellos.
Yo seré su Dios, y ellos serán mi pueblo.

2 Corintios 6:16

Aquí hay reciprocidad de intereses. Ambos se pertenecen mutuamente. Dios es la porción de su pueblo, y el pueblo escogido es la porción de Dios. Los santos encuentran en Dios su posesión principal, y Él los considera como su tesoro más rico. ¡Qué manantial de consuelo encierra esta verdad para todo creyente!

A esta reciprocidad de intereses se añade una reciprocidad de sentimientos. Dios siempre pensará en su pueblo, y su pueblo pensará en Él. Hoy el Señor lo hará todo por mí. ¿Qué podré hacer yo por Él? Mis pensamientos deben volar hacia Él en todo tiempo, porque sus pensamientos están en mí. Debo estar seguro de que es así, y no contentarme de que así debe ser.

Hay, además, una comunión mutua. Dios está en nosotros y nosotros en Él; Él camina entre nosotros, y nosotros caminamos con Él. ¡Qué comunión tan gozosa!

¡Cuánto quiero tratar al Señor como a mi Dios, confiando en Él y sirviéndole como se merece! ¡Oh, quién pudiera amar, honrar, adorar y obedecer a Dios en espíritu y en verdad! Tal es el deseo de mi corazón. Cuando lo consiga, habré hallado el cielo.

¡Señor, ayúdame! Sé mi Dios, enseñándome a conocerte como mi Dios por el amor de Jesucristo.

PERDONAR Y OLVIDAR

No digas: «Me voy a vengar de este mal»; espera
a que el SEÑOR se ocupe del asunto.

PROVERBIOS 20:22

No te apresures. Deja que se apacigüe tu ira. No digas ni hagas nada para vengarte. Obrarás imprudentemente si tomas las armas y peleas tus propias batallas, y no mostrarás el espíritu del Señor Jesús. Perdonar y olvidar la ofensa es mucho más noble. Si guardas rencor y maquinas la venganza mantienes abiertas las viejas heridas y produces otras nuevas. Es mucho mejor perdonar y olvidar.

Tal vez digas que debes hacer algo, o de lo contrario perderás mucho. En tal caso obra en conformidad con la promesa de hoy: «Espera a que el SEÑOR se ocupe del asunto». El seguir este consejo no te costará dinero, y sin embargo, tiene mucho valor. Espera en el Señor, cuéntale tus quejas; extiende ante sus ojos la carta del «jefe del Estado Mayor asirio» (Isaías 37:4) y esto aliviará tu alma apesadumbrada. Además, atiende a la promesa: «el SEÑOR se ocupará del asunto». Dios hallará los medios de librarte. ¿Cómo? Ni tú ni yo lo sabemos, pero ten la seguridad de que lo hará. Y si el Señor se ocupa del asunto, esto será mucho mejor que meterte en peleas insignificantes cubriéndote de barro para luchar con los malvados. No te irrites más. Deja tus pleitos en las manos del soberano Juez.

EL GALARDÓN DE
LA VICTORIA

*A todos los que salgan vencedores, les daré del maná que
ha sido escondido en el cielo. Y le daré a cada uno una
piedra blanca, y en la piedra estará grabado un nombre
nuevo que nadie comprende aparte de aquél que lo recibe.*

APOCALIPSIS 2:17

Esfuérzate, alma mía, por perseverar en la guerra santa,
porque grande es el galardón de la victoria. Hoy comemos el pan que desciende del cielo que cae sobre nuestros
campamentos; el pan del desierto, el pan del cielo, y que
nunca falta para los que van caminando hacia Canaán.

Pero en Jesucristo nos está reservado un nivel más elevado de vida espiritual, al mismo tiempo que un alimento
apropiado que todavía no conoce nuestra experiencia.
En el vaso de oro depositado en el arca, había escondida
una porción del maná, que, a pesar de los siglos, no se
corrompió. Nadie la vio jamás; estaba oculta en el Arca
del Pacto, en el Lugar Santísimo. De la misma manera,
la más alta vida del creyente está escondida con Cristo en
Dios. Pronto llegaremos a ella. Hechos vencedores por la
gracia de nuestro Señor Jesús, comeremos de las viandas
del Rey, y nos regalaremos con los manjares más delicados
de su mesa. Nos alimentaremos de Jesús. Él es nuestro
«maná escondido», además de haber sido nuestro maná en
el desierto. Él es todo en todos, cualquiera que sea nuestra
situación. Nos fortalece en el combate, nos da la victoria
y después será nuestro galardón. Señor, ayúdame a vencer.

1 de mayo
MUNDO MELODIOSO

———◆———

Los montes y las colinas se pondrán a cantar
y los árboles de los campos aplaudirán.

Isaías 55:12

Al sernos perdonado el pecado, termina el motivo de nuestra mayor pena y comienza nuestra verdadera alegría. Así es el gozo que el Señor derrama sobre aquellos que han sido reconciliados con Él y que inunda de alegría a toda la creación. Hay en el mundo material una música latente, y el corazón renovado puede hacerla brotar y transformarla en armonías sensibles. La creación es como un órgano; el hombre santificado conoce la tecla sobre la cual con solo poner la mano despierta en el universo entero un concierto de alabanzas. Los montes y las colinas, con todas las magnificencias de la naturaleza son, por decirlo así, el bajo del coro; en tanto que los árboles del bosque y toda la creación animada son la melodía y el canto.

Cuando la Palabra de Dios produce frutos en nosotros y las almas se salvan, todo parece cantar en derredor nuestro. Cuando escuchamos el testimonio de los nuevos convertidos y las experiencias de los más antiguos, nuestra alegría es tanta que no podemos por menos que alabar a Dios; y nos parece que los montes y las colinas, los bosques y los campos, resuenan con los ecos de nuestros cánticos de gozo y convierten al universo entero en una orquesta inmensa. Señor, en este alegre día de mayo, condúceme a este mundo melodioso donde pueda cantar tus alabanzas como una alondra.

2 de mayo

SEMBRAR PARA EL ESPÍRITU

*Los que viven para agradar al Espíritu,
del Espíritu, cosecharán vida eterna.*

GÁLATAS 6:8

Alguien pensará que sembrar es una ocupación vana porque depositamos buen trigo en la tierra y ya no lo vemos más. Sembrar para el Espíritu puede también parecer una insensatez, un sueño, porque nos negamos a nosotros mismos y en apariencia nada recibimos. Pero si sembramos para el Espíritu procurando vivir para Dios, obedeciendo su voluntad y esforzándonos en fomentar su gloria, nuestra siembra no será improductiva. La vida será nuestra recompensa: la vida eterna. Ahora bien, esta vida la poseemos tan pronto como comenzamos a conocer a Dios, entramos en comunión con Él, y nos gozamos con Él. Esta vida sigue su curso como un río que va ensanchándose y profundizando hasta llevarnos al océano de la felicidad infinita donde la vida de Dios nos pertenece para siempre.

No sembremos hoy para nuestra carne porque la siega será corrupción, ya que la carne siempre tiende a eso; por el contrario, venciéndonos a nosotros mismos con la santidad, vivamos para fines más elevados, puros y espirituales, buscando la gloria de nuestro Dios por la obediencia a su Espíritu de gracia. ¡Qué cosecha tan admirable será la cosecha de la vida eterna! ¡Qué manojos de bendición eterna recogeremos! ¡Qué día de fiesta el día de tan hermosa cosecha! ¡Señor, concédenos por amor de tu Hijo, que seamos del número de estos afortunados labradores!

OÍR SU SEÑAL

Cuando oigas un sonido como de pies que marchan
en las copas de los álamos, ¡mantente alerta!
Esa será la señal de que el SEÑOR va delante
de ti para herir de muerte al ejército filisteo

2 SAMUEL 5:24

Hay indicios de que el Señor se mueve, los cuales deben ponernos a nosotros en movimiento. El Espíritu de Dios sopla donde quiere y oímos su sonido. Entonces es cuando más activos debemos mostrarnos. Aprovechemos tan preciosa oportunidad y saquemos de ella el mejor partido posible.

Nuestro deber es pelear en todo momento contra los filisteos; pero cuando el Señor va delante de nosotros, deberíamos mostrarnos más valientes todavía.

La brisa sacudió las copas de los árboles, y David y los suyos tomaron esto por señal de ataque, y mientras avanzaban, el Señor hirió a los filisteos. ¡Quiera nuestro Dios brindarnos una ocasión de hablar de Él a quienes nos rodean! Sepamos sacar provecho de las ocasiones que se nos presentan. Quién sabe si no será este día de buenas nuevas, tiempo de ganar almas. Tengamos atentos nuestros oídos para oír el ruido del viento, y mantengámonos alerta para obedecer a esta señal. «El Señor va delante de ti». ¿No es esta promesa estímulo suficiente para que nos armemos de valor? Si el Señor va delante, no nos quedemos nosotros rezagados.

¡AY DE LOS QUE RÍEN AHORA!

No te alegres de mí, enemiga mía. Aunque caiga,
me levantaré, aunque more en tinieblas,
el SEÑOR es mi luz.

MIQUEAS 7:8 (LBLA)

Este versículo tal vez exprese los sentimientos de alguien que ha sido pisoteado y burlado. Nuestro enemigo puede apagar por unos momentos nuestra luz. Pero para nosotros hay esperanza segura en el Señor, y si confiamos en Él conservándonos íntegros, pronto pasará el tiempo de nuestro abatimiento y oscuridad. Los insultos del enemigo duran poco. El Señor cambiará su risa en lamentación y nuestros suspiros en canciones.

Aun cuando, por algún tiempo, triunfara sobre nosotros el enemigo de nuestras almas, como efectivamente ha triunfado sobre otros más excelentes, cobremos ánimo, porque pronto le derrotaremos. Nos levantaremos de nuestras caídas, porque Dios no ha caído y nos levantará. No permanezcamos en la oscuridad, aunque momentáneamente estemos en ella. Nuestro Dios es fuente de luz, y pronto nos traerá días prósperos. No desesperemos, ni dudemos. Una vuelta de la rueda, y lo que está abajo quedará arriba. ¡Ay de los que ríen ahora, porque lamentarán y llorarán cuando su vanidad se torne en desprecio eterno! Más bienaventurados son los santos que lloran, porque ellos serán divinamente consolados.

CESARÁ NUESTRA ESCLAVITUD

El SEÑOR tu Dios te hará volver de tu cautividad.

DEUTERONOMIO 30:3 (LBLA)

El pueblo de Dios puede ser vendido a la cautividad del pecado. Esta es una fruta que procede de una raíz más amarga todavía. ¡Qué esclavitud la del Hijo de Dios vendido al pecado, encadenado por Satanás, privado de su libertad, del poder de la oración y de su gozo en el Señor! Velemos para que no caigamos en tal esclavitud; pero si tal vez hemos caído, no desmayemos.

Sin embargo, no podemos permanecer cautivos para siempre. El Señor Jesús ha pagado un precio demasiado elevado por nuestro rescate para que nos deje en las manos del enemigo. «Regresa al SEÑOR tu Dios» (v. 2); éste es el camino de la libertad. Allí donde por primera vez hemos encontrado la salvación, volveremos a encontrarla. Al pie de la cruz de Cristo, confesando nuestro pecado, hallaremos el perdón y el rescate. Además, el Señor quiere que obedezcamos su voz haciendo todo lo que Él nos ha mandado, y es obligación nuestra hacerlo con todo nuestro corazón y con toda nuestra alma; así cesará nuestra esclavitud.

Muchas veces el abatimiento de espíritu y la gran miseria del alma nos abandonan tan pronto como dejamos nuestros ídolos y nos inclinamos en la presencia del Dios vivo. ¿Por qué hemos de continuar siendo cautivos? Podemos volver a ser ciudadanos de Sión; hagámoslo pronto. ¡Señor, sácanos de nuestro cautiverio!

REMEDIO CONTRA LA ENVIDIA

No envidies a los pecadores, en cambio,
teme siempre al SEÑOR. Si lo haces, serás
recompensado; tu esperanza no se frustrará.

PROVERBIOS 23:17-18

Cuando vemos cómo prosperan los pecadores, fácilmente somos tentados por la envidia, y cuando oímos el canto de su regocijo mientras nosotros estamos afligidos, casi llegamos a creer que se han llevado la mejor parte. Pero pensar así es insensatez y pecado. Si los conociéramos mejor y consideráramos su fin, serían para nosotros objeto de lástima.

El remedio contra la envidia consiste en vivir constantemente en el sentimiento de la divina presencia, en la adoración y continua comunión con Dios. Una religión verdadera transportará nuestra alma a regiones superiores, donde nuestro juicio será más claro y nuestros pensamientos serán más altos. Cuanto más penetrados estemos del cielo, menos codiciaremos el mundo. El temor de Dios ahuyenta la envidia de los hombres.

El golpe fatal contra la envidia es la serena meditación del futuro. Las riquezas y glorias de los impíos son vanas apariencias. Su brillo es pasajero y pronto se apaga. ¿De qué aprovecha al pecador su prosperidad si le alcanza el juicio de Dios? En cambio, el hombre de Dios tendrá como fin la paz y la prosperidad, y su gozo nadie se lo arrebatará. Por lo tanto, despójate de la envidia y busca el verdadero contentamiento del espíritu.

REÑIDOS CON LA MALDAD

---

*Que nadie guarde nada del botín que fue separado
para ser destruido. Entonces el SEÑOR alejará
de ti su enojo feroz y te tratará con misericordia.
Tendrá compasión de ti y te convertirá en una nación
numerosa, tal como lo juró a tus antepasados.*

DEUTERONOMIO 13:17

*I*srael tenía que conquistar ciudades idólatras, y destruir todos los despojos considerando que todo lo contaminado por la idolatría, por ser cosa maldita, debía ser quemado y destruido. Con este mismo rigor debe tratar el cristiano toda suerte de pecados. Hemos de desarraigar hasta las raíces de un mal hábito. Es una guerra contra el pecado, cualquiera que sea su naturaleza, o bajo cualquier forma que afecte al alma, al cuerpo o al espíritu. Este abandono del mal no hemos de mirarlo como un mérito que nos haga dignos del perdón, sino como el fruto de la gracia de Dios que de ninguna manera debe faltar.

Cuando por la gracia divina llegamos a no tener complacencias con el pecado, Dios tiene misericordia de nosotros. Cuando estamos reñidos con la maldad, Dios no se enoja contra nosotros. Cuando multiplicamos nuestros esfuerzos contra la iniquidad, el Señor multiplica sus bendiciones. El camino de la paz, del progreso, de la seguridad y gozo en Jesucristo se encuentra en estas palabras: «Que nadie guarde nada del botín». Señor, purifícame en este día. La misericordia, la prosperidad y la alegría serán otorgadas a quienes dejan el pecado con firme resolución.

OFERTA DE EMPLEO

Entonces vayan y únanse a los otros en mi viñedo.

MATEO 20:7

Sí, hasta para los viejos hay trabajo en la viña de Cristo. Aun cuando sea la hora undécima, nos permitirá trabajar. ¡Cuánta misericordia! Sin duda alguna, incluso los ancianos deberían apresurarse para aceptar esta invitación. Cuando los hombres se hacen viejos, nadie los acepta como trabajadores; van de casa en casa; pero cuando los dueños ven sus canas, mueven la cabeza y los despachan. ¡Sin embargo, Jesús acepta a los ancianos y les remunera con buenos sueldos! ¡Cuán grande es su misericordia! Señor, ayuda a todos los hombres de edad madura para que sin demora se alisten en tu servicio.

¿Pero dará el Señor un salario a los que están fatigados por los años? No lo dudes. Él asegura que te dará lo que es justo si trabajas en su campo. Recibirás aquí la gracia y allí la gloria. Él te concederá consuelo en esta vida y descanso en la otra; fortaleza suficiente mientras vivas y una visión de gloria cuando sobrevenga la noche de la muerte. Todo esto dará el Señor gratuitamente tanto a los que se han convertido a última hora, como a los que se convirtieron en la juventud.

Quiero anunciar esta gracia a todos los no convertidos, sean ancianos o ancianas, y pedir al Señor que los bendiga por amor a Jesucristo.

¿Dónde hallaré estas personas? Las buscaré para anunciarles con cariño estas buenas nuevas.

LA FLOR DEL GOZO

*En él se alegra nuestro corazón, porque
confiamos en su santo nombre.*

SALMOS 33:21

Sobre la planta de la fe crece la flor del gozo del corazón. Tal vez no nos alegremos al principio, pero a su tiempo vendrá la alegría. Cuando estamos tristes, confiemos en el Señor, y en tiempo oportuno responderá a nuestra confianza dándonos la alegría del Señor como fruto de nuestra fe. La duda engendra tristeza, pero la confianza produce gozo y contentamiento.

La seguridad expresada por el salmista en el presente versículo es una verdadera promesa que se nos ofrece en las manos de la confianza. ¡Ojalá tuviésemos la gracia necesaria para apropiárnosla! Si en este momento no estamos gozosos, ciertamente lo estaremos porque el Dios de David es nuestro Dios.

Meditemos acerca del santo nombre del Señor para que cada día confiemos más en Él y nuestro gozo sea más cumplido. Él es santo, justo, verdadero, misericordioso, fiel e invariable. Un Dios de tal naturaleza, ¿no será digno de nuestra confianza? Es omnisciente, todopoderoso, todo lo ve ¿y no confiaremos plenamente en Él? Hagámoslo ahora mismo sin dilación.

Yahvé Jireh proveerá, Yahvé Shalom enviará paz, Yahvé Tsidkenu justificará, Yahvé Sama estará siempre cerca, y en Yahvé Nissi venceremos a todos nuestros enemigos. Quienes te conocen confiarán en ti; y quienes en ti confían se alegrarán, ¡oh, Señor!

TEMER A DIOS Y A NADIE MÁS

———— ◆ ————

Así que podemos decir con toda confianza:
«El SEÑOR es quien me ayuda, por eso no tendré
miedo. ¿Qué me puede hacer un simple mortal?».

HEBREOS 13:6

Puesto que Dios jamás nos desampara, bien podemos estar contentos de lo presente. Puesto que el Señor es nuestro, jamás podremos quedar desamparados, sin un amigo, sin un tesoro, sin un refugio. Con tal protección, no podremos ser tentados a adular servilmente a nuestros prójimos y pedirles permiso para vivir. Lo que decimos podemos decirlo con resolución desafiando a todos los que nos contradicen.

Quien teme a Dios, a nadie puede temer. Tan grande debiera ser nuestro temor respetuoso al Señor que todas las amenazas de nuestros orgullosos perseguidores sean para nosotros como el silbido del viento. En nuestros días, los hombres no pueden perjudicarnos tanto como en tiempo del apóstol que escribió este versículo. El tormento y la hoguera han pasado de moda, y nadie puede hoy quemar a los herejes. Si los discípulos de falsos maestros nos escarnecen cruelmente y se burlan de nosotros, no hemos de maravillarnos, porque los mundanos jamás podrán amar la simiente espiritual. ¿Qué pues?

Debemos soportar los insultos del mundo; éstos no quiebran hueso alguno. Con la ayuda de Dios, seamos valientes, y si el mundo se enfurece, dejémosle en su furor, pero no le tengamos miedo.

11 de mayo

EL DESENLACE FINAL

———◆◆———

Gad será atacado por bandas saqueadoras, pero él
las atacará cuando ellas se batan en retirada.

GÉNESIS 49:19

Muchos de nosotros hemos sido como la tribu de Gad. Nuestros enemigos han sido por algún tiempo numerosos y cayeron sobre nosotros como bandas saqueadoras. Por el momento nos vencieron y se envanecieron de su victoria. Con ello no hicieron sino demostrar que esta profecía concierne también al pueblo de Cristo que, como Gad, debe ser asaltado y vencido por unas bandas numerosas. Es duro ser vencido, y de no haber creído por fe en la segunda parte de la promesa de nuestro Padre, «él las atacará cuando ellas se batan retirada», habríamos desmayado. «Hasta el fin nadie es dichoso», dijo un poeta. Y es verdad. Se juzga una guerra no por los primeros éxitos o derrotas, sino por el desenlace final. Al final, el Señor dará la victoria a la verdad y a la justicia, y, como dice Juan Bunyan, eso quiere decir para siempre, porque después del fin, nada puede suceder.

Lo que necesitamos es perseverar en las buenas obras, y tener mucha confianza en nuestro glorioso Capitán. Cristo, Señor nuestro, nos enseñará a endurecer nuestro rostro como el diamante para que podamos realizar su obra o resistir al sufrimiento hasta que podamos exclamar: «¡Todo ha terminado!» (Juan 19:30). ¡Aleluya! ¡Victoria! Creamos en su promesa. «Él las atacará cuando ellas se batan en retirada».

GALARDONADOS CON HONRA

El que cuida la higuera comerá su fruto, y el que atiende a su señor será honrado.

PROVERBIOS 27:18 (LBLA)

El que cuida la higuera obtendrá higos en recompensa de su trabajo, y el que atiende a un señor bueno será galardonado con honra. El Señor Jesús es el mejor de los señores y es para nosotros un privilegio dedicarle el más pequeño servicio. Servir a ciertos señores es lo mismo que cultivar un manzano silvestre que no da más que frutos amargos. Pero servir al Señor Jesús es cultivar una higuera que produce higos sabrosísimos. Su servicio es una delicia; permanecer en Él es avanzar continuamente; tener éxito en Él es la felicidad en la tierra, y la recompensa es la gloria del cielo.

Los más grandes honores serán recogidos en la época en que maduran los higos, en la vida venidera. Los ángeles, que ahora son nuestros servidores, nos llevarán al cielo cuando haya terminado nuestro trabajo del día. El cielo donde mora Jesús será nuestra casa de honor, una felicidad eterna será nuestra bendita herencia, y el Señor mismo nuestro glorioso compañero. ¿Quién podrá entender lo que esta promesa significa: «el que atiende a su señor será honrado»? Señor, ayúdame a servirte, y que sepa dejar a un lado todo deseo de ser honrado, hasta que Tú mismo me honres. Que tu Santo Espíritu haga de mí un obrero humilde y sufrido.

13 de mayo

LA ESTRELLA DE LA MAÑANA

¡Y también les daré la estrella de la mañana!

APOCALIPSIS 2:28

Hasta que el día llegue y las sombras huyan ¡cuán grande bendición es ver en Jesús «la estrella de la mañana!». Los periódicos refirieron la reaparición de la estrella de Belén. Después de las oportunas indagaciones, se vio que no era otra cosa que «la estrella de la mañana». Después de todo, no fue tan grande la equivocación.

Lo mejor es ver a Jesús como el sol; pero cuando no podemos hacerlo así, que por lo menos sea para nosotros como la estrella que anuncia el día y que nos muestre que se aproxima la luz eterna. Si no soy ahora lo que yo deseara ser, sin embargo ya veo a Jesús, lo cual me asegura que un día seré semejante a Él. Ver a Jesús por fe es ya para nosotros la garantía de que le veremos en su gloria y que seremos transformados a su imagen. Si al presente no poseo toda la luz y todo el gozo que quisiera, pronto lo tendré, porque con la misma certidumbre con que veo la estrella de la mañana, así veré el día. La estrella de la mañana no está lejos del sol naciente.

Alma mía, ¿te ha dado el Señor la estrella de la mañana? ¿Conservas tú esta verdad, esta gracia, esta esperanza y el amor que has recibido de Él? ¿Entonces ya ves la aurora de la gloria venidera? El que te da fuerzas para vencer el mal y perseverar en la justicia, te ha dado también la estrella de la mañana.

14 de mayo
HERIR ANTES DE VENDAR

Vengan, volvámonos al SEÑOR. Él nos despedazó, pero ahora nos sanará. Nos hirió, pero ahora vendará nuestras heridas.

OSEAS 6:1

El método del Señor es despedazarnos antes que sanarnos. Tal es el amor sincero de su corazón y la maravillosa cirugía de su mano. También Él hiere antes de vendar, sin lo cual su trabajo sería incompleto. La ley precede al Evangelio y la necesidad antes de la ayuda. ¿Te ves aplastado bajo la acción convincente y arrolladora del Espíritu Santo? ¿Has recibido el espíritu de servidumbre que de nuevo te atemoriza? Son los preliminares saludables de la verdadera curación por el Evangelio.

No te desalientes, hermano mío, acude al Señor con tus profundas heridas, tus negros cardenales, y tus llagas supurantes. Sólo Dios los puede sanar y le place hacerlo. La obra del Señor es vendar a los quebrantados de corazón y para ello tiene una habilidad consumada y gloriosa. No nos detengamos; vayamos inmediatamente al Señor del cual nos hemos separado. Presentémosle nuestras heridas abiertas y supliquémosle que perfeccione su obra. ¿Qué cirujano hace una incisión y deja al enfermo morir? ¿Derribará el Señor nuestra vieja casa y rehusará después edificar otra mejor? ¿Aumentarás, Señor, intencionadamente la miseria de las pobres almas abandonadas? Esto, Señor, nadie podrá decirlo de ti.

DIOS NOS EXALTA

Lo exaltaré, porque ha conocido mi nombre.

SALMOS 91:14 (LBLA)

¿Se dirigen a mí estas palabras? Ciertamente, si conozco su nombre. Bendito sea el Señor porque su nombre me es conocido. En efecto, lo he experimentado, lo he conocido, y, por tanto, confío en Él. Conozco su nombre como el de un Dios que aborrece el pecado, porque la virtud convincente de su Espíritu ha sabido que jamás pactará con el mal. Además le conozco en Jesucristo como el Dios del perdón, porque ha borrado todos mis pecados. Su nombre es la fidelidad y como tal le conozco, ya que jamás me ha desamparado aunque hayan sido multiplicados mis sufrimientos.

Este conocimiento es un don de su gracia, y por esta misma razón, el Señor me concede otra gracia, es decir, exaltarme, lo cual es gracia sobre gracia. Si escalamos las alturas, nuestra posición puede sernos peligrosa; pero si el Señor nos coloca allí, estaremos seguros. Tal vez nos ponga en un puesto de gran utilidad, en una experiencia eminente, en un éxito de nuestro servicio, en la dirección de una obra, en hacer de padre de los pequeñuelos. O tal vez puede exaltarnos por medio de una comunión íntima con Él, por un conocimiento claro y profundo, por una santidad triunfante, o por la anticipación gloriosa de la vida eterna. Cuando Dios nos exalta, Satanás no podrá derribarnos. ¡Que sea ésta nuestra experiencia durante todo el día!

16 de mayo

DAR PARA RECIBIR

◆

Bienaventurados los misericordiosos,
pues ellos recibirán misericordia.

MATEO 5:7 (LBLA)

No es justo que quien no quiere perdonar sea perdonado, ni quien rehúsa dar al pobre sea aliviado en sus necesidades. Dios nos tratará del mismo modo que tratemos a los demás, y los que se muestran dueños crueles y acreedores inflexibles serán tratados por el Señor con severidad. «Porque el juicio será sin misericordia para el que no ha mostrado misericordia» (Santiago 2:13, LBLA).

Procuremos hoy dar y perdonar. Aprendamos a sufrir y soportar. No nos formemos juicios severos acerca de la conducta de las personas, no efectuemos compras ilícitas; no busquemos peleas insensatas, ni seamos descontentadizos. Sin duda alguna queremos ser bendecidos y deseamos obtener misericordia: seamos nosotros misericordiosos. Para tener derecho a la misericordia, cumplamos las condiciones requeridas. ¿Acaso no es un deber grato el mostrarnos bondadosos? ¿No hallamos más dulzura en la bondad que en la cólera, en la indignación y en la falta de generosidad? En esto hay ciertamente una bendición. Además, obtener misericordia es un rico galardón. Solo la gracia soberana puede hacernos semejante promesa. Demostremos a nuestros prójimos la misericordia en algunos denarios y el Señor nos perdonará «esa tremenda deuda» (Mateo 18:32).

17 de mayo

HEREDEROS DE COSAS BUENAS

Los honrados heredarán cosas buenas.

Proverbios 28:10

*E*l libro de los Proverbios es también un libro de promesas. Las promesas para el pueblo de Dios deberían ser consideradas como proverbios. Y aquí tenemos una promesa digna de ser meditada. Estamos acostumbrados a creer que los bienes terrenales son reversibles y aquí se nos enseña que los tenemos como una herencia.

Ni la astucia, ni la mala fe de nuestros enemigos podrán arruinarnos: ellas mismas caerán en la fosa que han cavado. Nuestra herencia se halla tan asegurada que nadie podrá privarnos de ella, ni engañarnos para que la perdamos.

¿Qué tenemos ahora? Poseemos la sangre preciosa de Cristo que nos da la tranquilidad de conciencia; el amor de Dios que no sufre variaciones ni cambios es nuestro. Tenemos el gran medio de la oración por la cual tenemos poder cerca de Dios; tenemos la providencia de Dios que vela sobre nosotros, los ángeles que nos sirven, su Santo Espíritu que nos santifica y mora en nosotros. Todo esto es nuestro. «Sea lo presente, sea lo porvenir, todo es nuestro». Jesús es nuestro: la divina Trinidad nos pertenece. ¡Aleluya! Dejemos, pues, todo temor, toda queja, todo llanto, todo trabajo de esclavos, porque somos herederos de cosas buenas. Vivamos en Dios y alegrémonos en Él todo el día. ¡Ayúdanos, Espíritu Santo!

18 de mayo

RECUPERAR EL
TIEMPO PERDIDO

*Yo les compensaré a ustedes los años que
perdieron a causa de la plaga de langostas.*

JOEL 2:25 (DHH)

*E*n efecto, estos años perdidos que nos hacen gemir, nos serán compensados. Dios es suficientemente rico en gracia para hacer que los años que nos quedan de vida sean tan productivos para su servicio como los años antes de nuestra conversión, que lloramos con lágrimas de penitencia a causa de su esterilidad.

Hoy consideramos como una terrible plaga las langostas de la apostasía, de la mundanalidad y de la tibieza. ¡Ojalá nunca se hubiesen acercado a nosotros! Pero el Señor de las misericordias las ha ahuyentado, y ahora estamos llenos de celo para servirle. ¡Bendito sea su santo nombre!; podemos recoger tal cosecha de bienes espirituales que pondrá en olvido nuestra esterilidad pasada. Por la gracia del Señor podemos aprovechar nuestra amarga experiencia y servirnos de ella para amonestar a los demás. A causa de nuestra insuficiencia pasada, quedamos más profundamente enraizados en la humildad, en la dependencia infantil. La vigilancia y la circunspección que hemos adquirido nos ayudan a recuperar con más seguridad el tiempo perdido. Los años malgastados, por un milagro del amor, pueden sernos restituidos. ¿No es esto una gracia extraordinaria por el reconocimiento de su debilidad? ¡Señor, ayúdanos con tu gracia!

19 de mayo
VOCERO DEL SEÑOR

Esto responde el SEÑOR: —Si regresas a mí te restauraré
para que puedas continuar sirviéndome. Si hablas palabras
beneficiosas en vez de palabras despreciables, serás mi vocero.

JEREMÍAS 15:19

¡Pobre Jeremías! Pero, ¿por qué le llamamos pobre? El profeta de las lamentaciones era un siervo escogido del Señor, y exaltado sobre otros muchos. Fue odiado porque decía la verdad. Las palabras, tan dulces para él, eran muy amargas para sus oyentes; por tanto, fue acepto del Señor. Se le mandó mantenerse firme en su fidelidad, y así el Señor continuaría hablando por medio de él. Debía tratar con entereza y verdad a los hombres de su tiempo con el fin de llevar a cabo la obra de reparación que Dios le había encomendado entre los apóstatas de su tiempo, y el Señor le dijo: «serás mi vocero».

¡Qué honor tan grande! ¿No debiera desearlo todo predicador y todo oyente? ¡Cuán maravilloso es que Dios hable por nosotros! Nuestras palabras serán ciertas, verdaderas, puras; servirán de bendición para quienes las reciban, y los que las rechacen incurrirán en inminente riesgo. Nuestros labios apacentarán a muchos; despertarán a los que duermen y resucitarán a los muertos.

Querido lector, pide al Señor que suceda esto con el autor y con todos los siervos enviados por el Señor.

20 de mayo
NINGÚN IMPEDIMENTO

Yo iré delante de ti y allanaré los lugares escabrosos; romperé las puertas de bronce y haré pedazos sus barras de hierro.

ISAÍAS 45:2 (LBLA)

Esta promesa fue hecha al rey Ciro; pero al mismo tiempo se dirige a todos los verdaderos siervos del Señor. Sigamos siempre adelante con fe, y nuestro camino se allanará. Las tortuosidades del artificio humano y las sutilezas de Satanás se enderezarán para nosotros, sin necesidad de tener que seguir sus engañosos rodeos. Las puertas de bronce serán quebrantadas y sus barras de hierro que las sujetaban serán hechas pedazos. Para derribarlos no serán necesarios arietes ni barras. El Señor mismo hará el milagro, y lo que sea imposible e insospechado se convertirá en realidad.

Dejemos a un lado nuestro temor y cobardía y avancemos por el camino del deber, porque el Señor ha dicho: «Yo iré delante de ti». No nos incumbe a nosotros razonar el porqué, sino hacer frente y avanzar. Es la obra del Señor y Él nos ayudará; ante su poder desaparecerán todos los impedimentos. ¿Acaso no ha dicho: «romperé las puertas de bronce?». ¿Quién podrá impedir la ejecución de sus propósitos y oponerse a sus designios? Quienes sirven a Dios poseen recursos infinitos. El camino es llano para la fe, aun cuando esté cerrado por la fuerza de los hombres. El Señor ha dicho: «Yo iré delante», como lo dice en esta promesa. No podemos dudar.

21 de mayo

NUBES CARGADAS DE BENDICIONES

Cuando las nubes están cargadas, vienen las lluvias.

ECLESIASTÉS 11:3

¿Por qué temer las nubes que oscurecen nuestro cielo? Es cierto que por unos momentos ocultan el sol, pero éste no se apaga; pronto resplandecerá de nuevo. Las nubes sombrías están cargadas de agua, y cuanto más oscuras son, más abundante será el agua que descarguen. ¿Cómo podrá haber lluvia sin nubes?

Nuestros sufrimientos siempre han traído bendiciones y siempre las traerán: son los sombríos mensajeros de gracias radiantes. Estas nubes, dentro de poco, derramarán su contenido; la hierba tierna del campo se regocijará con la lluvia. Nuestro Dios puede darnos a beber tristezas, pero no nos engañará en su ira; al contrario, nos refrigerará con su misericordia. Los mensajes de amor de nuestro Dios, muchas veces nos llegan en sobre de luto; sus carros hacen ruido, pero llegan cargados de beneficios. Su vara esparce flores suaves y frutos exquisitos. No nos preocupemos de las nubes oscuras, antes bien, cantemos alegres porque las nubes y las lluvias de abril nos traen las flores de mayo.

¡Señor, las nubes son el polvo de tus pies! ¡Cuán cerca está el día nublado y oscuro! Pero el amor te contempla y se alegra. La fe ve cómo se esparcen las nubes haciendo reverdecer los valles y las colinas.

22 de mayo

CANTO DE CONFIANZA

Aunque estoy rodeado de dificultades, tú me protegerás del enojo de mis enemigos. Extiendes tu mano, y el poder de tu mano derecha me salva.

SALMOS 138:7

Es triste caminar rodeado de dificultades. Sin embargo, hemos de decir que es una bendición, puesto que en ello se encierra una promesa especial. Si tengo una promesa, ¿qué me importan las dificultades? ¿Qué me enseña aquí el Señor? Que «tú me protegerás», y así tengo más vida, más energías, más fe. ¿No sucede con frecuencia que las contrariedades nos reaniman como un soplo de aire fresco cuando estamos a punto de desfallecer?

¡Cuán enfurecidos se hallan nuestros enemigos y sobre todo nuestro gran enemigo! ¿Extenderé mi brazo para pelear contra ellos? No; mejor será emplearlo en el servicio de mi Señor. Además, no es necesario, porque mi Dios extenderá su mano más potente que la mía, y luchará contra ellos mejor de lo que yo podría hacerlo. «"Yo tomaré venganza; Yo les pagaré lo que se merecen", dice el SEÑOR» (Romanos 12:19). Con su sabiduría y el poder de su mano derecha me salvará. ¿Qué más puedo desear?

Ven, alma mía, medita en tu corazón esta promesa hasta que puedas hacer de ella el canto de tu confianza y el consuelo de tu soledad. Ora para que seas protegido y deja lo demás en manos del Señor, puesto que Él te favorecerá en todo.

23 de mayo
DEPENDER DEL SEÑOR

Rescatará a los pobres cuando a él clamen; ayudará
a los oprimidos, que no tienen quién los defienda.

SALMOS 72:12

El pobre clama: ¿Qué más puede hacer? Su clamor es oído de Dios: ¿Qué más se necesita? Si alguno de mis lectores se siente necesitado, que clame también porque así demostrará su sabiduría. No clames a los oídos de tus amigos, porque si pueden ayudarte es porque el Señor les da poder para hacerlo. El camino más corto es ir directamente a Dios y clamar en su presencia. El que corre recto hacia la meta es el mejor atleta. Corre al Señor y no acudas a otros medios secundarios.

¡Ay!, exclamas, «no tengo ni amigos ni quien me ayude». Tanto mejor. Ambas razones te obligan a recurrir a Dios con confianza: como necesitado y como desprovisto de ayudadores. Tu doble necesidad debe ser la causa de tu doble súplica. Aun en tus necesidades temporales puedes confiar en Dios, porque Él cuida de sus hijos en estas cosas. En cuanto a nuestras necesidades espirituales, que son las más abrumadoras, el Señor escuchará tu clamor, te librará y suplirá todas tus deficiencias.

Amigo mío, que te ves pobre, pon a prueba las riquezas de tu Dios. Tú, que estás imposibilitado, apóyate en su brazo. Nunca me ha faltado a mí y ciertamente tampoco a ti te faltará. Acércate como un mendigo, y Dios no te negará su ayuda. Ven sin otra excusa que su gracia. Jesús es rey y no te dejará morir en la miseria. ¿Te has olvidado de su promesa?

24 de mayo
UNO ES UNA MAYORÍA

*Cada uno de ustedes hará huir a mil hombres
del enemigo, porque el SEÑOR su Dios pelea
por ustedes tal como lo prometió.*

JOSUÉ 23:10

¿Para qué contamos las personas? Un hombre con Dios es una mayoría, aun cuando haya mil en contra suya. Puede suceder que nuestros colaboradores sean demasiados para que Dios pueda obrar por medio de ellos, como aconteció con Gedeón que acrecentó sus fuerzas disminuyendo el número de sus combatientes. El ejército del Señor nunca es pequeño. Cuando quiso fundar un pueblo, llamó sólo a Abraham y le bendijo. Para vencer la soberbia de Faraón no echó mano de ejércitos guerreros, sino que se sirvió únicamente de Moisés y Aarón. Dios a menudo se sirve también de un solo hombre antes que utilizar ejércitos conducidos por oficiales experimentados. Todos los israelitas juntos, ¿mataron tantos enemigos como Sansón solo? Saúl y sus ejércitos hirieron a mil, pero David a diez mil.

El Señor puede conceder al enemigo grandes ventajas, y, sin embargo, vencerle. Si tenemos fe, tenemos a Dios con nosotros, ¿y qué nos podrán hacer las multitudes humanas? Un mastín puede conducir grandes rebaños de ovejas. Si el Señor te envió, hermano mío, su fortaleza, realizará sus planes por medio de ti. Por lo tanto, confía en su promesa y sé valiente.

LOS TESOROS DE DIOS

———— ✦ ————

Abrirá el SEÑOR para ti su buen tesoro.

DEUTERONOMIO 28:12 (LBLA)

Este pasaje se refiere ante todo a la lluvia: el Señor la enviará a su tiempo. La lluvia es emblema de tiempos del refrigerio celestial, que Dios está siempre dispuesto a derramar sobre su pueblo. ¡Ojalá hubiera abundancia de lluvias para regar el campo del Señor!

Creemos a veces que los tesoros de Dios sólo pueden ser abiertos por un gran profeta como Elías, y estamos equivocados, porque esta promesa ha sido hecha para todos los fieles de Israel; sí, para cada uno de ellos. ¡Oh amigo mío! «Abrirá el SEÑOR para ti su buen tesoro». Tú también puedes ver el cielo abierto y meter la mano para sacar tu porción y la de todos tus hermanos que están cerca de ti. Pide cuanto desees y no te será negado si permaneces en Cristo y sus palabras en ti.

Hasta el presente no has conocido los tesoros de tu Señor, pero Él abrirá tu entendimiento. De seguro no has gozado todavía de la plenitud de las riquezas de su pacto, pero el Señor encenderá tu corazón en su amor y manifestará a Jesús en ti. Solo el Señor podrá hacerlo; tal es su promesa, y si con diligencia escuchas su voz y obedeces su voluntad, tuyas serán las riquezas de la gloria en Cristo Jesús.

26 de mayo

BENDICIÓN PARA LAS COSAS ORDINARIAS

━━━◆━━━

Pero me servirán a mí, el Señor su Dios,
y yo bendeciré tu pan y tus aguas.

ÉXODO 23:25 (RVC)

¡Qué magnífica promesa! Servir a Dios es un gran gozo. Pero ¡qué gran privilegio si su bendición reposa sobre nosotros en todo! Las cosas más ordinarias son santificadas y benditas cuando estamos consagrados al Señor. Jesús tomó pan y lo bendijo: el pan que nosotros comemos es pan bendito. Jesús bendijo el agua y la convirtió en vino: el agua que nosotros bebemos es mucho mejor para nosotros que el vino que regocija a los hombres; cada una de sus gotas lleva consigo una bendición. La bendición divina reposa sobre el hombre de Dios en todas las cosas y permanecerá con él en todo tiempo.

¿Y si no tenemos más que pan y agua? Siempre son pan y agua bendecidos. Pan y agua tendremos. Ambas cosas están incluidas en la promesa, porque son necesarias para que Dios las bendiga. «Se le dará su pan, y tendrá segura su agua» (Isaías 33:16). Cuando Dios se sienta a nuestra mesa, no solo pedimos la bendición, sino que ya la tenemos. Dios nos bendice no solamente en el altar, sino también en la mesa. Sirve bien a quienes le sirven. Y esta bendición de la mesa no es una deuda, sino un don; gracia triple en realidad, porque nos concede la gracia de servirle, nos alimenta con el pan de su gracia y lo bendice con su gracia.

27 de mayo
UNA VIDA PRODUCTIVA

———— •◗ ————

*Cuanto más crezcan de esta manera, más productivos y útiles
serán en el conocimiento de nuestro Señor Jesucristo.*

2 Pedro 1:8

Si deseamos glorificar a nuestro Señor con una vida
productiva, debemos poseer ciertas cosas, porque nada
puede salir de nosotros que no lo llevemos dentro. Comencemos por la fe, la cual es fundamento de las demás virtudes. Después esforcémonos diligentemente por añadir
a la fe la virtud, la ciencia, la templanza y la paciencia.
Además, necesitamos el temor de Dios y el amor fraternal.
Todas estas cosas producirán en nosotros, como fruto de
nuestra vida, una actividad eficiente; no seremos meros
teorizantes, sino verdaderos hacedores de la palabra. Estas
cosas santas no solo deben hallarse en nosotros, sino abundar para que no seamos estériles. El fruto no es otra cosa
que superabundancia de vida, y antes de rebosar, debemos
estar llenos de vida.

Hemos visto hombres ricamente dotados a los cuales
se han brindado admirables oportunidades, y no obstante
jamás han sido capaces de realizar algo bueno para la conversión de las almas. Después de un examen minucioso,
hemos deducido que les faltaban ciertas gracias esenciales
para producir ese fruto. Para ello resulta más eficaz la gracia que el talento. Según sea el hombre, será su trabajo.
Para obrar mejor, hay que ser mejor. Que este versículo
sirva de aviso a los que hacen profesión de fe cristiana,
pero no llevan fruto, y a mí también.

RECUÉRDALE SUS PROMESAS

Pero tú me prometiste:
"Ciertamente te trataré con bondad".

GÉNESIS 32:12

Esta es la manera segura de prevalecer con el Señor en oración. Podemos recordarle humildemente lo que Él ha dicho. Nuestro Dios es fiel y jamás faltará a su palabra, ni la dejará sin cumplimiento; sin embargo, le place que su pueblo busque y le recuerde sus promesas; con ello le refresca la memoria, fortalece la fe y renueva la esperanza. Dios ha empeñado su palabra, no en provecho suyo, sino en el nuestro. Sus designios son definitivos, y nadie puede obligarle a que haga bien a su pueblo, pero nos ha hecho la promesa para alentarnos y consolarnos. Su deseo, por tanto, es que se la recordemos y digamos: «Tú me prometiste».

«Ciertamente te trataré con bondad», tal es la esencia misma de las palabras del Señor. Toda la importancia está en el término «ciertamente». Él nos tratará con bondad, real, duradera, y nada más que bondad. Nos hará santos, y esto es tratarnos con bondad en el más alto significado de la palabra. Nos tratará como trata a sus elegidos mientras vivamos en la tierra, y esto es bondad por excelencia. Pronto nos llevará con Jesús y con todos sus escogidos; y esto es bondad suprema. Con tal promesa, no temamos la cólera de Esaú, ni la de nadie. Si el Señor nos trata con bondad, ¿quién podrá causarnos daño?

PESCADORES ÚTILES

---

*Jesús les dijo: «Síganme, y yo haré de
ustedes pescadores de hombres.»*

Marcos 1:17 (RVC)

Solo siguiendo a Jesús podremos satisfacer el deseo de
nuestro corazón, y ser verdaderamente útiles para nuestros semejantes. ¡Oh, si fuéramos pescadores útiles para
Jesús! Sin duda sabríamos sacrificar nuestras vidas para
ganar almas. Pero muchas veces somos tentados a emplear
medios que Jesús nunca empleó. ¿Cederemos a la tentación
del enemigo? Si obramos así, tal vez logremos salpicarnos
con el agua, pero nunca atraparemos los peces. Si queremos salir airosos, es necesario seguir a Jesús. Los métodos
sensacionales y artificiosos, las diversiones y otras cosas
análogas, ¿son adecuadas para seguir a Jesús? ¿Creemos
que el Señor Jesús, para salvar a las almas, emplearía los
medios que están de moda hoy? ¿Cuál es el resultado de
estos medios? Seguramente no será nada que Jesús pueda
valorar en el día del juicio.

No podemos salirnos del método estricto de la predicación; tal fue el método de Jesucristo nuestro Maestro,
pues solo así se salvan las almas. Debemos predicar su
doctrina y proclamar su evangelio completo y gratuito,
porque esa es la red en la que se pescan las almas. Hemos
de poner en la predicación su ternura, confianza, y amor;
ahí está el secreto del éxito en los corazones de los hombres. Hemos de trabajar con su divina unción y con la
participación del Espíritu Santo. De este modo, siguiendo
a Jesús, y no yendo delante de Él, ni lejos de Él, seremos
pescadores de hombres.

LOS OJOS DE LA FE

Tú lo has dicho; y en el futuro verán al Hijo del
Hombre sentado en el lugar de poder, a la derecha
de Dios, y viniendo en las nubes del cielo.

MATEO 26:64

¡Señor, qué humillación para ti comparecer delante de tus perseguidores como un criminal! Sin embargo, los ojos de tu fe contemplaron más allá de tu humillación presente, tu gloria venidera. ¡Cuántas cosas se encierran en estas palabras: «y en el futuro»! En lugar de debilidad, tienes el poder; en vez de deshonra, la gloria; en vez de insultos, la adoración. Tu cruz nunca pudo oscurecer el resplandor de tu corona, ni los esputos han desfigurado la hermosura de tu apariencia. Todo lo contrario; has sido exaltado y engrandecido a causa de tus sufrimientos.

Por eso, Señor, quisiera cobrar ánimo desde ahora. Quisiera olvidar mi tribulación presente con la visión del triunfo futuro. Ayúdame, y levanta mi corazón con el amor de tu Padre y con la paciencia tuya, para que cuando a causa de tu nombre sea yo insultado, no vacile, sino que piense más en la otra vida y menos en la presente. Pronto estaré contigo para contemplar tu gloria. Por lo tanto, no me avergüenzo de mi seguridad, sino que digo desde lo más íntimo de mi corazón: «Y en el futuro».

NO NOS DESALENTEMOS

———◆◆———

Aquí en el mundo tendrán muchas pruebas y tristezas;
pero anímense, porque yo he vencido al mundo.

JUAN 16:33

Las palabras del Señor son verdaderas también en lo concerniente a las pruebas y tristezas, y sin duda alguna las he experimentado. Mientras estoy en la era, no puede permanecer colgado el trillo, ni tampoco olvidado. ¿Cómo puedo encontrarme en mi propio hogar viviendo en país de enemigos?, ¿cómo puedo vivir gozoso estando en el destierro, y cómo estar cómodo en medio del desierto? La tierra no es lugar de reposo, sino la mansión del horno, de la fragua y del martillo. Mi experiencia está de acuerdo con las palabras del Señor.

Yo sé que Él me manda «anímese». Y, sin embargo, soy muy propenso a desalentarme. Mi espíritu se abate en seguida cuando me veo cercado de pruebas. Pero no debo ceder en este sentimiento. Cuando mi Señor me ordena que me anime, no debo dejarme llevar por el abatimiento.

¿De qué argumento se sirve para animarme? Su propia victoria. Él dice: «Yo he vencido al mundo». Su lucha fue mucho más penosa que la mía. Yo no he resistido todavía hasta la sangre. Considera, alma mía, que el enemigo ha sido vencido una vez; por tanto, peleo con un adversario vencido. ¡Oh, mundo! Jesús te ha derrotado, y en mí, con su gracia, te vencerá de nuevo. Por eso tengo buen ánimo y canto a mi Señor victorioso.

TARDE O TEMPRANO, COSECHAREMOS

Envía tu grano por los mares, y a su tiempo recibirás ganancias.

ECLESIASTÉS 11:1

No esperemos una recompensa inmediata por el bien que hayamos hecho; ni limitemos nuestros esfuerzos a los sitios y personas que puedan recompensar nuestro trabajo. El egipcio esparce su semilla sobre las aguas del Nilo, donde al parecer se pierde por completo. Pero, al cabo de un tiempo descienden las aguas, y el grano de arroz o de trigo se hunde en el lodo y produce una rica cosecha. Hagamos bien hoy a los ingratos y malos; instruyamos a los indiferentes y rebeldes. A veces las aguas, que ofrecen pocas probabilidades de fruto, cubren terrenos áridos que producen mucho. Nuestro trabajo para el Señor de ninguna manera será inútil.

A nosotros nos toca echar nuestro grano sobre los mares, y a Dios cumplir su promesa: «recibirás ganancias». Él jamás faltará a su promesa. Recibiremos ganancias por toda palabra que nosotros hayamos dicho en su nombre. Tal vez no en seguida, pero, tarde o temprano, cosecharemos lo que hayamos sembrado. Debemos ejercitar nuestra paciencia, porque tal vez el Señor quiera ejercitarla. «A su tiempo», dicen las Escrituras; en muchos casos los días se convertirán en meses y años, pero su palabra es verdad. La promesa de Dios se cumplirá. Procuremos nosotros guardar sus mandamientos sobre todo en el día de hoy.

2 de junio

LIBERTAD INMEDIATA

---

*Ahora romperé el yugo de esclavitud de tu cuello
y te quitaré las cadenas de la opresión asiria.*

NAHÚM 1:13

Dios permitió que los asirios oprimieran a su pueblo por algún tiempo; pero llegó la hora en que su poder debía ser quebrantado. Muchos corazones están esclavizados por Satanás y gimen amargamente bajo su yugo. Hasta ellos llegan las palabras de esperanza del Señor: «Ahora romperé el yugo de esclavitud de tu cuello y te quitaré las cadenas de la opresión».

¡Mira! El Señor te promete una liberación presente: «Ahora romperé el yugo de esclavitud». Cree en una libertad inmediata, y según tu fe, se hará contigo en esta misma hora. Cuando Dios dice «ahora», que nadie ose decir «mañana».

La liberación que se anuncia es completa, porque tu yugo no será quitado, sino roto; y tus cadenas serán quitadas. Aquí tenemos una manifestación del poder divino que nos asegura que el tirano no volverá a oprimirnos nuevamente. Su yugo ha sido roto, y su peso no volverá a agobiarnos; sus cadenas han sido quitadas, ya no pueden sujetarnos.

¡Creamos en Jesús para obtener una emancipación completa y eterna! «Así que, si el Hijo los hace libres, ustedes son verdaderamente libres» (Juan 8:36). Ven, Señor, y libera a tus cautivos según tu palabra.

3 de junio

LOS PIES DE LA FE

El Señor DIOS es mi fortaleza; Él ha hecho mis pies como
los de las ciervas, y por las alturas me hace caminar.

HABACUC 3:19 (LBLA)

*L*a confianza que el siervo de Dios manifiesta aquí equivale a una promesa, porque lo que hemos aprendido por la fe es una realidad que entra de lleno en los propósitos de Dios. El profeta tuvo que pasar por las duras pruebas de la pobreza y del hambre, pero pudo bajar hasta estas profundidades sin resbalar porque el Señor le sostuvo. Luego fue invitado a escalar las alturas de los montes de la lucha; y no tuvo temor ni al bajar ni al subir.

El Señor le dio fuerzas. El mismo Dios fue su fortaleza. Medita en esto: el Señor Omnipotente es nuestra fortaleza.

Observa, asimismo, que el Señor aseguró sus pies. Las ciervas brincan sobre las rocas y peñascos sin perder el equilibrio. Que el Señor nos dé gracia para seguir los senderos más difíciles del deber sin dar un solo paso en falso. Él puede calzar nuestros pies de tal manera que nos encontraremos seguros en lugares en que, sin la protección de Dios, pereceríamos.

Pronto seremos llamados a un punto más elevado; allá arriba subiremos hasta el monte de Dios, hasta las alturas donde están congregados los bienaventurados. ¡Oh, cuán hermosos son los pies de la fe, con los cuales, como el ciervo de la mañana, subiremos al monte del Eterno!

PIEDRAS PRECIOSAS

*El día en que yo venga para juzgar,
serán mi tesoro especial.*

MALAQUÍAS 3:17

Llega un día en que las joyas de nuestro gran Rey serán contadas para comprobar si corresponden al inventario que su Palabra le entregó. Alma mía, ¿serás contada tú entre las piedras preciosas de Jesucristo? Si Él es precioso para ti, tú eres mucho más preciosa para Él; y tú serás suyo en aquel día, y Él es tuyo en este día.

En los días de Malaquías, los elegidos del Señor tenían por costumbre hablar cada uno a su compañero de modo que Dios mismo les escuchaba, y le eran tan agradables sus conversaciones, que tomaba nota de sus palabras y escribió un libro que registró en su archivo. Sus discursos fueron gratos al Señor y a Él también agradaron. Reflexiona, alma mía, y pregúntate a ti misma: Si Jesús oyera tus conversaciones, ¿le serían gratas? ¿Van dirigidas a su gloria y a la edificación de los demás? Responde, alma mía, y asegúrate de la verdad de tu contestación.

Pero ¡qué gloria será para nosotros, pobres criaturas, ser contadas como joyas del Señor! Esta gloria es para todos sus santos. Jesús no dice solamente que «son míos», sino que «serán mi tesoro especial». Él nos compró, nos buscó y nos guió, y de tal modo nos hizo a su semejanza que Él luchará con todo su poder en favor nuestro.

ÉL HACE UNA DISTINCIÓN

*Sin embargo, entre los israelitas habrá tal tranquilidad
que ni siquiera un perro ladrará. Entonces sabrán que el
SEÑOR hace una distinción entre los egipcios y los israelitas.*

ÉXODO 11:7

¿Qué? ¿Tiene Dios poder sobre la lengua de los perros? ¿Puede impedir que ladren? Sí. Puede impedir que un perro egipcio atormente a un cordero de la manada de Israel. ¿Puede Dios hacer callar a los perros, y a los que son como tales entre los hombres, e incluso al portero que está a la puerta del infierno? Si es así, sigamos sin temor nuestro camino.

Si les permite mover sus lenguas, puede impedirles que muerdan. Podrán mover gran alboroto, pero no causarán daño alguno. ¡Cuán placentera es la quietud! ¡Cuán deleitoso es andar entre enemigos y ver cómo Dios los pacifica! Como Daniel en el foso de los leones, así permanecemos nosotros tranquilos y salvos en medio de los que tratan de devorarnos.

¡Quiera el Señor en este día que su palabra a Israel se cumpla en mí! ¿Me acosa el perro? Lo diré a mi Señor. Señor, el perro no obedece a mi voz, pero Tú con tu palabra poderosa puedes obligarle a callar. Dame paz, oh Dios mío, y que vea yo tu mano tan claramente en ella que note la diferencia que Tú has hecho entre tu hijo y los que no te temen.

ORACIONES ESCUCHADAS

El SEÑOR ha escuchado mi ruego;
el SEÑOR responderá a mi oración.

SALMOS 6:9

Esta experiencia es mía. Por ella puedo reconocer que Dios es verdadero. Por medios maravillosos ha contestado muchas veces las oraciones de su siervo. Él escucha hoy mi ruego y no apartará sus oídos de mis súplicas. ¡Bendito sea su santo nombre!

¿Qué más? Ciertamente la promesa que se encuentra en las palabras del Salmista también es mía. Quiero apropiármela por medio de la fe. «El SEÑOR responderá a mi oración». La aceptará y escuchará de la manera y en el tiempo en que mejor convenga a su sabiduría misericordiosa. Llevo conmigo mi pobre oración y el gran Rey me dará audiencia y la despachará favorablemente. Mis enemigos no me escucharán, pero sí lo hará mi Señor. Ellos se burlan de mis lágrimas, pero no Él, sino que inclina sus oídos y su corazón a mis peticiones. ¡Qué recepción para un pobre pecador! Nosotros recibimos al Señor, y Dios nos recibe a nosotros con nuestras súplicas por amor a su Hijo. Bendito sea su santo nombre que abre paso a nuestras oraciones para que libremente entren más allá de las puertas de oro.

Señor, enséñame a orar, puesto que Tú escuchas mis oraciones.

SEGUROS EN SUS MANOS

*Yo les doy vida eterna y jamás perecerán,
y nadie las arrebatará de mi mano.*

JUAN 10:28 (LBLA)

Creemos en la eterna seguridad de los santos; en primer lugar, porque son de Cristo que jamás perderá las ovejas compradas con su sangre y que le han sido entregadas por su Padre.

En segundo lugar, porque Él les da vida eterna, y siendo eterna, no puede tener fin, a menos que el infierno, el cielo y Dios mismo tengan fin. Si puede extinguirse la vida espiritual, es evidente que no es vida eterna, sino temporal. Pero el Señor habla de una vida eterna, lo cual excluye toda posibilidad de fin.

Fíjate, además, que el Señor afirma categóricamente: «Y nunca perecerán». Mientras las palabras tengan significado, podemos estar seguros de que los creyentes no perecerán. La incredulidad más obstinada no podrá tergiversar el sentido de esta declaración.

Para completar esta afirmación, declara que su pueblo está en su mano y desafía a todos sus enemigos a que se lo quiten. Esto es del todo imposible incluso para el mismo infierno. Estemos seguros en las manos del Señor Omnipotente.

Echemos a un lado todo temor y confianza de la carne y descansemos tranquilamente en las manos de nuestro Redentor.

SABIDURÍA PARA QUIEN SE LA PIDA

Si necesitan sabiduría, pídansela a nuestro generoso Dios, y él se la dará; no los reprenderá por pedirla.

SANTIAGO 1:5

«Si necesitan sabiduría». Aquí no cabe la menor duda porque estoy seguro de que la necesito. ¿Cómo lo sé? ¿Cómo podré guiarme por mi propio camino? ¿Y cómo podré guiar a los demás? Señor, soy la misma ignorancia y en mí no hay sabiduría alguna.

Tú dices: «Demándela a Dios». Señor, ahora te la pido. Postrado ante ti te suplico que me concedas tu sabiduría para orientarme en las incertidumbres de cada día; porque estoy seguro de que puedo incurrir en muchas necesidades, incluso en las cosas más sencillas, si Tú no me guardas del error.

Te doy gracias porque no tengo otra cosa que hacer más que pedirte. ¡Qué gracia tan excelsa de tu parte, que sólo tengo que orar con fe para que Tú me des sabiduría! Tú me prometes aquí una educación libre, y no empleas para instruirme ni profesores severos, ni maestros malhumorados. Y, además, lo concedes gratuitamente, sin remuneración alguna, aun tratándose de un insensato, falto de toda sabiduría. Te doy gracias por esta declaración tan positiva: «Y él se la dará». Lo creo. Enseña a tus hijos esta sabiduría escondida que los sabios del mundo no pueden entender. Me guiarás según tu consejo y después me recibirás en la gloria.

REMANENTE FIEL

Y dejaré en medio de ti un pueblo humilde y pobre,
que se refugiará en el nombre del SEÑOR.

SOFONÍAS 3:12 (LBLA)

Cuando la religión desaparece entre los que viven en la opulencia, viene a morar entre los pobres de este mundo, ricos en fe. Aun hoy día el Señor conserva su remanente fiel. ¿Soy yo uno de ellos?

Tal vez porque son humildes y pobres aprenden a confiar en el nombre del Señor. Quien no tiene dinero debe vivir a base de préstamos. El que tiene un nombre que juzga sin valor, obra prudentemente si confía en otro nombre, el más excelente de todos, el nombre del Señor. Dios siempre tendrá un pueblo fiel y este pueblo siempre será humilde y pobre. Aunque el mundo lo considere de poca importancia, sin embargo su presencia en la nación será un medio para atraer sobre él las bendiciones del cielo. Será la sal que le preserve de la corrupción producida por la lujuria del mundo.

De nuevo surge en nosotros la misma pregunta: ¿Soy yo uno de ellos? ¿Me aflijo por mi pecado y por los que se cometen a mi lado? ¿Soy pobre en espíritu, pobre espiritualmente según mi propio juicio? ¿Confío en el Señor? Esta es la cuestión más importante. Jesús nos revela el nombre, el carácter y persona de Dios. ¿Confío en Él? Si es así, el Señor me ha puesto en este mundo con un fin específico. Señor, ayúdame a cumplirlo.

PROTEGIDOS POR
EL PASTOR

Comerán y dormirán seguros, sin que nadie los atemorice.

SOFONÍAS 3:13

Hablábamos ayer de un pueblo humilde y pobre que el Señor ha dejado en el mundo para que sirviera de semilla viva en un mundo muerto. De éstos, dice el profeta, que nunca mentirán ni se engañarán unos a otros. Por tanto, no gozando de posición ni de riquezas que les protegieran, tampoco podrán esgrimir esas armas en las que tanto confían los impíos, ni defenderse por medio de la astucia y el pecado.

¿Serán, pues, destruidos? De ningún modo. Tendrán alimento y descanso, y no solo se verán libres de peligro, sino que también estarán tranquilos al abrigo de todo temor al mal. Las ovejas son criaturas débiles, y los lobos sus enemigos terribles. Pero actualmente hay más ovejas que lobos y la causa de las ovejas va ganando terreno; en cambio, la de los lobos disminuye. Llegará el día en que los rebaños de ovejas cubrirán toda la tierra, y no se descubrirá un solo lobo. Las ovejas tienen un pastor que les dará pasto, protección y paz «sin que nadie los atemorice», lo cual significa que ningún ser humano, ni diabólico, podrá espantarlas. ¿Quién podrá atemorizar a la manada del Señor, cuando Él está cerca? Reposamos en pastos verdes, porque el mismo Jesús es alimento y descanso para nuestras almas.

11 de junio

SIN TEMOR A SER AVERGONZADOS

No temas, ya no vivirás avergonzada.

ISAÍAS 54:4

No seremos avergonzados de nuestra fe. Los escépticos pueden combatir las Escrituras sobre las cuales basamos nuestras creencias, pero el Señor demostrará de un modo cada vez más evidente que en este libro no hay error, ni exageración, ni omisión. Ninguna deshonra hay en ser un creyente sencillo; la fe que mira únicamente a Jesús es una corona de honor sobre nuestra cabeza que vale más que todas las condecoraciones que llevemos sobre nuestro pecho.

No seremos avergonzados de nuestra esperanza. Esta se cumplirá conforme a la promesa del Señor. Seremos alimentados, guiados, bendecidos, y fortificados. Nuestro Señor vendrá y cesarán los días de nuestro luto. ¡Cuánta será nuestra gloria en el Señor que nos ha dado una esperanza viva y que después nos ha puesto en posesión de lo que esperábamos!

No seremos avergonzados de su amor. Jesús es el ser más digno de nuestro afecto y jamás nos avergonzaremos de haberle entregado nuestro corazón. La visión gloriosa de nuestro amado Salvador justificará nuestra entusiasta adhesión a su persona. Nadie censurará a los mártires por haber muerto por su causa. Mientras los enemigos de Cristo se verán cubiertos de vergüenza eterna, los que aman a Jesús serán honrados por todos los santos porque prefirieron «sufrir por causa de Cristo que poseer los tesoros de Egipto» (Hebreos 11:26).

12 de junio

VIVIR AISLADOS Y PROTEGIDOS

---

*Así que Israel vivirá a salvo, el próspero Jacob
habitará protegido en una tierra de grano y vino
nuevo, donde los cielos dejan caer su rocío.*

DEUTERONOMIO 33:28

*C*uanto más aislados estemos del mundo, más seguros viviremos. Dios quiere un pueblo separado de los pecadores. Su invitación es: «Salgan de entre los incrédulos y apártense de ellos» (2 Corintios 6:17). Un mundo cristiano es algo tan peregrino que ni las mismas Escrituras lo sospechan. Un cristiano mundano es un enfermo del alma. Los que pactan con los enemigos de Cristo pueden considerarse como sus aliados.

Nuestra seguridad está, no en pactar con el enemigo, sino en permanecer solos con nuestro mejor amigo. De este modo viviremos confiadamente a pesar de los sarcasmos, de las calumnias y desprecios del mundo. Nos veremos libres de la influencia dañina de su incredulidad, orgullo, vanidad y corrupción.

Dios hará que vivamos protegidos en aquel día cuando las naciones serán visitadas por el pecado con guerras y hambres. El Señor sacó a Abraham de Ur de los caldeos, pero éste se quedó en medio del campo. No le acompañó la bendición de Dios hasta haberse decidido a ir a la tierra de Canaán. Pero vivía protegido en medio de enemigos. Lot no estaba seguro en Sodoma, aunque estaba entre amigos. Nuestra seguridad está en vivir a salvo con Dios.

REGADOS Y GUARDADOS POR EL SEÑOR

———————

Yo, el SEÑOR, soy su guardador; a cada momento la riego.
Para que nadie la dañe, la guardo noche y día.

ISAÍAS 27:3

Cuando habla el Señor en su propio nombre, y no por la voz de un profeta, su palabra tiene una singular importancia para las almas creyentes. Aquí se nos dice que el Señor mismo es quien guarda la viña; no la confía a nadie, sino que Él es quien la cuida personalmente. ¿No están bien guardados aquellos a quienes el mismo Dios guarda?

El nos regará, no solo cada día y en cada hora, sino «a cada momento». ¡Con qué rapidez deberíamos crecer! ¡Cuán fresca y fructífera debería ser cada planta! ¡Qué racimos tan abundantes deberían producir las viñas!

Si vienen los enemigos, las zorras pequeñas y el jabalí, el Señor nos guardará, nos defenderá «noche y día». ¿Quién, pues, nos dañará? ¿Por qué temer? Él cuida, riega y guarda. ¿Qué más necesitamos?

El Señor nos dice primero que es nuestro guardador, y luego que Él nos guarda. ¡Cuánta verdad, cuánto poder, cuánto amor y qué gran decisión hallamos en el Señor! ¿Quién puede resistir su voluntad? Si Él dice «la guardo», ¿quién podrá ponerlo en duda? Cuando Dios dice «la guardo», podemos hacer frente a todas las huestes del pecado, de la muerte y del infierno. ¡Oh, Señor, puesto que Tú dices «la guardo», yo respondo: «te alabo»!

JAMÁS NOS ABANDONARÁ

El SEÑOR no abandonará a su pueblo,
porque eso traería deshonra a su gran nombre.
Pues le agradó al SEÑOR hacerlos su pueblo.

1 SAMUEL 12:22

La elección que Dios ha hecho de su pueblo es la razón por la que Él permanece con ellos y no los abandonará. Lo ha escogido para amarle, y le ama a causa de su elección. Su gran contentamiento es la causa de la elección de su pueblo y esta misma elección es el motivo por el cual continuará poniendo en él todo su contentamiento. Abandonarle traería deshonra a su nombre, ya que esto sería dar a entender que se había equivocado en la elección y una prueba de la inconstancia de su amor. La gloria del amor de Dios nunca cambia, y esta gloria nunca puede ser manchada.

Repasemos todos los testimonios de la bondad paternal de Dios y estemos seguros de que jamás nos abandonará. El que ha llegado hasta el extremo de hacernos pueblo suyo, nunca desmentirá su pacto de gracia. No ha obrado tantas maravillas en favor nuestro para dejarnos después. Su hijo Jesús ha muerto por nosotros y no ha muerto en vano. ¿Puede abandonar a aquellos por los cuales derramó su sangre? Si hasta ahora se ha complacido en nuestra elección para salvarnos, más complacencia tendrá en bendecirnos. El Señor Jesús no es un amigo caprichoso. Habiendo amado a los suyos, los ama hasta el fin.

15 de junio

BENDICIONES EN
EL HOGAR

―――●―――

Que el SEÑOR te bendiga continuamente desde Sión;
que veas prosperar a Jerusalén durante toda tu vida.

Esta promesa es para todo aquel que tome a Dios y ande diligentemente por el camino de la santidad. Tendrá bendiciones en su casa; su esposa e hijos serán para él manantial de alegría en el hogar. Pero, como miembro de la Iglesia, desea que ésta prospere, porque se toma tanto interés por la casa de Dios como por la suya propia. Cuando el Señor edifica nuestra casa, es justo que veamos la casa edificada. Nuestros bienes no son realmente buenos si no los empleamos para acrecentar el bien de la Iglesia escogida por el Señor.

En efecto, cuando vayas a las asambleas de Sión, recibirás gran bendición: serás instruido, vivificado y consolado cuando tus alabanzas y oraciones se eleven al trono de Dios y se dé testimonio del gran sacrificio. «Que el SEÑOR te bendiga continuamente desde Sión».

Y no solo serás bendecido tú; la misma Iglesia prosperará; los creyentes serán multiplicados y su trabajo por el Señor será coronado por el éxito. Muchos amados del Señor ven cómo se cumplen en ellos estas promesas durante toda su vida. Seamos del número de aquellos que todos los días llevan bienes a Jerusalén. Señor, que seamos como estos por tu gran misericordia. Amén.

OBRAR, Y NO SOLO PROFESAR

Porque a cualquiera que tiene, se le dará más, y tendrá en abundancia.

MATEO 13:12 (LBLA)

Cuando el Señor ha concedido a una persona mucha gracia, indudablemente le concederá más todavía. Primero le otorga un poco de fe, después se la aumenta. Pero no se trata de una fe fingida, sino de una fe real y verdadera. ¡Cuánta necesidad tenemos nosotros, que hemos recibido mucho, de mostrar nuestra religión por medio de las obras, y evitar hacer profesión con las palabras cuando nada poseemos! Porque, tarde o temprano, esta nuestra misma profesión nos será quitada, si esto es todo lo que tenemos. La amenaza es tan verdadera como la promesa.

¡Bendito sea Dios! Ha comenzado a derramar sobre nosotros los dones de su Espíritu y de tal manera continúa haciéndolo, que hasta el que poseía poco, pero lo poseía de verdad, tenga en abundancia. Debemos apetecer esta abundancia de gracias. Es bueno saber mucho, pero es mejor amar mucho. Es bueno tener mucha habilidad para servir a Dios, pero es mejor poseer una fe grande y confiar en el Señor para que Él nos conceda esta habilidad.

Señor, puesto que Tú me has dado el sentimiento del pecado, aumenta en mí el odio contra el mal; ya que Tú me has dado la fe en Jesucristo, aumenta en mí esta fe hasta la certidumbre. Puesto que Tú me has concedido la gracia de amarte, concédeme que yo sea arrebatado por un amor fervoroso para contigo.

EL CAMPO DE BATALLA

¡Pues el SEÑOR su Dios va con ustedes! ¡Él peleará
por ustedes contra sus enemigos y les dará la victoria!

DEUTERONOMIO 20:4

Nuestros únicos enemigos son los enemigos de Dios. No luchamos contra hombres, sino contra malicias espirituales. Peleamos contra el diablo, contra la blasfemia, contra el error y la desesperación, que son sus aliados. Peleamos contra todos los ejércitos del pecado: la impureza, la borrachera, la opresión, la injusticia, la impiedad. Contra estos enemigos luchamos eficazmente pero para ello no empleamos espada ni lanza. Las armas de nuestra lucha no son carnales.

El Eterno, Dios nuestro, aborrece todo lo que es malo, por eso sale con nosotros para luchar en esta cruzada. Él quiere salvarnos y concedernos gracia para que luchemos como fieles soldados y ganemos la victoria. Podemos estar seguros de que, si estamos al lado de Dios, Dios estará también a nuestro lado. Con tan eminente aliado, el resultado no puede ser dudoso. Y esto no porque la verdad es poderosa y debe prevalecer, sino porque la fuerza está en Dios, que es Omnipotente, en Jesús, a quien ha sido dada toda potestad en el cielo y en la tierra, y en el Espíritu Santo, que cumple su voluntad entre los hombres.

Soldados de Cristo, pongan su armadura. Luchen en el nombre del Dios de santidad, y acepten por fe su salvación. No dejemos pasar este día sin que hayamos luchado por Jesús y la santidad.

18 de junio
ÉL ESTÁ OBRANDO

Pero el SEÑOR dice: «Ahora me levantaré; ahora mostraré mi poder y mi fuerza».

ISAÍAS 33:10

Cuando el país fue devastado por los saqueadores y hecho semejante a un campo devorado por las langostas; cuando los guerreros que lo defendían se sentaron a llorar como mujeres, entonces el Señor vino en auxilio de su pueblo. Cuando los viajeros abandonaron el camino de Sión, y los collados de Basan y del Carmelo semejaban viñas quemadas, entonces se levantó el Señor. Dios es exaltado en medio de un pueblo afligido cuando éste busca su rostro y confía en Él. Y lo es todavía más cuando, respondiendo a sus clamores, se levanta para librarlos y desbaratar a sus enemigos.

¿Es éste para nosotros un día de tristeza? Confiemos en ver a Dios glorificado en nuestra liberación. ¿Oramos con fervor? ¿Clamamos a Él día y noche? El tiempo señalado para manifestar su gracia está próximo. Dios se levantará en el tiempo oportuno, cuando sea más propicio para la manifestación de su gloria. Nosotros deseamos su gloria con más ansia que nuestra propia liberación. Que el Señor sea exaltado, y nuestros deseos serán cumplidos.

Señor, ayúdanos de tal modo que podamos ver que Tú estás obrando. Que te glorifiquemos en lo más íntimo de nuestros corazones, y que todos los que nos rodean comprendan que Tú eres un Dios bueno y poderoso.

19 de junio

UN CORAZÓN ÍNTEGRO

Sea íntegro mi corazón en tus estatutos,
para que no sea yo avergonzado.

SALMOS 119:80 (LBLA)

Consideremos esta inspirada oración como conteniendo la seguridad de que quienes se apoyan en la Palabra de Dios jamás se avergonzarán de haber obrado así.

La petición que en ella se hace es de un corazón íntegro. Un credo sano es bueno, y aún mejor un juicio sano en cuanto a ella; pero lo mejor de todo es tener un corazón íntegro en lo que respecta a la verdad. Amemos la verdad, reconozcámosla y obedezcamos; de otra forma no seremos íntegros en los estatutos del Señor. ¿Hay muchos en estos días malos que sean íntegros? ¡Quiera el Señor que el autor y el lector se cuenten entre ellos!

Muchos serán avergonzados en el último día cuando todos los problemas queden resueltos. Entonces comprenderán la locura de sus pensamientos, y estarán llenos de remordimientos a causa de su orgullosa incredulidad y su obstinada desconfianza en el Señor. Los justos resplandecerán como el sol. Quienes han sido calumniados e injuriados verán en aquel día su vergüenza convertida en gloria. Presentemos al Señor la petición de nuestro texto y tendremos la seguridad de que esta promesa se cumplirá en nosotros. Si el Señor nos concede la gracia de ser íntegros, Él nos guardará seguros.

EL SEÑOR NOS ACOMPAÑA

Aunque pase por el valle de sombra de muerte,
no temeré mal alguno, porque tú estás conmigo;
tu vara y tu cayado me infunden aliento.

SALMOS 23:4 (LBLA)

Con estas dulces palabras se nos describe la seguridad que puede tener un moribundo en su lecho de muerte. ¡Cuántos las han repetido con gran gozo en su última hora!

Pero este versículo puede aplicarse también a las angustias del alma en medio de la vida. Algunos, como el apóstol Pablo, morimos cada día por una tendencia a la melancolía. Juan Bunyan coloca el valle de sombra de muerte mucho antes, en el curso del río que corre al pie de los montes celestiales. Muchos entre nosotros hemos atravesado varias veces este valle oscuro y terrible de la «sombra de muerte», y podemos certificar que solo el Señor ha podido ayudarnos a seguir adelante en medio de los pensamientos absurdos, horrores misteriosos y abatimientos terribles que se encuentran en el camino. El Señor nos ha sostenido y guardado libres de todo temor al mal, aun cuando estábamos a punto de desfallecer. Hemos sido afligidos y oprimidos por todas partes; sin embargo, hemos sobrevivido por haber sentido la presencia del gran Pastor y porque hemos confiado en que su cayado impediría que el enemigo nos causara alguna herida mortal.

Si actualmente andamos en oscuridad bajo las negras alas de una gran tribulación, glorifiquemos a Dios con una tranquila confianza en su promesa.

21 de junio
INSTRUMENTOS DÉBILES

La victoria del SEÑOR sobre Sísara
quedará en manos de una mujer.

JUECES 4:9

Este versículo parece un tanto extraño; sin embargo, tal vez haya personas que tengan bastante fe para aplicárselo. Barac, el soldado, aunque llamado a combatir, no se sentía con valor para luchar, a menos que fuera acompañado por Débora; por eso determinó el Señor que la guerra fuese hecha por una mujer. De este modo reprendió la cobardía del hombre y logró para sí mismo la gloria avergonzando a los enemigos de su pueblo.

Dios puede servirse de instrumentos débiles. ¿Y por qué no servirse de mí? Él puede utilizar a personas que no parecen llamadas para entrar en combates públicos. La mujer que mató al enemigo de Israel no era precisamente una amazona, sino una simple esposa que vivía en su tienda de campaña. No era un orador, sino una mujer que ordeñaba las vacas y hacía manteca. ¿Acaso no puede servirse Dios de cualquiera de nosotros para realizar sus propósitos? Alguien puede llegar hoy a nuestra casa, del mismo modo que Sísara llegó a la tienda de Jael. Sea nuestra misión, no matarlo, sino salvarlo. Recibámosle con mucha bondad y procuremos presentarle la bendita verdad de la salvación por el Señor Jesucristo, nuestro gran sustituto.

«Cree y vivirás». ¿Quien sabe si algún pecador orgulloso será vencido hoy por el evangelio?

SANAS COSTUMBRES

El temor del SEÑOR prolonga la vida, pero
los años de los perversos serán truncados.

PROVERBIOS 10:27

No hay duda alguna; el temor de Dios produce sanas costumbres que impiden la disipación de la vida que proviene del pecado y del vicio. El reposo sano, fruto de la fe en el Señor Jesús, es una excelente ayuda y remedio para quien está enfermo. El médico se alegra de tener un enfermo cuyo espíritu está tranquilo. Las preocupaciones matan, pero la confianza en Dios es medicina que cura.

Según esto, tenemos los medios para llegar a una vida larga; y si los empleamos para nuestro bien, veremos una feliz vejez y llegaremos al sepulcro como manojos maduros de trigo. No nos creamos amenazados de muerte súbita porque nos duela un dedo; antes bien, confiemos en que Dios nos concederá largos días de vida para poder dedicarlos a su servicio.

¿Y si fuéramos llamados pronto a un lugar más elevado? Aun así deberíamos regocijarnos de esta disposición, porque tanto si vivimos como si morimos, somos del Señor. Si vivimos, Jesús estará con nosotros; y si morimos, estaremos con Jesús.

La mejor manera de prolongar nuestra vida es vivir mientras vivamos, no malgastando el tiempo, sino dedicando cada hora a fines más elevados. Que así sea en el día de hoy.

NI UNA SOLA FLECHA

Y esto dice el SEÑOR acerca del rey de Asiria: "Sus ejércitos no entrarán en Jerusalén; ni siquiera lanzarán una sola flecha contra ella. No marcharán fuera de sus puertas con sus escudos ni levantarán terraplenes contra sus murallas".

2 REYES 19:32

Senaquerib no atacó la ciudad. Tras haberse jactado con soberbia, no pudo llevar a cabo sus amenazas. Dios puede contener de inmediato a los enemigos de su pueblo para que no ejecuten sus deseos. Cuando el león tiene en sus quijadas al cordero, el gran Pastor de las ovejas puede arrebatarle su presa. El apurado trance en que nos hallamos puede ser una hermosa ocasión para que se manifiesten más claramente el poder y la sabiduría de Dios.

En este caso, el temible enemigo no se presentó delante de la ciudad que ansiaba destruir. No pudo lanzar ni siquiera una sola flecha por encima de los muros, ni levantar sus máquinas de asedio para derribar los torres, ni levantar terraplenes para encerrar a sus habitantes. Tal vez en nuestro caso también impedirá el Señor que nuestros enemigos nos causen daño alguno. Él puede cambiar sus intenciones, o inutilizar sus propósitos, de tal manera que se vean obligados a dejarlos. Esperemos en el Señor y guardemos su camino, que Él se cuidará de nosotros. Más aún, Él nos llenará de tal asombro que no podamos hacer otra cosa que alabarle, al ver cuán completa ha sido su liberación. No temamos al enemigo hasta que llegue, y entonces confiemos en el Señor.

24 de junio

EL SEÑOR NOS DARÁ
MUCHO MÁS

———◆———

Amasías le preguntó al hombre de Dios: —¿Pero qué
de toda esa plata que pagué para contratar al ejército
de Israel? El hombre de Dios contestó: —¡El SEÑOR
puede darle a usted mucho más que eso!

2 Crónicas 25:9

Si has incurrido en un error, sufre las consecuencias;
pero nunca obres en contra de la voluntad de Dios. El
Señor puede darte mucho más de lo que hayas podido perder. Y si decide hacerlo así, ¿vas a negociar y regatear con
Él? El rey de Judá tomó a sueldo un ejército de israelitas
idólatras, y recibió orden de despedirlo porque el Señor no
estaba con ellos. Estaba conforme en despedir al ejército,
pero le disgustaba haber pagado cien talentos para nada.
¡Qué vergüenza! Si el Señor estaba dispuesto a darle la
victoria sin soldados mercenarios, sin duda alguna era un
excelente negocio pagarles el sueldo y despedirlos.

No temamos perder el dinero por causa de la conciencia, por amor a la paz y a Cristo. Estemos seguros de que
cuanto perdamos por amor a Dios, no puede contarse
como pérdida. Incluso en esta vida nuestra, estas pérdidas serán más que recompensadas, y en algunos casos Él
impedirá que haya pérdida. De todos modos lo que aquí
se pierde por Jesús está reservado en el cielo.

No te inquietes ante un desastre aparente, sino escucha la voz que dice a tu oído: «El SEÑOR puede darte
mucho más que eso».

ESCALERA AL CIELO

*Y agregó: «Les digo la verdad, todos ustedes verán
el cielo abierto y a los ángeles de Dios subiendo
y bajando sobre el Hijo del Hombre, quien es
la escalera entre el cielo y la tierra».*

JUAN 1:51

Sí, para nosotros que creemos, ésta es una realidad manifiesta, incluso en nuestros días. Vemos el cielo abierto;
Jesús mismo lo ha abierto para todos los creyentes. Nuestras miradas penetran en este lugar de misterio y de gloria
que Él nos ha revelado. Pronto nos hallaremos allí porque
Él es el camino.

Aquí tenemos la interpretación de la escalera de Jacob.
Entre el cielo y la tierra hay una especie de intercambio:
la oración sube, y la respuesta baja por medio de Jesús.
Cuando vemos esta escalera, vemos a Jesús. Él es el camino
luminoso que nos lleva hasta el trono del Altísimo. Utili-
cemos esa escalera y suban por ella los mensajeros de nuestras oraciones. Viviremos la vida de los ángeles si por la
intercesión subimos al cielo y si nos apropiamos las bendiciones del pacto, y después descendemos nuevamente para
distribuir estos dones entre los hijos de los hombres.

La magnífica visión que solo en sueños tuvo Jacob,
nosotros podemos convertirla en una realidad gloriosa. En
este mismo día y a cada hora, subiremos y bajaremos por
esa escalera: subimos por la comunión con Dios, y baja-
mos para trabajar por la salvación de nuestros semejantes.
Esta es tu promesa, oh Señor Jesús; haz que gozosamente
la veamos cumplida.

PRONTO OIREMOS
LAS TROMPETAS

Ustedes también deben ser pacientes. Anímense,
porque la venida del Señor está cerca.

SANTIAGO 5:8

*L*as últimas palabras del Cantar de los Cantares son:
«¡Ven conmigo, mi amor!» (Cantares 4:3), y entre las
últimas del Apocalipsis se encuentran éstas: «El Espíritu
y la esposa dicen: "Ven"» (Apocalipsis 22:17), a lo cual el
Esposo celestial responde: «¡Sí, yo vengo pronto!» (Apocalipsis 22:20). Nuestro amor suspira por la gloriosa aparición
del Señor y se goza en esta dulce promesa: «La venida del
Señor está cerca». Esta promesa sostiene a muchas almas
en lo que respecta a lo futuro. Por esta ventana miramos
con esperanza.

Esta sagrada «ventana de piedras preciosas» ilumina
nuestro presente y nos pone en condiciones para poder
trabajar o sufrir. ¿Somos probados? La proximidad de
nuestro gozo dice a nuestros oídos: «sean pacientes». ¿Estamos cansados porque no vemos la siega de lo que hemos
sembrado? De nuevo nos repite esa misma voz: «sean
pacientes». ¿Somos atormentados por la tentación que nos
hace vacilar? La seguridad de que pronto estará el Señor
entre nosotros nos dice en este versículo: «Anímense».
«Permanezcan fuertes y constantes. Trabajen siempre
para el Señor con entusiasmo» (1 Corintios 15:58). Pronto
oiremos las trompetas de plata que anuncian la venida de
nuestro Rey. No tengamos temor. No te rindas, porque
Jesús viene; tal vez se presente hoy mismo.

EL GOZO DE SU PRESENCIA

Sin duda, los rectos alaban tu nombre;
los justos vivirán en tu presencia.

SALMOS 140:13

¡Que sea recto mi corazón para que siempre pueda bendecir el nombre del Señor! Él se muestra tan misericordioso para los que son buenos, que todo mi deseo es ser contado entre ellos para poder mostrarle mi agradecimiento. A veces los justos vacilan en su confianza cuando ven que las pruebas son el resultado de su integridad; pero llegará el día en que bendecirán a Dios por no haber cedido a las sugestiones que les incitaban a seguir un camino equivocado. Tarde o temprano, los hombres íntegros darán gracias al Dios de justicia por haberles conducido por el camino recto. ¡Señor, que sea yo uno de ellos!

¡Cuán hermosa es la promesa que se encierra en esta segunda frase: «los justos vivirán en tu presencia»! Ellos serán recibidos mientras que los otros comparecerán para su ruina. Serán cortesanos del gran Rey y obtendrán audiencia cuando lo deseen. Serán los favoritos de Dios, el cual mantiene con ellos bendita comunión. Quiero, Señor, gozar de este privilegio y participar de esta honra; gozar de él será para mí el cielo en la tierra. Hazme recto en todas las cosas, para que hoy, mañana y siempre goce de tu divina presencia. Entonces alabaré tu nombre por siempre jamás. Amén.

LA MIRADA DEL SEÑOR

*Entonces el SEÑOR lo miró y le dijo: —Ve tú
con la fuerza que tienes y rescata a Israel de
los madianitas. ¡Yo soy quien te envía!*

JUECES 6:14

¡Qué mirada la que el Señor dirigió a Gedeón! Esta mirada convirtió su desaliento en valor sobrenatural. Si nuestra mirada al Señor nos salva, ¿qué efectos no producirá su mirada en nosotros? Señor, mírame en este día y aliéntame para cumplir con las obligaciones y luchas que exiges de mí.

¡Qué palabras tan alentadoras dirigió Dios a Gedeón! «Ve». No tenía por qué temer. Gedeón podía haber respondido: «¿Cómo quieres que vaya, si soy tan débil?». Pero el Señor le dio oportunidad, diciendo: «Ve con la fuerza que tienes». Dios, con su mirada, le infundió valor; no le quedaba otra cosa que utilizarlo para salvar a Israel y herir a los madianitas. Tal vez quiera el Señor utilizarme más de lo que yo pensaba. Con solo su mirada me ha hecho valiente. Por la fe yo puedo desplegar el poder que me ha confiado. Nunca me ha dicho que «pierda mi tiempo con la fuerza que tengo». Al contrario, voy porque es Él quien me alienta. ¡Lo que dijo el Señor a Gedeón me lo dice también a mí!: «¡Yo soy quien te envía!» Sí, Señor, Tú me has enviado y yo iré con tu fuerza. Obedezco a tu mandato y así estoy seguro de que Tú vencerás por mí.

UNA EXHORTACIÓN A LA ORACIÓN

Clama a mí, y yo te responderé y te revelaré cosas grandes e inaccesibles, que tú no conoces.

JEREMÍAS 33:3 (LBLA)

Dios nos exhorta a orar. Algunos dicen que la oración es un ejercicio de piedad que solo influye en el alma que la hace. Nosotros afirmamos y sabemos algo más. Nuestra experiencia desmiente tan incrédula afirmación. Aquí, el Señor, el Dios vivo, promete contestar a las oraciones de su siervo. Clamemos a Él con fe, y no dudemos de que responderá a nuestro clamor. El que nos dio oídos, ¿no nos oirá? El que infundió amor en el corazón de los padres, ¿no escuchará las súplicas de sus hijos?

Dios responderá a la oración de un pueblo suplicante que clama en medio de su angustia. Él tiene reservadas para él grandes maravillas. Lo que jamás ha visto, oído ni soñado, eso hará en favor de sus hijos. Si es necesario, creará nuevas bendiciones para ellos. Escudriñará los mares y la tierra para proporcionarles alimento, siempre que sus necesidades lo requieran. Nos sorprenderá con su gracia y nos obligará a exclamar: «jamás vi tal cosa». Solo pide de nosotros que acudamos a Él; es lo menos que puede pedirnos. Hagamos, ahora mismo, subir nuestras oraciones hasta su excelso trono.

ÉL MIRA HACIA ATRÁS Y HACIA ADELANTE

Sin embargo, recordaré el pacto que hice contigo cuando eras joven y estableceré contigo un pacto eterno.

EZEQUIEL 16:60

Por grandes que sean nuestros pecados, el Señor persevera fiel en su amor para con nosotros.

Él mira hacia atrás. Se acuerda de aquellos días cuando hizo pacto con nosotros, y nos entregamos a Él. ¡Qué felices eran aquellos días! El Señor no nos reprocha nuestra poca sinceridad. Más bien mira el pacto que concertó con nosotros, y no el que nosotros concertamos con Él. En aquel sagrado pacto no hubo hipocresía por su parte. ¡Cuánta bondad nos manifiesta el Señor mirando hacia atrás!

Él mira hacia adelante. Su propósito es no quebrantar el pacto. Si nosotros no lo guardamos, Él lo guarda fielmente. Así lo declara Él mismo: «Estableceré contigo un pacto eterno». No tiene intención de revocar sus promesas. ¡Bendito sea su nombre! Contempla el sello sagrado, «ratificó el pacto eterno con su sangre» (Hebreos 13:20), y se acuerda de nuestro fiador, su amado Hijo; y por eso se mantiene fiel a sus solemnes promesas. «Él permanece fiel, pues él no puede negar quién es» (2 Timoteo 2:13). ¡Oh, Señor, pon esta tu preciosa palabra en mi corazón, y haz que me nutra de ella durante todo el día!

DIOS CON NOSOTROS

Dios estará contigo.

GÉNESIS 48:21

El anciano Jacob no podía estar más tiempo con José, porque había llegado la hora de su muerte. Sin embargo, se separó de su hijo sin temor, porque podía decir confiadamente: «Dios estará contigo». Cuando los miembros más queridos de nuestra familia, o nuestros amigos más serviciales son llamados por la muerte, debemos consolarnos con el pensamiento de que Dios no nos ha dejado, sino que vive y permanece con nosotros para siempre.

Si Dios está con nosotros, tenemos buena compañía, aunque seamos pobres y despreciados. Si Dios está con nosotros, tendremos fuerzas suficientes, porque para el Señor no hay nada difícil. Si Dios está con nosotros, viviremos seguros y confiados, porque nadie puede perjudicar a los que viven bajo su sombra. ¡Qué gran motivo de gozo! No solo está Dios con nosotros, sino que estará con nosotros, individualmente, con nuestras familias y con nosotros como Iglesia. ¿No es el nombre de Jesús, Emanuel, Dios con nosotros? ¿Y no es esto el bien supremo? Seamos valientes y diligentes y vivamos en una gozosa esperanza. Nuestra causa debe prosperar; la verdad tiene que triunfar, porque el Señor está con los que están con Él.

Que todo creyente que lea este libro disfrute de esta dulce palabra todo el día. No es posible mayor felicidad.

UN SUEÑO REPARADOR

———— •————

Porque Dios da descanso a sus amados.

SALMOS 127:2

Nuestra vida no debe ser una vida de preocupaciones e inquietudes, sino una vida de fe gozosa. Nuestro Padre celestial proveerá las necesidades de sus propios hijos, y sabe lo que necesitamos antes de que lo pidamos. Por lo tanto, podemos retirarnos a nuestra habitación a su debido tiempo, y acostarnos sin necesidad de velar para trazar planes y proyectos para el futuro. Si sabemos confiar en nuestro Dios, no estaremos desvelados durante la noche con el corazón atormentado por el temor, sino que echaremos nuestra solicitud en manos del Señor, solo pensaremos en su gracia y tendremos un sueño dulce y reparador.

Nuestra mayor gloria consiste en ser amados del Señor, y quien la posee no debe ambicionar otra cosa; por tanto, debe desaparecer todo deseo egoísta. ¿Qué hay más grande en el cielo que el amor de Dios? Descansa, pues, alma mía, porque en Él tienes todas las cosas.

Sin embargo, vivimos agitados hasta que el Señor nos da, no solo razones para que descansemos, sino el descanso mismo. Jesús lo hace así. Él es nuestra paz, nuestro descanso, nuestro todo. En su seno dormiremos tranquilos en la vida y en la muerte.

NUESTRO GUÍA
HASTA EL FINAL

Él es nuestro Dios por siempre y para siempre,
y nos guiará hasta el día de nuestra muerte.

SALMOS 48:14

Necesitamos un guía. Con gusto lo daríamos todo porque se nos dijera qué debemos hacer y hacia dónde dirigirnos. Queremos obrar con rectitud, pero ignoramos qué camino seguir. ¡Oh, si tuviéramos un guía!

El Señor, nuestro Dios, se digna en servirnos de guía. Conoce el camino y nos guiará hasta que hayamos llegado en paz al término de nuestro viaje. ¿Podemos querer un consejo más saludable y seguro? Pongámonos enteramente bajo sus órdenes y nunca perderemos el camino. Hagamos de Él nuestro Dios, y Él será nuestro guía. Si seguimos su ley, no perderemos el camino recto de la vida, mientras sepamos apoyarnos en Él en cada paso que demos.

Nuestro consuelo es que, siendo este Dios nuestro Dios, nunca dejará de ser nuestro guía. «Hasta el día de nuestra muerte» nos guiará, y después moraremos eternamente con Él sin apartarnos de su presencia. Esta promesa de la dirección divina asegura toda nuestra vida: salvación presente, dirección hasta el último momento, y bendición eterna. ¿Por qué no buscar estas bendiciones en la juventud, gozarnos en ellas durante la edad madura y descansar en la vejez? Miremos hoy hacia arriba buscando dirección antes de aventurarnos a salir fuera.

4 de julio
ALIMENTO PARA EL ALMA

—————⬥—————

La gente no vive sólo de pan, sino de cada
palabra que sale de la boca de Dios.

MATEO 4:4

Si Dios así lo dispusiera, podríamos vivir sin pan, como Cristo vivió durante cuarenta días; pero nunca podríamos vivir sin su Palabra. Por esta Palabra fuimos creados, y solo por ella seremos guardados, porque Él sostiene todas las cosas con la potencia de su Palabra. El pan es la causa segunda, y el Señor la causa primera de nuestra existencia. Tanto puede obrar sin la segunda como con ella, y no tenemos derecho a poner límites a su obra. No nos preocupemos excesivamente por las cosas visibles; miremos al Dios invisible. Hemos oído decir a algunos creyentes que en los días de extremada pobreza, o cuando escaseaba el pan, disminuía su apetito; y otros me han asegurado que cuando faltaban los medios de vida, el Señor les ayudaba inesperadamente.

Sin embargo, necesitamos de la Palabra de Dios. Con ella podemos resistir al diablo. Si nos la arrebatan, pronto caeremos en poder del enemigo, porque nos faltarán las fuerzas. Nuestras almas necesitan alimento, y fuera de la Palabra del Señor no puede haberlo. Todos los predicadores y libros del mundo no pueden proporcionarnos una sola comida: solo la palabra de la boca de Dios puede nutrir al creyente. Señor, danos siempre este pan. Lo apreciamos más que todos los deleites de una mesa imperial.

LIBERACIÓN PARA LOS FIELES

Pero te libraré de aquellos a quienes tanto temes.

JEREMÍAS 39:17

Cuando los fieles del Señor sufren por Él, reciben preciosos mensajes de su amor, y algunas veces tendrán noticias agradables para los que simpatizan con ellos y les favorecen. Ebed-melec era un etíope despreciado, pero trató a Jeremías con cariño; por eso el Señor le envió una promesa especial por boca del profeta. Tengamos siempre presente a los siervos de Dios perseguidos, y el Señor nos lo recompensará.

Ebed-melec debía ser librado de la mano de aquellos cuya venganza temía. Era un pobre negro, pero Dios se cuidó de él. Millares perecieron a manos de los caldeos; sin embargo, este humilde negro no sufrió daño alguno. Tal vez nosotros tengamos miedo de ciertos hombres poderosos que nos odian; pero si en la hora del peligro somos fieles al Señor, Él se mostrará fiel con nosotros. Por lo demás, ¿qué puede hacernos el hombre sin permiso de Dios? El podrá refrenar la lengua enojada y cerrar la boca que quiere mordernos.

Temamos al Señor y desechemos el temor de los hombres. Ni siquiera un vaso de agua dado a un profeta de Dios, que se ve perseguido, quedará sin recompensa. Y si nos levantamos por la causa de Jesús, Jesús se levantará en nuestro favor.

UNA ESTRELLA POLAR

———◆———

Porque de tal manera amó Dios al mundo, que dio
a su Hijo unigénito, para que todo aquel que cree
en Él, no se pierda, mas tenga vida eterna.

Juan 3:16 (lbla)

Entre todos los astros del cielo, la Estrella Polar es la más útil para el marinero. Este versículo es una estrella polar porque ha llevado a Dios más almas que ningún otro de las Escrituras. Lo que la Osa Mayor es entre las constelaciones este versículo es entre las demás promesas.

Hay en este versículo algunas palabras que tienen un resplandor especial. Aquí tenemos el «amor de Dios», al que se añade «de tal manera» para indicar su magnitud infinita. Viene después «el Hijo de Dios», don único e inapreciable de este amor inmenso que no se manifestó de un modo completo hasta que el Hijo unigénito fue enviado del Cielo para vivir y morir por los hombres. Estos tres son los puntos más luminosos del versículo.

A continuación, tenemos la única condición que se exige: creer, que indica amorosamente el camino a seguir para obtener la salvación de los pecadores. Esta condición se apoya en una amplia descripción: «todo aquel que cree». Muchísimos han encontrado lugar en esta expresión «todo aquel», que habrían quedado excluidos en otra más restringida. Aquí tenemos, pues, la gran promesa de que todos los que creen en Jesús no se pierden, sino que tienen vida eterna. Esto debe animar a todos los que se sientan a punto de perecer y que no pueden salvarse por sí mismos: Creemos en el Señor Jesús, y tenemos vida eterna.

UN CORO DE MONTAÑAS

¡Oh, cielos, canten de alegría! ¡Oh, tierra,
gózate! ¡Oh montes, prorrumpan en cantos! Pues
el SEÑOR ha consolado a su pueblo y le tendrá
compasión en medio de su sufrimiento.

ISAÍAS 49:13

Tan dulces son las consolaciones del Señor, que no solo pueden celebrarlas los creyentes, sino también los cielos y la tierra pueden acompañar este cántico de alabanza. Es difícil hacer cantar a un monte, y sin embargo, el profeta invita a hacerlo a un verdadero coro de montañas. Quiere que las montañas del Líbano y el monte Hermón, los altos montes de Basan y Moab canten al unísono a causa de las bendiciones de que ha sido objeto Sión. ¿No podemos hacer nosotros que las montañas de dificultades, de pruebas, preocupaciones y trabajo sean tantas ocasiones para bendecir a nuestro Dios? «¡Oh montes, prorrumpan en cantos!».

La promesa de que Dios tendrá misericordia de los abatidos lleva consigo un alegre repique de campanas. Escucha su música: «¡canten!», «¡gózate!», «¡prorrumpan en cantos!». El Señor quiere que su pueblo sea feliz a causa de su amor inagotable. No quiere que andemos tristes y vacilantes. Pide de nosotros la adoración de corazones creyentes. No puede desampararnos, ¿por qué, pues, suspiramos y estamos malhumorados como si en efecto nos abandonara?

¡Danos, Señor, arpas afinadas, y voz de querubines para cantar alegres delante de tu trono!

CENTINELAS NUESTROS

Pues el ángel del SEÑOR es un guardián;
rodea y defiende a todos los que le temen.

SALMOS 34:7

Nosotros no podemos ver a los ángeles, pero basta que ellos nos vean a nosotros. El gran Ángel del Pacto, a quien no habiendo visto amamos, tiene puestos sus ojos en nosotros de día y de noche. Bajo su mando tiene un verdadero ejército de seres celestiales a quienes encomienda la vigilancia sobre sus escogidos para preservarles de todo mal. Si los demonios buscan nuestra perdición, los brillantes mensajeros nos sirven.

El Señor de los ángeles no es un huésped pasajero que nos visita de vez en cuando, sino que cuenta con verdaderos ejércitos que acampan en derredor nuestro. El cuartel general del ejército de salvación permanece allí donde viven todos aquellos que confían en el Dios vivo. Este campamento rodea a los fieles, de modo que no puedan ser acometidos por ninguna parte, ni el adversario pueda abrir brecha entre las filas del Señor de los ángeles. Tenemos una protección continua, una guardia permanente. Siendo los mensajeros de Dios centinelas nuestros, no seremos sorprendidos por un asalto repentino, ni aplastados por fuerzas superiores. Este versículo nos promete una liberación por medio del gran capitán de nuestra salvación y esta liberación la obtendremos muchas veces hasta que termine la lucha y cambiemos el campo de batalla por el hogar de reposo eterno.

FIELES Y ÚTILES

---

*Buscaré a personas fieles para que sean mis
compañeros; sólo a los que sean irreprochables
se les permitirá servirme.*

Salmos 101:6

Si David habla así, podemos estar seguros de que el Hijo de David pensará lo mismo. Jesús piensa en las personas fieles y tiene fijos sus ojos en ellos para observarlos, estimularlos y recompensarlos. Que ninguno de corazón sincero crea que Dios se olvida de él. El mismo Rey lo buscará.

De esta observación real se deducen dos cosas. Primeramente leemos: «para que sean mis compañeros». Jesús lleva los fieles a su casa y les da un puesto en su palacio, les hace compañeros suyos y se goza de su compañía. Mostrémonos dignos de la confianza de nuestro Señor, y Él se manifestará a nosotros. Cuanto más costosa resulte nuestra fidelidad, mayor será la recompensa, con cuanta mayor violencia nos rechacen los hombres, con más alegría nos recibirá el Señor.

Luego añade: «se les permitirá servirme». Jesús utilizará para gloria suya a aquellos que, despreciando el fraude y el engaño, son fieles a su persona, a su Palabra y a su Cruz. Estos siervos irreprochables de su Majestad formarán parte de su séquito real. Intimidad y servicio son la recompensa de la fidelidad. ¡Señor, hazme fiel para que pueda morar contigo y te sirva!

AMEMOS CADA PIEDRA

---

*Te levantarás y tendrás misericordia de Jerusalén; ya es
tiempo de tener compasión de ella, ahora es el momento en
que prometiste ayudar. Pues tu pueblo ama cada piedra
de sus murallas y atesora hasta el polvo de sus calles.*

SALMOS 102:13-14

Sí, nuestras oraciones por la iglesia serán escuchadas.
Ahora es el momento. Amamos las reuniones de oración, la escuela dominical y todos los servicios hechos en
la casa de Dios. Nuestro corazón se une a todo el pueblo
de Dios para cantar:

No hay cordero en el rebaño
Que yo desdeñe pastorear,
Ni enemigo ante quien tema
Por tu santa causa hablar.

Si éste es el deseo general, pronto disfrutaremos de
tiempos de refrigerio en la presencia del Señor. Nuestros
cultos serán muy concurridos, los santos se reavivarán
y los pecadores hallarán su salvación. Esto solo podrá
hacerlo la misericordia de Dios. Llegará ciertamente, y
debemos esperarlo. Despertemos. Amemos cada piedra
de las murallas de Jerusalén, aunque esté caída. Atesoremos hasta la más insignificante partecita de verdad, el más
pequeño de los mandamientos y el más humilde de los
creyentes, aun cuando sean despreciados como el polvo de
sus calles. Cuando nosotros nos interesamos por la obra
del Señor, Él mismo tendrá gran contentamiento.

NUNCA SEPARADOS
DE DIOS

Y todo el que vive y cree en mí,
no morirá jamás. ¿Crees esto?

JUAN 11:26 (LBLA)

Sí, Señor, lo creemos: no moriremos jamás. Nuestra alma podrá ser separada de nuestro cuerpo, lo cual en cierto sentido constituye la muerte; pero nuestra alma nunca podrá ser separada de Dios; ésta sería la verdadera muerte que es la paga del pecado, y esta pena de muerte sería lo peor que pudiera acontecernos. Lo creemos sin la menor duda, porque ¿quién nos apartará del amor de Dios que es Cristo Jesús, Señor nuestro? Somos miembros del cuerpo de Cristo, ¿perderá Jesús alguno de sus miembros? Estamos unidos a Jesús, ¿podrá perdernos? De ninguna manera. Dentro de nosotros hay una vida que no puede ser separada de Dios: porque el Espíritu Santo habita en nosotros, y con Él, ¿cómo podemos morir? Jesús mismo es nuestra vida; por tanto, no podemos morir, porque Él ya no puede morir. En Él estamos muertos al pecado una vez, y la sentencia de muerte no puede ser ejecutada nuevamente. Ahora vivimos, y vivimos para siempre. La paga de la justicia es la vida eterna, y tenemos la misma justicia de Dios; por consiguiente, podemos reclamar la recompensa más alta.

Viviendo y creyendo hoy, creemos que viviremos y gozaremos de este bien. Por lo tanto, vayamos adelante con la firme confianza de que nuestra vida está asegurada en la de nuestro Jefe y Cabeza, Jesucristo.

12 de julio

ÉL LO SABE TODO

Como ven, el Señor sabe rescatar de las pruebas
a todos los que viven en obediencia a Dios, al
mismo tiempo que mantiene castigados a los
perversos hasta el día del juicio final.

2 PEDRO 2:9

Los que viven en obediencia a Dios son tentados y probados. La fe que no es sometida a prueba no es verdadera. Pero los que honran a Dios son liberados de sus pruebas, no por casualidad, sino por el mismo Señor. Él se encarga personalmente de rescatar a los que confían en Él. Dios ama a quienes le siguen y le obedecen, y toma a su cargo el saber dónde están y cómo se encuentran.

A veces su camino les parece un laberinto, y no se imaginan cómo pueden salir del peligro que les amenaza. Pero lo que ellos ignoran lo sabe el Señor. Él sabe quiénes están en peligro y cuándo y cómo ha de rescatarlos. Libra al justo del modo más provechoso para él, y más humillante para sus tentadores, y más glorioso para el Señor. No nos preocupemos del «cómo» y dejémoslo en manos de Dios; contentémonos y regocijémonos de saber que Él sabe rescatar a su pueblo de todo peligro, prueba o tentación, y esto con su mano derecha y con gloria.

No me incumbe escudriñar hoy los secretos del Señor, sino esperar con paciencia la hora de la liberación, sabiendo ciertamente que, aunque yo no sepa nada, mi Padre Celestial lo sabe todo.

EL PODER PROTECTOR
DE LA FE

―――・――

"Porque ciertamente te libraré, y no caerás a espada;
antes bien, tendrás tu vida por botín, porque confiaste
en mí" —declara el SEÑOR.

JEREMÍAS 39:18 (LBLA)

Consideremos el poder protector de la fe en Dios. Los poderosos de Jerusalén perecieron al filo de la espada; pero el pobre Ebed-melec estaba seguro porque confiaba en el Señor. ¿En quién debe confiar el hombre mejor que en su Creador? Somos insensatos cuando preferimos la criatura al Creador. ¡Ojalá pudiéramos vivir de la fe en todas las cosas! Sin duda, seríamos librados siempre de todo peligro. Nadie creyó jamás, ni creerá en vano en el Señor.

El Señor dice: «ciertamente te libraré». Notemos la seguridad con que habla. Por muchas cosas inciertas que haya en la vida, el cuidado que Dios tiene con los suyos es cierto. Él es el protector de sus hijos. Bajo las alas divinas hay seguridad aun cuando nos cerque toda clase de peligros. ¿Podemos aceptar como cierta esta promesa? Si así es, veremos cómo se cumple en todas nuestras necesidades presentes. Esperamos vernos libres porque tenemos amigos, o porque somos prudentes, o porque vislumbramos grandes esperanzas; pero ninguna de estas cosas vale la mitad de lo que vale esta declaración de Dios: «porque confiaste en mí». Querido lector, entra en este camino y persevera en él toda tu vida. Es tan grato como seguro.

14 de julio
LAS CARGAS SERÁN SUYAS

Entrégale tus cargas al SEÑOR, y él cuidará de ti; no permitirá que los justos tropiecen y caigan.

SALMOS 55:22

¿Tus cargas son pesadas? Échalas sobre el Omnipotente. Ahora son tus cargas, y te oprimen; pero cuando las lleva el Señor, no pesan. Si todavía debes llevarlas, «Él cuidará de ti». Las cargas serán suyas y no tuyas. De tal modo cuidará de ti que las cargas se convertirán en bendiciones. Llama al Señor para que te ayude y podrás mantenerte en pie bajo el peso de tus cargas; de lo contrario, te abrumarían.

Nuestro mayor temor es que las pruebas nos desvíen del camino del deber; pero esto nunca lo permitirá el Señor. Si somos sinceros con Dios, jamás permitirá que nuestras aflicciones nos separen del camino recto. En Jesús nos acepta como justos y en Jesús nos guardará.

¿Y en el momento presente? ¿Piensas ir solo al encuentro de las pruebas de este día? ¿Quieres que sean tus hombros llagados de nuevo con cargas opresoras? No seas tan insensato. Cuéntale al Señor todas tus penas y deposítalas en Él. No arrojes tus cargas para volverlas a tomar: échalas sobre el Señor, y déjalas allí. Así podrás caminar alegre cantando las alabanzas de Aquél que te cuida en tus penas.

UN VALLE DE LÁGRIMAS

Bienaventurados los que lloran, pues ellos serán consolados.

MATEO 5:4 (LBLA)

Llegamos a Sión por un valle de lágrimas. Podría creerse que el llanto y la bendición eran términos irreconciliables, pero el Salvador, que es infinitamente sabio, los une en esta bienaventuranza. Por tanto, lo que Dios ha juntado no trate de separarlo el hombre. Llorar sobre nuestro pecado y el pecado de los demás es el sello que Dios pone sobre sus hijos fieles. Cuando el Espíritu de gracia es derramado sobre la casa de David, o sobre cualquier otra casa, llorarán. Por medio del llanto recibimos las más ricas bendiciones, del mismo modo que por el agua se obtienen los frutos más excelentes. El que llora será bendecido no en un día lejano, sino ahora mismo, porque Cristo le llama bienaventurado.

El Espíritu Santo consolará a los que lloran su pecado. Serán consolados por la virtud de la sangre de Jesucristo y por el poder purificador del Espíritu Santo. Serán consolados con respecto al pecado que tanto abunda en su ciudad y en el mundo, por la certeza de que Dios será glorificado a pesar de la rebelión de los hombres. Serán consolados con la esperanza de que pronto se verán libres del pecado y llevados a las mansiones eternas en la gloriosa presencia de su Señor.

LISIADOS ESPIRITUALMENTE

Salvaré a la coja.

SOFONÍAS 3:19 (LBLA)

Abundan los lisiados en ambos sexos. Puedes encontrarlos veinte veces en cada hora. Se encuentran en las grandes vías de comunicación, tienen ansias de correr por ellas con diligencia, pero no pueden hacerlo y es una lástima verlos caminar. En el camino celestial abundan también estos lisiados. Tal vez digan en su interior: *¿Qué será de nosotros? El pecado nos alcanzará y Satanás nos destruirá.* Por naturaleza estamos inclinados a renquear, el Señor jamás podrá hacer de nosotros buenos soldados ni rápidos mensajeros. Sin embargo, Él nos salvará, y eso es todo. Dice el Señor: «Salvaré a la coja». Nuestra salvación será su gloria. Todos dirán: ¿Cómo ha podido esta pobre enferma ganar el premio de la carrera y obtener la corona? La alabanza será atribuida enteramente a la gracia todopoderosa de Dios.

Señor, aun cuando mi fe cojee en la oración, en la alabanza, en el trabajo, en la paciencia, te suplico que me salves. Sólo Tú puedes salvar a un lisiado como yo. No permitas que perezca yo por encontrarme entre los rezagados; acoge con tu gracia al más lento de tus peregrinos. El Señor lo ha dicho y, por tanto, como Jacob, prosigo mi camino fortalecido con la oración, aunque mi tendón esté contraído.

17 de julio
DEFENDER LA VERDAD

———— ◆ ————

El pueblo que conoce a su Dios se mantendrá
fuerte y lo resistirá.

DANIEL 11:32

«El SEÑOR es un guerrero; ¡Yahveh es su nombre!» (Éxodo 15:3). Quienes se alistan bajo su bandera tendrán un capitán que les instruirá para el combate y les infundirá fuerza y valor. Los tiempos que Daniel describe eran más difíciles, y, sin embargo, fue prometido al pueblo de Dios que saldría a banderas desplegadas, que tendría fortaleza y valentía para hacer frente a su temible enemigo.

Aprendamos a conocer a nuestro Dios, su poder, su fidelidad, su amor inmutable, y estemos dispuestos a arriesgarlo todo por su causa. Él puede estimular nuestro entusiasmo, de modo que nos decidamos a vivir y morir por Él. ¡Ojalá conociéramos a Dios por medio de una comunión íntima con Él, porque entonces nos asemejaríamos a Él y siempre estaríamos dispuestos a defender la verdad y la justicia. Quien ha contemplado el rostro de Dios, jamás temblará ante el rostro de los hombres. Si estamos con Él, obtendremos una serenidad heroica para considerar a un ejército de enemigos como una gota suspendida en la hoja del árbol. Un ejército inmutable de hombres y aun de demonios serán ante nuestros ojos como los pueblos en la presencia de Dios. Él los ve como langostas. Que Dios nos haga fuertes en estos días de mentira para defender con valentía la verdad.

18 de julio

EN EL DESIERTO DE
LA AFLICCIÓN

La llevaré al desierto y allí le hablaré tiernamente.

OSEAS 2:14

Nuestro Dios benigno, viendo cuántos atractivos tiene para nosotros el pecado, ha querido ejercer sobre nosotros el más poderoso atractivo de su amor para llevarnos a Él. ¿No recordamos aún cómo nos atrajo el mejor amigo de nuestras almas para arrancarnos de los encantos del mundo? Él está dispuesto a hacer esto mismo todas las veces que sean necesarias para sacarnos de las redes del pecado.

Dios promete, con el fin de ejercer una acción más eficaz con nosotros, llevarnos a un lugar apartado, que no es precisamente un paraíso, sino un desierto, porque allí no habrá nada que pueda estorbar nuestra atención por las cosas de Dios. En el desierto de la aflicción, la presencia de Dios es nuestro mayor bien; allí juzgamos su compañía mucho más preciosa que la de nuestros amigos cuando estábamos sentados bajo nuestra vid y nuestra higuera. La soledad y la aflicción sirven para acercarnos a nuestro Padre mucho mejor que cualquier otro medio.

Cuando somos apartados de este modo y llevados a Él, el Señor puede decirnos muchas cosas excelentes para nuestro consuelo. ¡Ojalá pudiéramos saber por experiencia cuán grande es el valor de esta promesa! Atraídos por su amor, separados por la prueba y consolados por el Espíritu de verdad, conoceremos al Señor y cantaremos con gozo sus alabanzas.

CALZADO Y FORTALEZA

Hierro y metal tu calzado,
y como tus días tu fortaleza.

DEUTERONOMIO 33:25 (RVA)

Se conceden dos cosas al peregrino: el calzado y la fortaleza.

El calzado es necesario para viajar por los caminos malos y para pisar enemigos mortales. No caminaremos descalzos; esto no sería apropiado para príncipes de sangre real. Nuestro calzado no será de un material cualquiera; tendrá suelas de metal duro que no se gastarán ni siquiera cuando el viaje sea largo y penoso. Estaremos protegidos en la medida de las necesidades del camino y del combate. Por lo tanto, caminaremos con valor sin temor alguno, aunque tengamos que pisar serpientes y dragones.

Nuestra fortaleza será tan duradera como los días de nuestra vida y estará en proporción con el trabajo y las cargas que llevemos. Las palabras son cortas: «como tus días tu fortaleza», pero el significado es completo. Si en este día nos sobreviene una prueba penosa o un trabajo que requiere toda nuestra energía, también se nos concederá una fortaleza adecuada. Esta promesa, que se hizo a Aser, también se extiende a todos aquellos que tienen fe para apropiársela.

Tengamos esa santa osadía que la promesa de Dios está destinada a producir en el corazón del creyente.

LOS QUE ESPERAN EN ÉL

*Cristo vendrá otra vez, no para ocuparse de
nuestros pecados, sino para traer salvación a
todos los que esperan con anhelo su venida.*

HEBREOS 9:28

Esta es nuestra esperanza. Aquél a quien ya hemos visto y que vino una vez para quitar los pecados de muchos, se manifestará nuevamente entre los hijos de los hombres. ¡Magnífica y gloriosa perspectiva! Esta segunda venida irá acompañada de circunstancias singulares que la harán especialmente gloriosa.

Nuestro Señor habrá aniquilado el pecado. De tal modo lo ha borrado de su pueblo y con tanta eficacia ha saldado nuestra deuda, que en su segunda venida ya no se ocupará de nuestros pecados. Ya no tendrá que presentar ofrenda alguna por el pecado, porque lo habrá quitado del todo.

Nuestro Señor consumará entonces la salvación de su pueblo. Todos serán perfectamente salvos y gozarán para siempre de la plenitud de la salvación. No viene a llevar la paga de nuestros pecados, sino a traernos el resultado de su obediencia; no viene a eliminar nuestra condenación, sino a perfeccionar nuestra salvación.

Nuestro Señor se manifiesta a los que esperan en Él. Aquellos cuyos ojos están cegados por el egoísmo y el pecado no lo verán. Para éstos será un juez terrible, y nada más. Primero hemos de mirarle, y después esperar en Él; en ambos casos nuestra mirada será para vida eterna.

BRILLAR COMO ESTRELLAS

*Los sabios resplandecerán tan brillantes como
el cielo y quienes conducen a muchos a la justicia
brillarán como estrellas para siempre.*

DANIEL 12:3

Palabras muy a propósito para despertarme y que me
señalan un fin por el que vale la pena vivir. Ser inteligente es algo inapreciable, pero la inteligencia que aquí
tratamos es sabiduría divina que únicamente el Señor
puede conceder. ¡Ojalá me conociese a mí mismo, a mi
Dios y a mi Salvador! ¡Oh, Dios, enséñame a poner en
práctica la verdad divina y a vivir en su luz! ¿Vivo yo una
vida prudente? ¿Busco yo lo que debo buscar? ¿Vivo como
desearía haber vivido en la hora de mi muerte? Solo esta
sabiduría podrá asegurarme un resplandor tan permanente como el del cielo.

Ganar almas es un fin glorioso y es necesario ser sabio
para enseñar a una sola persona la justicia, y más aún para
enseñarla a muchos. ¡Oh, si tuviera yo este conocimiento
de Dios, de su Palabra y de Cristo para poder llevar a la
conversión a un gran número de personas! Podría consagrarme enteramente a esta empresa, y no descansaría hasta
lograrlo. Esto valdría para mí más que todos los honores de que podría gozar en la corte. Esto hará de mí una
estrella que resplandece para siempre y más brillante que
muchas estrellas del cielo.

¡Señor, despiértame! ¡Señor, vivifícame!

22 *de julio*

SANTA UNIÓN

Te desposaré conmigo para siempre; sí, te desposaré conmigo
en justicia y en derecho, en misericordia y en compasión; te
desposaré conmigo en fidelidad, y tú conocerás al SEÑOR.

OSEAS 2:19-20 (LBLA)

¡Desposados con el Señor! ¡Qué honor y qué gozo! Alma mía, ¿estás desposado con Jesús por tu libre voluntad? Si es así, ten en cuenta que el enlace es para siempre. El Señor nunca quebrantará su promesa y mucho menos pedirá el divorcio con un alma que se ha unido a Él con los lazos del matrimonio.

El Señor dice tres veces: «te desposaré». ¡Cómo prodiga las palabras para anunciar su compromiso! La justicia interviene para legalizar el contrato; nadie puede impedir estas lícitas proclamaciones. El juicio ratifica la alianza con un decreto: nadie puede ver en esta alianza un error o una locura. La misericordia garantiza que aquí se trata de una unión por amor, porque sin amor el matrimonio, en vez de ser una bendición, se convierte en esclavitud. Entre tanto, la misericordia sonríe y canta; se multiplica «en compasión» a causa de la gracia abundante que acompaña esta santa unión.

La fidelidad es el escribano que registra el casamiento, y el Espíritu Santo dice: «Amén», y enseña al corazón desposado todo lo que sea necesario para cumplir con las obligaciones de su estado. ¡Qué magnífica promesa!

PECADOS BORRADOS

*Nunca más me acordaré de sus
pecados y sus transgresiones.*

HEBREOS 10:17

El Señor, en cumplimiento de su pacto de gracia, trata a su pueblo como si nunca hubiese pecado. Prácticamente olvida todas sus transgresiones. Considera sus pecados, cualquiera que sea su gravedad, como si jamás hubieran existido; como si se hubiesen borrado de su memoria. ¡Oh, gran milagro de la gracia! Dios hace aquí lo que hasta cierto punto es imposible hacer. Su misericordia obra maravillas que superan todas las maravillas.

Nuestro Dios no sabe nada de nuestro pecado después que Jesucristo ha ratificado su pacto. Podemos regocijarnos en Él sin temor de provocar su ira contra nosotros a causa de nuestros pecados. Nos hace hijos suyos y nos considera como justos; se contenta en nosotros como si fuéramos perfectos y santos. Más aún, nos pone en puestos de confianza, nos hace guardianes de su honor, de sus tesoros y de su Evangelio. Nos considera dignos y nos confiere un ministerio. Esta es la prueba más evidente de que no se acuerda más de nuestros pecados. Cuando perdonamos a nuestros enemigos, tardamos en depositar en ellos nuestra confianza; juzgamos que esto sería imprudente. Pero el Señor olvida nuestros pecados y nos trata como si nunca le hubiéremos ofendido. ¡Oh, alma mía, acepta esta promesa y alégrate!

24 de julio

PUREZA PERFECTA

───────

Todos los que salgan vencedores serán vestidos de blanco.

APOCALIPSIS 3:5

¡Soldado de la cruz, sigue luchando! No descanses hasta que la victoria sea completa, porque tendrás una recompensa digna de tu vida de combate.

¡Mira, aquí hay perfecta pureza para ti! Unos pocos en Sardis no habían ensuciado sus vestiduras y su recompensa fue ser vestidos de blanco. La perfecta santidad es el precio de nuestra divina vocación. No lo perdamos.

¡Aquí hay gozo! Llevarás vestidos de fiesta, como los que llevan los convidados a las bodas; serás vestido de alegría y resplandecerás de felicidad. Las luchas penosas terminarán con la paz de conciencia y el gozo del Señor.

¡Aquí hay victoria! Obtendrás el triunfo. Palmas, coronas y vestidos blancos serán tu galardón; serás tratado como vencedor y reconocido por el Señor como tal.

¡Aquí hay vestimentas sacerdotales! Te presentarás delante del Señor con los vestidos que llevaban los hijos de Aarón; ofrecerás sacrificios de acción de gracias, y te acercarás a Él con incienso de alabanza.

¿Quién no peleará por un Señor que promete tales honores al último de sus fieles servidores? ¿Quién no llevará su traje de bufón por amor de Cristo que nos vestirá de gloria?

25 de julio
UNA HERENCIA ETERNA

En cuanto a ti, sigue tu camino hasta el final. Descansarás
y, entonces, al final de los días, te levantarás para
recibir la herencia que ha sido guardada para ti.

DANIEL 12:13

Nosotros no podemos entender todas las profecías, pero no debemos mirarlas con temor, sino con verdadero placer. En la voluntad del Padre, no puede haber nada que pueda inquietar a su hijo. Aun cuando viéramos levantarse la abominación desoladora (Daniel 11:31), no será contaminado el verdadero creyente; al contrario, será purificado y emblanquecido en la prueba. Aunque la tierra fuera abrasada, no llegará el olor del fuego a los escogidos. En el derrumbamiento de la materia y la ruina del mundo, el Eterno sabrá preservar a los suyos.

Resueltos a cumplir con nuestros deberes, valientes en el combate, sufridos en la prueba, sigamos rectos nuestro camino, sin desviarnos ni a un lado, ni al otro. Un día llegará el fin: avancemos por el camino hasta que venga.

El descanso será nuestro. Todo lo de este mundo vacila y se agita, pero nuestro fundamento permanece firme. Dios descansa en su amor, por eso nosotros descansaremos en Él. Nuestra paz es, y será siempre, paz como un río (Isaías 66:12, LBLA). Una herencia nos ha sido apartada en la Canaán celestial, y la recibiremos suceda lo que suceda. El Dios de Daniel dará una porción digna a todos los que defienden valientemente la verdad y la santidad como hizo Daniel. Ningún foso de leones nos privará de nuestra herencia eterna.

26 de julio

UN CAMBIO DE NOMBRE

———⬤———

Al llegar ese día —dice el SEÑOR—,
me llamarás "esposo mío"
en vez de "mi señor".
Oh Israel, yo borraré los muchos nombres de Baal de tus
labios y nunca más los mencionarás.

OSEAS 2:16-17

Ese día ha llegado. Ya no vemos a Dios como un Baal, tirano poderoso, porque no estamos bajo la ley, sino bajo la gracia. El Señor nuestro Dios es ahora nuestro Esposo querido, nuestro amoroso Señor, nuestro pariente cercano, al que nos unen los lazos de un parentesco sagrado. No le reverenciamos menos por eso, pero le amamos más. No le servimos con menos obediencia, pero le servimos por razones más elevadas y afectuosas. No temblamos ya bajo su látigo, pero nos regocijamos con su amor. El esclavo se ha convertido en hijo, y el trabajo en placer.

¿Sucede esto contigo, querido lector? ¿La gracia ha echado fuera de ti todo temor servil e inspirado en ti un amor filial? ¡Qué contentos vivimos con esta experiencia! Ahora consideramos el domingo como una delicia, y la adoración nunca nos cansa. La oración es un privilegio y la alabanza, un gozo. Obedecer es el cielo y dar para la obra del Señor, un banquete. Todas las cosas son hechas nuevas. Nuestra boca se llena de risa y nuestro corazón, de música.

¡Bendito sea para siempre este Esposo querido de nuestras almas!

27 de julio

SUS PROMESAS SON
VERDADERAS

—————

Les daré las misericordias santas y fieles prometidas a David.
HECHOS 13:34 (NBLH)

Nada es seguro en el hombre; en Dios todo lo es. Las misericordias del pacto son fieles, como cantó David: «Ha hecho un pacto eterno conmigo. Su pacto está arreglado y asegurado hasta el último detalle; él garantizará mi seguridad y mi éxito» (2 Samuel 23:5).

Las palabras del Señor no son vanas. Todas sus promesas son verdaderas. Su misericordia en verdad es misericordia, y aun cuando la muerte nos impida ver sus efectos, sin embargo reconoceremos que la palabra del Señor nunca será desmentida.

Estamos seguros de que Dios concederá las promesas hechas a todos los hijos del pacto. Cada uno de los elegidos de Dios recibirá a su tiempo la gracia prometida. Son «firmes para toda la posteridad» (Romanos 4:16, LBLA), desde el más pequeño de ellos hasta el más grande.

Estamos seguros de que el Señor continuará prodigando sus misericordias a su pueblo. Él no da para después quitar. Lo que concede es garantía de dones más espléndidos. Lo que aún no hemos recibido es tan seguro como lo que nos ha dado. No hay razón para dudar. El amor, la palabra y la felicidad de Dios son seguros. De muchas cosas podemos dudar, pero del Señor cantamos: «Para siempre es su misericordia» (Salmos 100:5). Esta misericordia siempre es fiel y siempre segura.

HUMILLARSE PARA VENCER

---

*Así que humíllense ante el gran poder de Dios y,
a su debido tiempo, él los levantará con honor.*

1 Pedro 5:6

Esto equivale a una promesa; si nos humillamos, el Señor nos levantará con honor. La humildad nos conduce al honor; la sumisión es el camino hacia la exaltación. La mano de Dios que nos oprime puede levantarnos siempre que estemos dispuestos para la bendición. Nos humillamos para vencer. Muchos halagan a los hombres y, sin embargo, no consiguen la protección que desean. Pero el que se humilla bajo la mano poderosa de Dios, será enriquecido, levantado, sostenido y consolado por Él, que es siempre misericordioso. El Señor acostumbra abatir a los orgullosos y levantar a los humildes.

Sin embargo, hay un tiempo para las obras del Señor. Ahora, en este mismo instante, es cuando debemos humillarnos. Nuestra obligación es seguir haciéndolo, ya sea que la mano del Señor quiera probarnos o no. Cuando el Señor hiere, nuestro deber es aceptar el castigo con profunda sumisión. En cuanto a nuestra exaltación por el Señor, ésta vendrá solamente «a su debido tiempo». Dios es el mejor juez de ese día y de esa hora. ¿Por qué lloramos impacientes por esa bendición? ¿Por qué la deseamos antes de tiempo? ¿Qué pretendemos? Seguramente no somos humildes de verdad, porque si lo fuéramos, esperaríamos con calma. Danos, Señor, esta humildad.

ENEMIGOS EXPULSADOS

———◆———

Ha expulsado a tus enemigos.

SOFONÍAS 3:15 (LBLA)

¡Qué cosa tan admirable! Satanás perdió su trono en nuestros corazones, como perdió su puesto en el cielo. Nuestro Señor ha quebrantado el poder del enemigo sobre nosotros; éste puede atacarnos, pero no reclamarnos como suyos. Ya no estamos encadenados, hemos sido liberados y somos verdaderamente libres.

Todavía este gran enemigo es el acusador de nuestros hermanos, pero el Señor no le permite presentar su posición. Nuestro abogado le fuerza a callar, reduciendo a la nada los cargos que formula contra nosotros, y defiende la causa de nuestra alma de modo que ninguna calumnia del diablo pueda causarnos el menor daño.

El espíritu maligno nos ataca todavía como un tentador y se introduce en nuestras mentes; pero también de aquí ha sido arrojado perdiendo la preeminencia de que gozaba. Se desliza como una serpiente, pero no reinará como soberano. Pone en nosotros, cuando puede, pensamientos de blasfemia, pero, ¡cuán aliviados nos sentimos cuando se le obliga a callar y tiene que retirarse como un perro azotado! Señor, obra así en todos aquellos que actualmente se vean molestados por sus ladridos. Expulsa a su enemigo y muéstrate glorioso a su vista. ¡Tú le has vencido, Señor, échalo fuera y arrójalo del mundo!

UN ENCUENTRO FUTURO

Yo los veré otra vez, y su corazón se alegrará.

JUAN 16:22 (NBLH)

Ciertamente Jesús vendrá de nuevo y cuando nos vea y nosotros le veamos a Él, habrá gran gozo. ¡Ojalá vuelva pronto el Señor!

Esta promesa se está cumpliendo cada día en otro sentido. Nuestro bondadoso Señor repite en muchas ocasiones «otra vez» cuando habla con nosotros. Nos dio el perdón, y cada vez que nos ve entristecidos a causa de nuestros pecados, nos repite palabras de absolución. Él nos ha revelado que hemos sido aceptados por Dios, y cuando ve cómo desfallece nuestra fe, se acerca nuevamente a nosotros para decirnos: «La paz sea con ustedes» (Lucas 24:36), y nuestros corazones se alegran.

Amados, las misericordias pasadas son garantía de bendiciones futuras. Si Jesús ha vivido con nosotros, nos verá de nuevo. No mires los favores pasados como cosa muerta y enterrada para lamentarla, sino como una semilla sembrada que crecerá y levantará su cabeza sobre el polvo, y clamará: «Yo los veré otra vez». ¿Son estos tiempos oscuros porque Jesús no está con nosotros como lo estaba antes? Cobremos ánimo, porque no está lejos. Sus pies son como los del ciervo, y pronto lo traerán entre nosotros. Por tanto, regocijémonos, porque incluso ahora nos dice: «Yo los veré otra vez».

LIBERADOS PARA ALABAR

———◆———

E invócame en el día de la angustia;

yo te libraré, y tú me honrarás.

SALMOS 50:15 (LBLA)

¡Ésta sí que es una magnífica promesa! Es dada para un caso urgente: «el día de la angustia». En un día como éste, aun a pleno sol hay oscuridad; cada hora parece más tenebrosa que la anterior. Acordémonos entonces de estas palabras que se nos dirigen expresamente para sostenernos en los días de tinieblas.

He aquí un consejo cargado de benevolencia: «invócame». No debía sernos necesaria tal exhortación: orar debería ser la ocupación constante de todo el día y de cada día. ¡Cuán sabios nos mostraremos si sabemos utilizarla! ¡Y cuán insensatos somos si andamos de aquí para allá mendigando la ayuda de los hombres! El Señor nos invita a presentarle nuestro caso. No vacilemos en hacerlo.

A continuación tenemos un poderoso incentivo: «te libraré». Cualquiera que sea la angustia en que nos encontremos, el Señor no hace excepciones, sino que promete una liberación completa. Él mismo llevará a cabo nuestra liberación. Creámoslo, y el Señor honrará nuestra fe.

En último término, he aquí el resultado final: «tú me honrarás». Hagámoslo superabundantemente. En cuanto nos haya liberado, le alabaremos en voz alta; y como ciertamente lo hará, comencemos a glorificarle ahora mismo.

1 de agosto

EL DIOS DE NUESTROS DESCENDIENTES

Yo confirmaré mi pacto contigo y con tus descendientes después de ti, de generación en generación. Éste es el pacto eterno: yo siempre seré tu Dios y el Dios de todos tus descendientes.

GÉNESIS 17:7

¡Oh, Señor! Tú has hecho un pacto conmigo, tu siervo, en Jesucristo mi Salvador, y ahora te suplico que mis hijos sean incluidos también en tus amorosos designios. Permíteme creer que esta promesa ha sido hecha para mí, lo mismo que para Abraham. Sé que mis hijos nacieron en pecado y en maldad han sido formados, del mismo modo que los demás hombres; por tanto, nada pido a causa de su nacimiento, porque sé perfectamente que «lo que ha nacido de la carne, carne es» (Juan 3:6, LBLA), y nada más. Señor, haz que nazcan del Espíritu Santo y que entren así en el pacto de la gracia.

Ruego también por mis descendientes y por todas sus generaciones. Sé Tú, Señor, de ellos como lo eres mío. El honor más grande que Tú me hiciste es haberme permitido estar a tu servicio; que mis descendientes puedan servirte también en los años venideros. ¡Oh, Dios de Abraham, sé Tú el Dios de Isaac! ¡Oh, Dios de Ana, acepta también a su Samuel!

Señor, si has aceptado la oración presentada por los míos, te ruego que te acuerdes de otras familias de tu pueblo que aún no tienen tu bendición. Que ninguno de los que temen tu nombre pase por el duro trance de tener una familia inconversa; te lo pido por tu Hijo Jesucristo. Amén.

HABLAR LO QUE ÉL NOS ENSEÑA

¡Ahora ve! Yo estaré contigo cuando hables
y te enseñaré lo que debes decir.

ÉXODO 4:12

Muchos fieles siervos del Señor son tardos para hablar, y cuando tienen que defenderlo, se ven en gran confusión por el temor de perjudicar su causa con una mala defensa. Recuerden en tal caso que el Señor les ha dado una lengua torpe y no culpen a Dios por ello. No olviden que una lengua pesada a veces no es tan gran mal como una lengua rápida, y que en muchas ocasiones muy pocas palabras pueden atraer más bendiciones que una verbosidad superabundante. Es cierto que el verdadero poder de la salvación no está en la retórica humana con sus expresivas figuras, pulidas frases y elocuentes párrafos. La poca facilidad de palabra no es un defecto tan grande como parece.

Si Dios está en nuestra boca y en nuestra mente, tendremos algo mejor que el metal que retiñe con elocuencia, o el címbalo que resuena en un lenguaje insinuante. La enseñanza de Dios es sabiduría, y su presencia, poder. Faraón tenía más motivos para temer a Moisés, que era tartamudo, que todos los razonamientos del mejor orador de Egipto, porque en sus palabras había poder y anunciaban plagas y muertes. Si el Señor está con nosotros, en nuestra natural debilidad, recibiremos fortaleza sobrenatural. Hablemos, pues, con valentía de Jesús, como es nuestro deber.

EL DERECHO A LAS COSAS SANTAS

Pero si un sacerdote compra con su dinero un esclavo como propiedad suya, éste sí puede comer de ella, y también los nacidos en su casa podrán comer de su alimento.

LEVÍTICO 22:11 (LBLA)

Extranjeros, huéspedes y jornaleros no podían comer de las cosas sagradas. Lo mismo sucede con las cosas espirituales. Sin embargo, dos clases de personas tenían libre acceso a la mesa del sacerdote: las que fueron compradas con su dinero, y las que nacieron en su casa. Comprados y nacidos, estas eran las condiciones que daban un derecho incontestable al uso de las cosas santas.

Comprados. Nuestro gran Sumo Sacerdote ha comprado a gran precio a todos los que han depositado su confianza en Él. Son propiedad suya y pertenecen enteramente al Señor. No por sus méritos propios, sino por el amor de su Redentor, han sido admitidos a participar de los mismos privilegios de los que Él goza, y «podrán comer de su alimento». Él tiene una comida que el mundo desconoce. Sin embargo, puesto que pertenecemos a Cristo, tendremos parte con el Señor.

Nacidos. El nacimiento da también derecho a estos privilegios: si hemos nacido en la casa del sacerdote, ocupamos un puesto dentro de su misma familia. La regeneración nos hace coherederos y un mismo cuerpo con Él, y por tanto, la paz, el gozo y la gloria que el Padre le ha dado, Cristo nos lo ha dado a nosotros. La redención y la regeneración nos confieren un doble derecho divino a la participación de esta promesa.

BENDECIDOS Y GUARDADOS

El SEÑOR te bendiga y te guarde.

NÚMEROS 6:24 (LBLA)

Esta bendición del sumo sacerdote constituye en sí misma una promesa. La bendición que nuestro gran Sumo Sacerdote pronuncia sobre nosotros seguramente tendrá su efecto, porque expresa la voluntad de Dios.

¡Qué delicia vivir bajo la bendición divina! Esto infunde un aroma delicioso a todas las cosas. Si somos bendecidos, todos nuestros bienes y todas nuestras alegrías serán bendecidos; nuestras pérdidas y aflicciones también lo serán. La bendición de Dios es profunda, real, efectiva. La bendición del hombre puede consistir solo en palabras; pero la de Dios enriquece y santifica. Lo que más queremos para nuestro mejor amigo, no es que abunde en la prosperidad, sino que el Señor le bendiga.

Asimismo, es un gozo ser guardados por Dios: guardados por Él, guardados en Él y guardados cerca de Él. A quienes Dios guarda, bien guardados están, porque son guardados del mal y reservados para la dicha eterna. La guarda de Dios va acompañada de la bendición divina con el fin de establecerla y confirmarla.

El deseo que mueve al autor de este libro es que cuantos lean estas líneas obtengan estas ricas bendiciones y gocen de esta divina protección.

LA LEY EN EL CORAZÓN

La ley de su Dios está en su corazón;
no vacilan sus pasos.

SALMOS 37:31 (LBLA)

Pon la ley en el corazón del hombre, y éste siempre caminará bien. Ahí es donde debe estar escrita, porque entonces será como las tablas de piedra en el arca del pacto, ocupando el lugar que se la ha señalado. En la cabeza, confunde; sobre las espaldas abruman, y en el corazón sostiene.

¡Qué expresión tan acertada es ésta: «la ley de su Dios»! Cuando conocemos al Señor como nuestro Dios, su ley significa libertad para nosotros. Si hacemos lo recto, obraremos con prudencia. Las buenas acciones son siempre las más prudentes, aunque por el momento no lo parezca. Siempre que perseveramos en guardar sus mandamientos, vamos caminando por el sendero de la providencia y gracia de Dios. La Palabra de Dios no ha engañado a nadie todavía. Su dirección es clara: nos enseña a caminar con humildad, justicia, amor y temor de Dios. No solo nos proporciona consejos llenos de sabiduría para que nuestro camino prospere, sino también reglas de santidad para que nuestros vestidos no se contaminen. El que camina con rectitud, camina con seguridad.

6 de agosto

LA POSESIÓN DE
LA TIERRA

¡Miren! El SEÑOR ha puesto esta tierra delante de ustedes. Vayan y tomen posesión de ella como les dijo el SEÑOR en su promesa, el Dios de sus antepasados. ¡No tengan miedo ni se desanimen!

DEUTERONOMIO 1:21

Existe una herencia de gracia que debemos tener la valentía de conquistar para que llegue a ser posesión nuestra. Todo lo que un creyente ha conseguido, pueden conseguirlo los demás. Puedes ser valiente en la fe, ferviente en el amor y productivo en el trabajo; nada puede impedirlo, pero para ello es preciso ir y tomar posesión. La experiencia más dulce y la gracia más preciosa son para nosotros, como también para cualquiera de nuestros hermanos. El Señor nos las ha dado y nadie podrá negar nuestro derecho: vayamos, pues, y poseámoslas en su nombre. El mundo está delante de nosotros y debe ser conquistado para Jesús. No debe existir pueblo ni lugar alguno que no le esté sometido. Delante de nuestras casas se halla la morada de los pobres, no para que permanezcamos inactivos, sino para ayudarles. Tengamos valor y vayamos adelante, porque así ganaremos para Jesús las moradas sombrías y los corazones endurecidos. A nadie dejemos morir en la calle por no tener bastante fe en Jesús y en su evangelio para subir y poseer la tierra. No hay lugar por tenebroso que sea, ni persona tan degradable que no esté al alcance del poder de la gracia. ¡Fuera toda cobardía! Por la fe, marchemos a la conquista.

SEGUIR LAS INSTRUCCIONES

---

*Sé fuerte y muy valiente. Ten cuidado de obedecer
todas las instrucciones que Moisés te dio. No te
desvíes de ellas ni a la derecha ni a la izquierda.
Entonces te irá bien en todo lo que hagas.*

JOSUÉ 1:7

El Señor estará con nosotros en esta guerra santa, pero exige que sigamos cuidadosamente sus instrucciones. Venceremos ciertamente si le obedecemos con todo nuestro corazón, y si ponemos toda la energía en los actos de nuestra fe. Si somos tibios de corazón, solo podremos esperar a medias la bendición de Dios.

Hemos de obedecer a Dios con cuidado y meditación. La frase empleada aquí es «Ten cuidado de obedecer», y está llena de significado. Esta condición es esencial, y nos obliga a conocer la voluntad de Dios en todos sus detalles; hemos de obedecer con prontitud y estar siempre dispuestos a obrar siguiendo «todas las instrucciones». No tenemos derecho a elegir según nos plazca, sino que debemos seguir todos los mandamientos del Señor, sin excepción alguna, y tal como nos han sido dados. Hagámoslo con exactitud y perseverancia. Nuestro camino ha de ser recto, sin desviarnos ni a la derecha ni a la izquierda. No queramos ser más rígidos que la ley, ni emprender por ligereza el camino más fácil y despejado. Una obediencia así nos traerá más prosperidad espiritual. ¡Que tu promesa, Señor, no nos sea vana!

AYUDA SEGURA

El SEÑOR Soberano me ayuda.

Isaías 50:7

Tenemos en esta profecía las palabras del Mesías en el día de su obediencia hasta la muerte, cuando ofreció su cuerpo a los azotes de sus verdugos, y sus mejillas a quienes arrancaban sus cabellos. Confiaba en el auxilio divino y esperaba en el Señor.

¡Oh, alma mía! Tus tristezas son como las partículas de polvo sobre el platillo de la balanza, comparadas con las tristezas del Señor. ¿No crees que el Señor te ayudará? El Señor se encontraba en una posición especial, porque, como representante de todos los pecadores y sustituto de todos ellos, era necesario que el Padre le abandonara y que su alma sintiera toda la amargura de la separación. De ti no se ha exigido tanto; no te has visto obligado a exclamar: «¿Por qué me has abandonado?» (Mateo 27:46). Aun así, tu Salvador confió en el Señor. ¿No puedes confiar tú también? Él murió por ti, y de este modo imposibilitó el que tú fueras abandonado. Confía, pues, y ten valor.

En los afanes de este día, exclama: «El Señor Soberano me ayuda». Sal fuera valientemente. Sé fuerte y resuelve que ni la debilidad, ni la timidez podrán apoderarse de ti. Si estás seguro de la ayuda del Omnipotente, ¿puede haber alguna carga excesivamente pesada para ti?

Empieza con gozo este día, y que ninguna sombra de duda se atraviese entre tu mente y el resplandor del sol.

PODADOS PARA LLEVAR MÁS FRUTO

———⬦———

*Él corta de mí toda rama que no produce fruto y poda
las ramas que sí dan fruto, para que den aún más.*

JUAN 15:2

He aquí una promesa preciosa para quien desea llevar fruto. De entrada, parece ser muy dura. ¿Ha de ser podada la rama que lleva fruto? ¿Deberá cortar el cuchillo lo mejor y más provechoso? Así debe ser, porque la mayor parte de la obra purificadora del Señor se lleva a cabo por medio de aflicciones, cualquiera que sea su naturaleza. No son los malvados, sino los justos a quienes les han sido anunciadas las tribulaciones en esta vida. Pero el fin compensa sobradamente lo doloroso de los medios. Si ello redunda en mucho fruto para el Señor, poco nos importará la poda y la pérdida de algunas hojas.

Sin embargo, en ocasiones, esa limpieza es hecha por la Palabra, sin necesidad de que vengan las pruebas, y esto lima todo lo áspero de la promesa. Por medio de la Palabra llegaremos a ser más atentos y más útiles. El Señor, que ha hecho que nosotros llevemos algún fruto, obrará en nosotros hasta que logremos una mayor prosperidad. ¿No es esto motivo de alegría? En verdad hay más consuelo en la promesa de que hemos de llevar fruto, que si nos hubieran prometido riquezas, salud y honores.

¡Señor Jesús, cumple pronto la palabra misericordiosa que me has dado, y haz que yo produzca más fruto para gloria tuya!

EL MÉTODO MÁS SABIO

*El SEÑOR hace a algunos pobres y a otros ricos;
a unos derriba y a otros levanta.*

1 Samuel 2:7

Todos los cambios acaecidos en mi vida vienen de Aquel que nunca cambia. Si hubiese sido enriquecido, habría visto en ello la mano del Señor y le alabaría. Que reconozca también su mano si caigo en la pobreza y le bendiga con la misma sinceridad. Cuando nuestra posición desciende, hemos de atribuirlo al Señor, y debemos soportarlo con paciencia. Si, por el contrario, nuestra posición mejora, también es obra del Señor, y para Él ha de ser nuestro agradecimiento. En ambos casos, es el Señor quien lo ha hecho, y todo está bien.

En general, el Señor se complace en humillar a quienes quiere levantar, y desnudar a quienes piensa vestir. Su método es el más sabio y el mejor. Si sufro ahora humillaciones, bien puedo regocijarme, porque en ellas podré ver el preludio de mi elevación. Cuanto más humillados somos por la gracia, más exaltados seremos en la gloria. El empobrecimiento que conduce a nuestra riqueza siempre debe ser bien acogido.

¡Oh, Señor! Tú me has humillado haciéndome sentir mi inutilidad y pecado. Esta es una experiencia desagradable, pero te suplico que la hagas provechosa para mí. Hazme apto para soportar un mayor peso de gozo y una mayor actividad. Y cuando esté dispuesto para ello, concédemelo por el amor de Cristo. Amén.

ESPERAR SU TIEMPO

En Dios solamente espera en silencio mi alma;
de Él viene mi salvación.

SALMOS 62:1 (LBLA)

¡*B*endita seguridad: esperar sola y únicamente en el Señor! Tal debe ser nuestra condición hoy y todos los días de nuestra vida. Esperar su tiempo, esperar en su auxilio, esperar con alegría, esperar en oración y contentamiento. El alma que espera así observa la verdadera actitud de una criatura delante del Creador, de su siervo delante de su Señor, de un hijo delante de su Padre. Jamás tratemos de dictar órdenes a Dios, ni de quejarnos en su presencia; no seamos insolentes ni desconfiados. No osemos correr delante de la nube, ni buscar la ayuda de los demás, porque esto no sería esperar en Dios. Dios y sólo Dios debe ser la esperanza de nuestras almas.

¡Bendita certeza! «De Él viene mi salvación», ya está en camino. La salvación nos vendrá de Él y de ningún otro. Toda la gloria será suya, porque solamente Él podrá conseguírnosla. Sin duda, Él nos la traerá a su debido tiempo y a su manera. Él nos librará de la duda, del sufrimiento, de la calumnia y de la miseria. Aun cuando no veamos señal alguna de esta liberación, gocémonos esperando la voluntad del Señor, porque jamás podremos tener la menor duda acerca de su amor y fidelidad. Su obra será cierta y no se hará esperar mucho, y nosotros le alabaremos ahora por su misericordia futura.

LUZ EN LA OSCURIDAD

———— ❦ ————

Oh SEÑOR, tú eres mi lámpara;
el SEÑOR ilumina mi oscuridad.

2 Samuel 22:29

¿Estoy en la luz? Entonces Tú, oh Señor, eres mi lámpara. Si Tú desaparecieras, acabaría mi gozo; pero mientras estés conmigo, puedo pasar sin las antorchas de este siglo y sin las luces del auxilio de los hombres. ¡Cuánta claridad proyecta la presencia de Dios sobre todas las cosas! Se dice que hay un faro que puede ser visto a una distancia de 30 km; El Señor nuestro Dios no sólo está cerca, sino que se le ve de lejos, incluso desde tierras enemigas. ¡Oh, Señor, cuando tu amor llena mi corazón, estoy tan contento como los ángeles del cielo! Tú eres mi único deseo.

¿Estoy en las tinieblas? Entonces, tú, oh Señor, me darás luz. Pronto cambiarán las cosas. Mis negocios pueden empeorar de día en día, y una nube cubrir a otra nube; pero aun cuando llegue a ser tan oscura que me impida ver mi propia mano, siempre podré ver la mano del Señor. Cuando en mí mismo, o entre mis amigos, o en el mundo, no pueda hallar luz, el Señor, que dijo «que haya luz» (Génesis 1:3) y hubo luz, puede repetirlo de nuevo: su Palabra me dará luz. No moriré, sino que viviré. El alba llega. Este versículo resplandece como la estrella de la mañana. Antes de que transcurran algunas horas aplaudiré de gozo.

UNA RESPUESTA RÁPIDA

*Les responderé antes que me llamen. Cuando
aún estén hablando de lo que necesiten, ¡me
adelantaré y responderé a sus oraciones!*

Isaías 65:24

¡Cuán rápido es su obrar! El Señor nos oye antes de que le llamemos, y a veces nos responde con la misma rapidez. Previendo nuestras necesidades y oraciones, su Providencia, de tal forma dispone las cosas, que antes de que se sienta la necesidad, ya queda ésta remediada, y antes de que sobrevenga la lucha, estemos armados contra ella. Tal es la prontitud de la omnisciencia, y más de una vez la hemos experimentado.

Cuando ni siquiera sospechábamos que pudiera sobrevenirnos la aflicción, ya contábamos con el consuelo poderoso destinado a sostenernos. ¡Cuán rápido responde Dios a nuestras oraciones!

Dios está en el cielo y nosotros moramos en la tierra, pero Él hace que nuestra palabra corra con tanta rapidez como la suya. Cuando oramos con fervor, hablamos al oído mismo de Dios. Nuestro benigno Mediador presenta de inmediato nuestras súplicas a su Padre, el cual las despacha favorablemente. ¡Qué sublime privilegio poder orar así!

¿Quién no se decidirá a orar con fervor, sabiendo que el Rey de Reyes lo está escuchando? Oraré hoy con fe, creyendo no solo que seré oído, sino que lo soy ahora mismo, no solo que obtendré respuesta, sino que ya la he obtenido. Espíritu Santo, ayúdame a orar así.

14 de agosto

UNA CORRECCIÓN PASAJERA

Por causa del pecado de Salomón, castigaré a los descendientes de David, aunque no para siempre.

1 Reyes 11:39

En la familia de la gracia hay una disciplina, y esta disciplina es bastante severa para que el pecado sea considerado como una cosa grave y penosa. Salomón se apartó del camino recto por sus mujeres extranjeras; hizo sacrificios a otros dioses y de este modo ofendió gravemente al Dios de sus padres. Por eso le fueron quitadas diez de las doce partes de su reino, y se establecieron como estado rival. Esta fue una gran aflicción sobre la casa de David y sobre esa dinastía cayó visiblemente la mano de Dios a causa de su mala conducta. El Señor castigará también a sus mejores servidores si se apartaren del cumplimiento de sus leyes: tal vez en este mismo instante se cierna sobre nosotros un castigo parecido. Clamemos con humildad: Oh, Señor, «hazme saber por qué contiendes conmigo» (Job 10:2, LBLA).

¡Qué frase tan consoladora es esta: «no para siempre»! El castigo del pecado es eterno; pero en un hijo de Dios la corrección es pasajera. La enfermedad, la pobreza, el abatimiento de espíritu pasarán cuando hayan producido su efecto. Recordemos que no vivimos bajo la ley, sino bajo la gracia. La vara de Dios puede causarnos dolor, pero su espada no nos matará. Nuestra pena presente tiene como finalidad llevarnos al arrepentimiento, para que no perezcamos con los malvados.

15 de agosto

AUTORIZADOS EN SU NOMBRE

—◆—

*Pueden pedir cualquier cosa en mi nombre, y yo
la haré, para que el Hijo le dé gloria al Padre.*

JUAN 14:13

No todos los creyentes han aprendido a orar en el nombre de Jesús. Pedir, no solamente por amor a Él, sino en su nombre como autorizados por Él, es una oración más elevada. Hay cosas que no nos atreveríamos a pedir en su santo nombre, porque sería profanarlo; pero cuando la petición es tan buena que nos atrevemos a pedirla en nombre de Jesús, ciertamente será concedida.

La oración será con tanta mayor razón contestada cuando en ella se busca la gloria del Padre por el Hijo. Glorifica su verdad, su poder, su fidelidad y gracia. La contestación a la oración cuando ésta se hace en nombre de Jesús, revela el amor del Padre para con su Hijo y el honor de que le ha revestido. La gloria de Jesús y del Padre están tan íntimamente unidas que la gracia que glorifica al uno, glorifica también al otro. El canal se hace célebre por la abundancia de la fuente que le llena, y la fuente es celebrada por el canal que hace correr sus aguas. Si la respuesta a nuestras oraciones deshonrara a nuestro Señor, no osaríamos orar; pero ya que es glorificado en ello, pediremos sin cesar en su nombre bendito, en el cual recíprocamente se complacen Dios y su pueblo.

DESCUBRIR Y CONFESAR EL PECADO

Los que encubren sus pecados no prosperarán, pero si los confiesan y los abandonan, recibirán misericordia.

PROVERBIOS 28:13

Aquí vemos cómo un pecador arrepentido obtendrá misericordia. Debe abandonar la costumbre de encubrir su pecado. La mentira niega el pecado; la hipocresía lo esconde. La jactancia lo justifica, y la ostentosa profesión de piedad trata de compensarlo.

La obligación del pecador es confesar sus pecados y abandonarlos. Ambas cosas van juntas. La confesión debe ser hecha con rectitud al mismo Señor, y ha de incluir en sí misma un reconocimiento de la culpa, una comprensión de la maldad y un aborrecimiento de la misma. No intentemos culpar a otros, ni a las circunstancias, ni disculparnos con nuestra propia debilidad. Descarguemos nuestra conciencia y declarémonos culpables. Solo a este precio recibiremos misericordia.

Además, hemos de abandonar los pecados: después de reconocer nuestras faltas, desechemos toda intención de persistir en ellas ahora y en el futuro. No podemos perseverar en la rebelión y morar al mismo tiempo con la Majestad del Rey. Debe ser abandonado todo hábito de pecado, juntamente con los lugares, compañeros, ocupaciones o libros que pueden ser ocasión de cometerlo. No solamente por la confesión de nuestros pecados y por nuestra reforma, sino junto con ellas alcanzaremos el perdón por la fe en la sangre de Jesucristo.

EJÉRCITOS INVISIBLES

—¡No tengas miedo! —le dijo Eliseo—. ¡Hay más
de nuestro lado que del lado de ellos!

2 Reyes 6:16

Caballos y carros y un numeroso ejército habían cercado al profeta en Dotán. Su joven siervo se alarmó. ¿Cómo podían escapar de en medio de tantos enemigos? Pero el profeta tenía ojos que su siervo no tenía; podía ver un ejército mucho más numeroso y dotado de armas superiores que les defendía. Los caballos de fuego son más poderosos que los caballos de carne, y los carros de fuego más temibles que los carros de hierro.

Lo mismo sucede hoy día. Los enemigos de la verdad son muchos, influyentes, entendidos y astutos; la verdad sufre en sus manos. Sin embargo, el siervo de Dios no tiene por qué temer. Al lado de la justicia luchan fuerzas visibles e invisibles. Dios cuenta con ejércitos de reserva que se revelarán en el momento de peligro. Las fuerzas que defienden el bien y la verdad son mucho más importantes que todos los ejércitos del mal. Por tanto, esforcémonos y marchemos al lado de aquellos cuyo gozo y alegría está por encima de cualquier temor. Tenemos a nuestro lado la victoria. La batalla podrá ser encarnizada, pero sabemos cómo terminará. La fe, que tiene a Dios con ella, tiene asegurada la victoria. «¡Hay más de nuestro lado que del lado de ellos!».

TODO EL QUE BUSCA, ENCUENTRA

Si lo buscas, lo encontrarás.

1 CRÓNICAS 28:9

Necesitamos de Dios, y a Dios podemos encontrarlo si le buscamos, porque jamás se negará a ser hallado por quienes personalmente busquen su rostro. Y esto sucederá, no si tú lo mereces o sabes ganarte su favor, sino si «lo buscas». Quienes ya conocen al Señor deben seguir buscando su rostro por medio de la oración, sirviéndole más diligentemente, y con gratitud más sincera. A estos, Él nunca rehusará ni su favor, ni su amistad. Quienes todavía no le conocen para el descanso de sus almas, deberían comenzar a buscarle desde ahora y no parar hasta que lo encuentren como su Salvador, Amigo, Padre y como a su Dios.

¡Qué certidumbre da esta promesa a quienes le buscan! «Todo el que busca, encuentra» (Mateo 7:8). Si tú mismo buscas a Dios lo encontrarás. Cuando le halles, habrás hallado vida, perdón, santificación y gloria. ¿Por qué no le buscas continuamente, ya que tu trabajo no será vano? Querido amigo, busca al Señor ahora mismo. Este es el lugar y el tiempo favorable. Dobla tus rodillas inflexibles; dobla tu cerviz más inflexible todavía, y clama al Dios vivo. Busca tu purificación y justificación en el nombre de Jesús y no serás rechazado. Aquí tienes el testimonio de David a su hijo Salomón, y tal es el testimonio del autor. Créelo y hazlo así por amor a Jesucristo.

RECOMPENSA PARA LOS JUSTOS

Entonces, por fin, todos dirán: «Es verdad que hay recompensa para los que viven para Dios; es cierto que existe un Dios que juzga con justicia aquí en la tierra».

Salmos 58:11

Los juicios de Dios en esta vida no siempre se ven claramente, porque a veces un mismo hecho sucede a todos por igual. Vivimos en un estado de prueba, no de recompensa. Sin embargo, en ocasiones la justicia de Dios se manifiesta de forma espantosa, de modo que hasta los indiferentes se ven obligados a reconocer su mano.

En esta misma vida, los justos reciben esta recompensa, preferida a todas las demás cosas, a saber: el favor de Dios que da tranquilidad de conciencia. A veces reciben otros beneficios, porque Dios no quiere ser deudor de nadie. No obstante, la recompensa de los justos está reservada para la vida futura.

Entre tanto, podemos reconocer en gran manera los juicios de Dios en medio de las naciones. Él hace añicos los tronos de los tiranos y castiga a los pueblos culpables. Nadie puede estudiar la historia del auge y caída de los imperios sin reconocer un poder que obra con justicia y que cita la iniquidad ante su tribunal para condenarla implacablemente. El pecado no quedará sin castigo, ni la bondad sin recompensa. El Juez de toda la tierra siempre hará lo que es justo. Por eso, temámosle y no nos acobardemos ante el poder de los malvados.

NUESTRA LIBERACIÓN SERÁ COMPLETA

Te rescatará de seis desastres; aun en
el séptimo, te guardará del mal.

JOB 5:19

En esto, Elifaz habló la verdad de Dios. Podemos vernos en tantas aflicciones como días de trabajo hay en la semana, pero el Dios que nos ha ayudado durante estos seis días seguirá protegiéndonos hasta que nuestra liberación sea completa. La rápida sucesión de nuestros males es una de las pruebas más duras a la que se ve sometida nuestra fe. Antes de habernos repuesto de un golpe, viene otro, y después otro, hasta que llegamos a perder la confianza. Pero también la continua sucesión de liberaciones nos anima extraordinariamente. Nuevas canciones resuenan en el yunque bajo el martillo de la aflicción, hasta que en el mundo espiritual vemos el anticipo del «Herrero Armonioso». Nuestra confianza es que cuando el Señor nos envía seis pruebas, serán seis; ni una más.

Tal vez no tengamos un día de descanso, porque sobre nosotros vienen siete pruebas. ¿Qué sucederá entonces? En la séptima, «te guardará del mal». El mal puede rugir, pero será mantenido a distancia y no nos tocará. Su aliento podrá molestarnos, pero ni siquiera su dedo meñique nos dañará. Ceñidos nuestros lomos, saldremos al encuentro de las seis o siete pruebas, y dejaremos el temor para los que no tienen Padre, ni Salvador, ni Santificador.

CON LA MAÑANA LLEGA LA ALEGRÍA

*Pues su ira dura sólo un instante, ¡pero su favor perdura
toda una vida!
El llanto podrá durar toda la noche,
pero con la mañana llega la alegría.*

SALMOS 30:5

*U*n instante vivido bajo la ira de nuestro Padre nos parece un siglo, y, sin embargo, solo dura un momento. Cuando contristamos al Espíritu, no podemos esperar su sonrisa; pero es un Dios de misericordia y pronto disipará el recuerdo de nuestras culpas. Cuando desmayamos hasta el punto de sucumbir a causa de su enojo, su favor nos llena de vida.

Este versículo tiene otra nota gozosa. Nuestra tarde de lágrimas pronto se convertirá en mañana de alegrías. La brevedad del castigo es la característica de la misericordia divina. Al Señor no le place usar la vara con sus escogidos; descarga uno o dos golpes, y todo ha pasado; después de la cólera y las lágrimas, vienen el gozo y la vida que compensan sobradamente la saludable tristeza.

¡Ven, alma mía, y canta tus aleluyas! No llores toda la noche; seca tus ojos ante la perspectiva de la mañana. Esas lágrimas son el rocío que nos hace tanto bien como los rayos de la mañana. Las lágrimas aclaran los ojos para que podamos ver a Dios en su gracia; hacen que la visión de su favor sea más preciosa. La noche de tristeza es para nosotros como las sombras del cuadro que hacen resaltar más su parte luminosa. Por tanto, todo está bien.

22 de agosto

DE LA IRA
A LA ALABANZA

*La ira humana redunda en tu alabanza;
todos sus enojos se vuelven para ti una corona.*

SALMOS 76:10 (RVC)

Los malvados se enojarán. Soportar su ira es una parte de nuestro ministerio y una prueba de que nos hemos apartado de los perversos. Si fuéramos del mundo, el mundo nos amaría. Nuestro consuelo es que la ira del mundo redundará en gloria de Dios. Cuando los hombres, llevados de su odio, crucificaron al Hijo de Dios, cumplían sin saberlo los designios divinos; lo mismo hace muchas veces la perversidad de los hombres. Se creen libres; pero, como prisioneros forzados a trabajar, ejecutan involuntariamente los decretos del Omnipotente.

Los proyectos del malvado contribuyen a su derrota. Obran con fines destructivos y frustran sus propias maquinaciones. Su enojo sólo puede ocasionarles daños y perjuicios. El humo de las hogueras en que se consumieron los mártires sólo sirvió para hacer más odiosos a quienes les atormentaron.

Entre tanto, Dios tiene bozal y cadenas para los osos y sabe cómo reprimir la ira de nuestros enemigos. Es algo así como el molinero que retiene una parte de la corriente, y la que deja correr la utiliza para hacer dar vueltas a la rueda de su molino. Cantemos en lugar de gemir. Por mucho que ruja el viento, no temamos porque el Señor lo gobierna.

AMAR Y BUSCAR LA VERDADERA SABIDURÍA

Amo a todos los que me aman. Los que me buscan, me encontrarán.

PROVERBIOS 8:17

La sabiduría ama a los que la aman y busca a los que van en pos de ella. El que desea ser sabio ya lo es, y podemos decir que casi ha encontrado la sabiduría el que la busca con afán. Lo que decimos de la sabiduría en general, debemos afirmarlo con mayor razón de la sabiduría personificada en Jesucristo. Debemos amarle y buscarle para que podamos gozar de su amor después de ser hallado.

Nuestra gran preocupación ha de ser buscar a Jesús en la mañana de la vida. ¡Dichosos los jóvenes que pasan sus mañanas al lado de Jesús! Nunca será demasiado temprano para buscar al Señor Jesús. Los que de madrugada le buscan, de cierto le hallarán. Hay que buscarle con diligencia, madrugando. Los comerciantes que prosperan son madrugadores, y los santos cuya alma prospera buscan con afán a Jesús. Quienes buscan a Jesús para su beneficio, ponen todo su corazón en buscarle. Primero hemos de buscar, de madrugada, a Jesús. Ante todo a Jesús; Él es el primero y el último.

La bendición está en haberle hallado. Cuando le buscamos, se revela con mayor claridad, y se entrega más completamente a nosotros. Dichoso el hombre que busca a Aquel que, una vez hallado, mora con él para siempre. Entonces será para su corazón y su alma un tesoro cada vez más precioso. Señor Jesús, te he hallado; sé Tú mi alegría y mi suprema satisfacción.

AMENAZA PARA LOS SABIOS

Como dicen las Escrituras: «Destruiré la sabiduría de los sabios y desecharé la inteligencia de los inteligentes».

1 CORINTIOS 1:19

Este versículo constituye una amenaza para los sabios de este mundo, pero para el creyente sencillo es una promesa. Quienes hacen profesión de sabios procuran destruir la fe de los humildes; pero sus esfuerzos resultan inútiles. Sus argumentos se quebrantan; sus teorías se desmoronan, y sus proyectos artificiosos quedan al descubierto antes de llegar a tener cumplimiento. El evangelio no ha sido aniquilado todavía, ni lo será mientras viva el Señor. Si fuera posible acabar con él, hace mucho tiempo que habría desaparecido la tierra.

No podemos nosotros destruir la sabiduría de los sabios, ni es preciso que lo intentemos, porque la obra está en mejores manos que las nuestras. El mismo Señor dice: «Destruiré», y Él nunca habla en vano. Declara su propósito dos veces en este versículo, y podemos estar seguros de que no lo abandonará.

¡Cómo sabe Dios desbaratar la filosofía y el pensamiento moderno cuando Él pone su mano! Toda la hermosa apariencia queda reducida a la nada. Él destruye la madera, el heno y la hojarasca. Está escrito que será así. ¡Señor, acelera el tiempo y haz que triunfe tu Palabra! ¡Amén, amén!

25 de agosto

ALIMENTO SÓLIDO
Y REPOSO

Yo apacentaré mis ovejas y las llevaré a reposar
—declara el Señor DIOS.

EZEQUIEL 34:15 (LBLA)

*L*os santos son abundantemente saciados bajo la dirección del divino Pastor. Su pasto no es el forraje insuficiente de la «opinión humana»; el Señor apacienta a su manada con la verdad sustancial de su divina revelación. En las Escrituras, aplicadas al corazón por el Espíritu Santo, las almas encuentran su verdadera nutrición. Jesús mismo es el alimento sólido que sostiene la vida de los creyentes. Nuestro soberano Pastor nos promete aquí que Él mismo se nos dará en alimento sagrado. Si el domingo nuestro pastor terrenal viene con las manos vacías, el Señor se acerca a nosotros con las manos llenas.

Cuando nos hallamos saciados de la verdad divina, nuestro entendimiento descansa. Aquellos a quienes Dios apacienta gozan de paz. Ningún perro les molestará, ni lobo alguno les devorará, ni se verán aquejados por molestas inclinaciones. Se acostarán y rumiarán tranquilos el alimento que han saboreado. Las doctrinas de la gracia sustentan y consuelan: en ellas tenemos los medios para nuestra edificación y descanso. Si los predicadores no nos proporcionan este reposo, busquémoslo en el Señor.

Quiera el Señor apacentarnos hoy con los pastos de su Palabra para que en ellos podamos descansar. Que ninguna locura ni tormento amarguen este día, sino que en Él prevalezca la meditación y la paz.

26 de agosto

UNA CONCIENCIA SENSIBLE

Juzgaré entre un animal del rebaño y otro.

EZEQUIEL 34:22

Hay a veces personas que, por creerse fuertes y prósperas, se muestran duras con los débiles. Este es un pecado que causa mucha tristeza. La actitud que algunos adoptan de volver la espalda o acometer a los débiles y humildes causa profunda tristeza en las asambleas de los creyentes. El Señor toma nota de estas acciones inspiradas por el orgullo y se enoja grandemente, porque ama a los débiles.

¿Te ves así despreciado, querido lector? ¿Eres tú uno de los afligidos de Sión y te ves molestado a causa de tu conciencia sensible? ¿Te juzgan tus hermanos con severidad? No guardes resentimiento alguno. No les mires desdeñosamente ni les acometas en venganza. Déjalo todo en las manos de Dios; Él es juez. ¿Por qué queremos usurpar su poder? Él juzgará con más justicia que nosotros, y su juicio será el mejor; no queramos adelantarlo con prisas.

El opresor, de duro corazón, temblará incluso cuando consiga su propósito sin recibir castigo por el momento; que no olvide que sus actos orgullosos son notados y de cada uno de ellos dará cuenta ante el tribunal del Gran Juez.

¡Paciencia, alma mía! ¡Paciencia! El Señor sabe tu angustia. ¡Jesús, tu Salvador, tiene misericordia de ti!

27 de agosto

VERDADERAMENTE
SELECTOS

Yo te elegí en el horno de la aflicción.

ISAÍAS 48:10 (RVC)

Durante mucho tiempo he colocado este versículo en la pared de mi habitación, y también ha estado grabado de muchas maneras en mi corazón. No es poca cosa haber sido elegido de Dios. La elección divina nos hace verdaderamente selectos. Mejor es ser elegido de Dios que no de todo un pueblo. Tan grande es este privilegio que, a pesar de los inconvenientes que lleva consigo, debe ser aceptado con alegría, de la misma manera que el judío comía las hierbas amargas para sazonar el cordero pascual. Así nosotros escogemos el horno, ya que Dios nos ha escogido en él.

Somos elegidos como un pueblo afligido y no como un pueblo próspero; no en un palacio, sino en el horno. En el horno desaparece la hermosura, la forma se destruye, se pierde la fuerza, la gloria se consume, y, sin embargo, aquí es donde el amor eterno revela sus secretos y hace su elección. En el tiempo de la prueba más cruel, Dios nos ha llamado y nosotros hemos respondido a su llamamiento: entonces es cuando hemos escogido al Señor como Dios nuestro y Él ha manifestado que ciertamente somos sus hijos. Por tanto, si hoy se enciende el horno siete veces más de lo que suele estar, no temamos, porque el glorioso Hijo de Dios se paseará con nosotros por en medio de carbones encendidos.

UN DIOS SOBERANO
Y SUFICIENTE

———◆———

Pero clamaré a Dios, y el SEÑOR me rescatará.

SALMOS 55:16

Debo orar y oraré. ¿Qué otra cosa debo hacer? ¿Y qué cosa mejor podré hacer? Vendido, desamparado, afligido, y hecho objeto de burlas, a ti clamaré, oh mi Señor. Mi Siclag[1] ha quedado reducida a cenizas, y los hombres intentan apedrearme; pero mi corazón se ha fortalecido en el Señor, el cual me sostendrá en esta prueba como me ha sostenido en otras muchas. El Señor me salvará; estoy seguro de que lo hará.

El Eterno me librará, y no otro. No quiero otra ayuda, ni apoyarme en un brazo humano, aun cuando pudiera sostenerme. Clamaré a Él de noche y de día y a mediodía; y solo a Él, porque es un Dios soberano y suficiente.

No sé cómo me recatará; pero sé que lo hará. Lo hará de la mejor manera y la más segura, y en el sentido más amplio, verdadero y completo. El gran «Yo soy» me sacará de esta prueba y de todas las que me sobrevengan, tan ciertamente como Él vive; y cuando llegue la muerte con todos los misterios de la eternidad, siempre será verdad que «el SEÑOR me rescatará». Esta será mi canción en los días amargos. ¿No es como una manzana madura del árbol de la vida? De ella comeré. ¡Cuán dulce es a mi paladar!

———

1. Ciudad que sirvió de refugio a David y que fue quemada por los amalecitas (Véase 1 Samuel 30:1).

RIEGO CONTINUO

Su alma será como huerto regado.

JEREMÍAS 31:12 (LBLA)

¡*O*h, quién tuviera el alma bajo la protección celestial, para que no fuera un desierto, sino un huerto florido del Señor! Al abrigo de las devastaciones, rodeado de la gracia, sostenida por la instrucción, visitada por el amor, purificada por la disciplina y defendida por el poder divino, el alma está preparada para llevar abundante fruto al Señor.

Pero un huerto puede secarse por falta de agua, y entonces decaen todas sus plantas y se marchitan. ¡Oh, alma mía! ¡Cuán rápidamente te sobrevendría esta desgracia si el Señor te abandonara! En Oriente, un huerto sin agua deja de serlo, porque nada puede madurar, crecer y vivir. Cuando hay riego continuo, el resultado es maravilloso. ¡Ojalá pudiéramos ser regados uniformemente por el Espíritu Santo, teniendo cada parte del huerto su propia corriente; en abundancia, que refrescará cada árbol y cada planta, por muy sedienta que esté; continuamente, de modo que cada hora traiga el agua calor y refrigerio; sabiamente, para que cada planta reciba lo necesario. Del mismo modo que en un huerto se nota por el verdor dónde corre el agua, así también se nota en el alma cuándo viene el Espíritu Santo.

¡Oh, Señor, riégame hoy y haz que lleve abundante fruto, por el Señor Jesús! Amén.

SUSPIRO, CONSUELO Y SATISFACCIÓN

*¿Acaso no es a mi familia que Dios ha elegido?
Sí, ha hecho un pacto eterno conmigo. Su pacto
está arreglado y asegurado hasta el último detalle;
él garantizará mi seguridad y mi éxito.*

2 SAMUEL 23:5

Este versículo no es una promesa, es un conjunto de promesas, una cajita de perlas. El pacto es el arca que todo lo contiene.

Estas últimas palabras de David pueden ser hoy las mías. Aquí hay un suspiro. Las cosas no marchan tan bien conmigo y con los míos como sería mi deseo; abundan las pruebas, las inquietudes, los pecados. Todo esto me quita el sueño.

Aquí hay consuelo. «Ha hecho un pacto eterno conmigo». El Señor ha empeñado su palabra y sellado el pacto con la sangre de Jesús. Estoy unido con mi Dios, y Dios está unido conmigo. Esto pone de manifiesto la seguridad, porque el pacto es eterno y asegurado hasta el último detalle; nada he de temer por lo que respecta al futuro, o a la omisión de alguna cláusula olvidada, o a la incertidumbre natural de las cosas. El pacto es una cosa sobre la cual se puede construir para vida o para muerte.

David siente la satisfacción; no necesita más para su salvación; sus deseos se ven cumplidos. En esta alianza encuentra todo lo que se puede desear.

¡Oh, alma mía! Vuélvete en este día a tu Señor Jesús, a quien Dios ha dado como garantía al pueblo. Acéptalo como tu todo en todo.

LA PALABRA QUE PERDURA

*Pero la palabra del Señor permanece para siempre.
Y esta palabra es el mensaje de la Buena Noticia
que se les ha predicado.*

1 Pedro 1:25

Todas las enseñanzas de los hombres, y los mismos hombres, pasarán como la hierba del campo; pero aquí se nos asegura que la palabra del Señor es algo muy distinto, porque permanecerá para siempre.

Esta palabra divina es el mensaje del evangelio, porque ¿qué palabra puede permanecer para siempre, sino la que el Dios eterno nos habló?

Este evangelio vive para siempre, tan lleno de vida como cuando salió de la boca de Dios; tan poderoso para convencer y convertir, para sostener y santificar, como lo fue en los días de los milagros.

Este evangelio no cambia; hoy no es hierba verde, y mañana heno seco; siempre permanece la verdad del Señor que es inmutable. Las opiniones cambian, pero la verdad certificada por Dios no puede cambiar como no cambia el Dios que la pronunció.

Este Evangelio que nos anuncia la Palabra de Dios es un motivo de gozo, un fundamento sólido en el cual podemos apoyarnos con seguridad. «Para siempre» incluye la vida, la muerte, el juicio y la eternidad.

¡Gloria sea dada a Dios en Jesucristo por este divino consuelo! Aliméntate hoy y todos los días de tu vida de la palabra de Dios.

1 de septiembre

FIRMES EN LA OBEDIENCIA Y EL AMOR

*Cuando obedecen mis mandamientos,
permanecen en mi amor.*

JUAN 15:10

Permanecer en la obediencia y perseverar en el amor de Jesús son dos cosas inseparables. Solo una vida puesta bajo el mando de Cristo probará que somos objeto del gozo de nuestro Señor. Si queremos vivir al calor de su amor, hemos de obedecer sus mandamientos. No es posible permanecer en el amor de Cristo sin alejarnos del pecado; sin la santidad, lo único que complace al Señor, no podemos agradar a Jesús. Los que no tienen en alta estima la santidad, no saben nada del amor de Jesús.

Este gozo consciente del amor de nuestro Señor es algo muy delicado. Es más sensible al pecado que el mercurio de un termómetro al frío y al calor. Cuando poseemos un corazón tierno, y procuramos honrar a nuestro Señor Jesucristo con pensamiento, palabras y obras, recibiremos innumerables señales de su amor. Si queremos perpetuar esta bendición, hemos de perseverar en la santidad. El Señor Jesús no esconderá su rostro de nosotros mientras no apartemos el nuestro de Él. El pecado forma la nube que oculta nuestro Sol. Si nuestra obediencia es vigilante y nuestra consagración total, andaremos en la luz, como Dios está en la luz y permaneceremos tan seguros en el amor de Jesús como Él persevera en el amor del Padre. Dulce promesa, precedida de un «cuando» solemne. ¡Haz, Señor, que yo obedezca tus mandamientos siempre, porque de esta manera tendré la llave para abrir un tesoro!

2 de septiembre

ESFORZARSE POR CONOCER A DIOS

¡Oh, si conociéramos al SEÑOR!
Esforcémonos por conocerlo.

OSEAS 6:3

El conocimiento de Dios no se adquiere totalmente y de una sola vez, sino por grados, y a nosotros toca perseverar en Él e ir aprendiendo poco a poco. Aunque nuestro progreso sea lento, no hemos de desmayar, porque pronto sabremos más. El Señor, nuestro Maestro, no nos abandonará aun cuando seamos lentos en aprender; en verdad, no sería muy honroso para Él que la ignorancia humana fuera un impedimento para llegar a su conocimiento. El Señor se complace en hacer sabios a los sencillos.

Nuestro deber consiste en seguir la buena dirección y esforzarnos por conocerlo; no se trata de conocer esta u otra doctrina, sino al mismo Dios. Conocer sólo al verdadero Dios, Padre, Hijo y Espíritu Santo, es vida eterna. Esta debe ser nuestra mejor instrucción y a ella debemos atenernos para salir sabiamente enseñados. Si nos esforcemos por conocer a Dios, sabremos cómo hemos de ser sanados de nuestras enfermedades, curados de nuestras heridas y qué es la vida después de la muerte. La experiencia perfecciona la obra, cuando el corazón sigue el camino del Omnipotente.

Alma mía, mantente cerca de Jesús, esfuérzate por conocer al Señor y así llegarás a conocer a Cristo, que es la mejor de las ciencias. El Espíritu Santo te guiará en el camino de la verdad. ¿No es éste su glorioso ministerio? Cuenta con su poder, porque Él te guiará.

LOS MUERTOS RECIBEN VIDA

*Sabrán que Yo soy el SEÑOR, cuando abra sus sepulcros
y los haga subir a ustedes de sus sepulcros, pueblo mío.*

EZEQUIEL 37:13 (NBLH)

En verdad así debe ser: quienes de entre los muertos reciben la vida, ciertamente reconocerán la mano del Eterno en semejante resurrección. Este es el mayor y más extraordinario cambio que un hombre puede experimentar: ser sacado de la tumba de la muerte espiritual para ser conducido a la luz de la vida y de la libertad. Nadie más que el Dios viviente, el Señor y Autor de la vida, puede hacer esto.

¡Ay de mí! ¡Cuán perfectamente me acuerdo de cuando estaba en el campo de huesos secos, y estaba yo más seco todavía! ¡Bendito el día aquel cuando la gracia soberana de Dios envió a su Hijo para que profetizara sobre mí! ¡Gloria a Dios por el despertamiento que su palabra produjo entre los huesos áridos! ¡Y más bendito aún aquel soplo celestial de los cuatro vientos que me dio la vida! Ahora conozco el Espíritu vivificador del Eterno. El Señor es el Dios vivo que da vida. Mi vida nueva, incluso con sus tristezas y abatimientos, es para mí un testimonio vivo de que el Señor puede matar y dar vida. Solamente Él es Dios. En Él se encierra todo lo grande, benigno y misericordioso; mi alma vivificada le adora como el gran «Yo soy».

¡Sea toda la gloria para su santo nombre. Le alabaré todos los días de mi vida!

VICTORIA SIN COMBATE

*Pero me compadeceré de la casa de Judá y los salvaré
por el SEÑOR su Dios; y no los salvaré con arco, ni
con espada, ni con batalla, ni con caballos ni jinetes.*

Oseas 1:7 (lbla)

¡Magnífica promesa! El mismo Dios librará a su pueblo en la grandeza de su misericordia, pero para ello no empleará medios ordinarios. Los hombres son tardos para dar a Dios la gloria que es debida a su nombre. Cuando van al combate con espada y con arco y salen victoriosos, deberían alabar a Dios; pero en vez de hacerlo así, se envanecen de sí mismos y se jactan de sus caballos y jinetes. Por eso, Dios decide en ocasiones salvar a su pueblo sin usar medios secundarios, para que toda la gloria sea suya.

Mira, pues, alma mía, únicamente al Señor, y no al hombre. Espera verle más claramente cuando no tengas a nadie más a quien mirar. Si no tengo amigos ni consejeros que me ayuden, no por eso he de dejar de confiar si tengo la experiencia de que el Señor está a mi lado; y me regocijaré si Él me da la victoria sin combate, como lo anuncia en este versículo. ¿Por qué pedir caballos y caballeros si el mismo Señor se compadecerá de mí y alzará su brazo en mi defensa? ¿Para qué necesito yo arco ni espada si Dios me salvará? En Él confiaré y no tendré miedo, desde ahora y para siempre. Amén.

SIEMPRE CON NOSOTROS

El SEÑOR está con ustedes.

2 Crónicas 20:17

El Señor mostró gran misericordia hacia Josafat, porque una inmensa multitud había salido contra él; y Él hará lo mismo por mí porque estoy muy necesitado, y no tengo poder ni sabiduría. Si el Señor está contigo, no importa si los demás te abandonan. Si el Señor está conmigo, venceré en la batalla de la vida, y cuanto mayores sean mis pruebas, más resonante será mi victoria. Pero ¿cómo sabré yo que el Señor está conmigo?

Ciertamente está conmigo si yo estoy con Él. Si confío en su fidelidad, creo su palabra y guardo sus mandamientos, sin duda Él está conmigo. Si estoy al lado de Satanás, Dios está contra mí; no puede ser de otro modo; pero si vivo para la gloria de Dios, puedo estar seguro de que Él me glorificará.

Ciertamente Dios está conmigo si Jesús es mi único Salvador. Si he depositado mi alma en las manos del Unigénito de Dios, puedo estar seguro de que el Padre empleará todo su poder para guardarme con el fin de que su Hijo no sea deshonrado.

¡Oh, si tuviese la fe suficiente para apropiarme del contenido de este versículo, corto, pero sustancioso! ¡Oh, Señor, cumple esta promesa en tu siervo! Está Tú también con todo tu pueblo.

UN CORAZÓN FUERTE

*Espera al SEÑOR; esfuérzate y aliéntese
tu corazón. Sí, espera al SEÑOR.*

SALMOS 27:14 (LBLA)

¡Espera! ¡Espera! ¡Y que tu espera sea en el Señor! Digno es de ser esperado y jamás confundirá al alma que espera en Él.

Mientras esperas, sé valiente. Cuenta con una completa liberación y prepárate para bendecir a Dios por ella.

La promesa libertadora se halla en la mitad del versículo: «Aliéntese tu corazón». Esta promesa va directamente dirigida al punto en que necesitas ayuda. Si el corazón está sano, todo el organismo funcionará bien. El corazón necesita calma y tranquilidad, y ambas cosas se lograrán si se encuentra fortalecido. Un corazón fuerte descansa y se regocija, y envía la fuerza de sus latidos a todos los miembros del cuerpo.

Nadie más puede llegar a esta caja secreta de la vida, que es el corazón, para fortalecerlo. Sólo el Dios que lo creó puede llenarlo de fuerza. Él está lleno de fortaleza, y, por lo tanto, puede darla a quienes están necesitados de ella. ¡Sé valiente!, porque el Señor te la concederá, y así hallarás calma en la tempestad y gozo en la tristeza.

El autor de estas líneas puede decir con David: «Sí, espera al SEÑOR». Lo digo con toda verdad. Por larga y profunda experiencia, sé que es bueno esperar en el Señor.

¿QUIÉN NO ESTÁ AL ALCANCE DE LA GRACIA?

«Así que en el lugar donde se les dijo: "Ustedes no son mi pueblo", se dirá: "Ustedes son hijos del Dios viviente"».

Oseas 1:10

La gracia soberana puede hacer de los extraños, hijos, y el Señor declara aquí su propósito de obrar de este modo con los rebeldes haciéndoles saber que ya lo ha hecho. Querido lector, el Señor lo ha hecho conmigo. ¿Lo ha hecho contigo? En tal caso, juntemos nuestras manos y nuestros corazones y alabemos su santo nombre.

Algunos de nosotros estábamos tan apartados de Dios, que su Palabra podía aplicarse con toda verdad a nuestra conciencia y corazón: «Ustedes no son mi pueblo». En la casa de Dios, igual que en nuestros hogares, cuando leíamos la Biblia, la voz del Espíritu Santo decía a nuestras almas: «Ustedes no son mi pueblo». Ciertamente era una voz triste y condenatoria. Pero ahora, en esos mismos lugares, por las Escrituras y el Espíritu Santo, se nos dice: «Ustedes son hijos del Dios viviente».

¿Sabemos agradecer esta dádiva como se merece? ¿No es esto digno de admiración? ¿Y no nos infunde la esperanza de que también otros lo serán? ¿Quién no está al alcance de la gracia soberana de Dios? ¿Cómo podremos perder las esperanzas, ya que el Señor ha obrado en nosotros un cambio tan maravilloso? El que ha cumplido esta gran promesa, cumplirá todas las demás; sigamos, pues, adelante con cánticos de alabanza y adoración.

8 de septiembre

NOS TRATARÁ CON DULZURA

No aplastará a la caña más débil,
ni apagará una vela que titila.

Isaías 42:3

Según esto, puedo confiar en que mi Señor me tratará con dulzura. Soy, en verdad, tan débil, tan quebradizo y despreciable como una caña. Alguien dijo: «Usted no me importa nada». Aunque estas palabras sean poco amables, sin embargo son verdaderas. ¡Ay!, soy peor que una caña que crece a la orilla del río, porque ésta al menos puede levantar su cabeza. Yo estoy abatido, cruelmente quebrantado. No hay en mí música; toda la melodía se escapa por una hendidura. Pero Jesús no me aplastará; y si Él no lo hace, poco debe importarme lo que traten de hacer los demás. ¡Oh, Señor, dulce y misericordioso, bajo tu protección me escondo y en ella olvido todos mis quebrantos!

En realidad, me parezco a la «vela que titila», cuya luz se va extinguiendo y luego sólo queda humo. Soy un estorbo más que un beneficio. Mi espíritu turbado me insinúa que el diablo ha apagado mi luz dejándome con sólo el humo desagradable, y que el Señor pronto me apagará. Sin embargo, noto que en el tabernáculo del antiguo pacto había despabiladuras, no apagadores; Jesús no me apagará. Tengo, pues, confianza. ¡Señor, enciéndeme con tu amor, y haz que brille yo para gloria tuya y para alabar tu misericordia y bondad!

UN TEMOR SANTO

Benditos los que tienen temor de hacer lo malo.

PROVERBIOS 28:14

El temor de Dios es el principio y fundamento de la verdadera religión. Sin un temor reverencial de Dios, no es posible encontrar apoyo para las virtudes más brillantes. El alma que no adora, jamás conocerá la santidad.

Benditos los que sienten un temor santo de hacer lo malo. El temor santo no solo mira antes de saltar, sino también antes de moverse. Teme fallar; teme faltar a su deber; teme cometer pecado; teme las malas compañías, las conversaciones livianas y la astucia engañosa. Esto no hace a nadie desdichado, sino que trae felicidad. El centinela que vigila es más feliz que el soldado que duerme en su puesto. Quien prevé el mal y huye de él es más afortunado que quien anda descuidado y es destruido.

El temor de Dios es una gracia tranquila que guía al hombre por un camino seguro. De él está escrito: «Los leones no acecharán por esa ruta, ni ninguna otra bestia feroz» (Isaías 35:9). El temor de cualquier apariencia de mal es un principio purificador que, por el poder del Espíritu Santo, pone al hombre en condiciones de conservar sus vestiduras limpias en este mundo.

Salomón había probado los regalos del mundo y el temor de Dios; en los primeros encontró vanidad, y en el último, la felicidad. No repitamos la prueba que él hizo; atengámonos a su veredicto.

ENTRAR Y SALIR CONFIADOS

Bendito serás cuando entres, y bendito serás cuando salgas.

DEUTERONOMIO 28:6 (LBLA)

*L*as bendiciones de la ley no han sido anuladas. Jesús confirmó esta promesa cuando Él llevó sobre sí el castigo del pecador. Si observo los mandamientos del Señor, indudablemente puedo apropiarme de las bendiciones de esta promesa.

En este día, entraré en mi casa sin temer malas noticias, y entraré en mi habitación con la esperanza de oír buenas nuevas de mi Señor. No temeré entrar en mí mismo para examinar diligentemente los negocios de mi conciencia. Tengo mucho que hacer en mi interior, dentro de mi propia alma. ¡Ojalá recibiera una bendición, la bendición que el Señor Jesús ha prometido para mi alma!

También debo salir. La timidez me impulsa a quedarme en casa y nunca más salir al mundo impuro. Pero debo salir a cumplir mis obligaciones, ayudar a mis hermanos y ser útil a los pecadores. Debo ser un defensor de la fe y enemigo declarado del mal. ¡Quiera el Señor que también sobre mi salida descienda la bendición de Dios en este día! ¡Señor, iré adonde Tú me guíes, realizando aquellos trabajos que Tú me has confiado siempre bajo tu dirección y con el poder del Espíritu Santo!

Señor Jesús, entra conmigo y sé mi huésped; y después sal fuera conmigo, y haz que mi corazón arda mientras me hables por el camino (Lucas 24:32).

UNA CARGA QUE ENRIQUECE EL ALMA

Y es bueno que todos se sometan desde temprana edad al yugo de su disciplina

LAMENTACIONES 3:27

Aquí tenemos una nueva promesa. Siempre ha sido y será bueno para mí llevar el yugo.

Al comienzo de mi vida, tuve que sentir el peso de la convicción, y desde entonces he comprendido que esa carga enriquece mi alma. ¿Habría yo podido amar tanto el evangelio si mi propia experiencia no me hubiese enseñado la salvación por gracia? Jabes fue más ilustre que sus hermanos, porque su madre le parió con dolor, y todos los que sufren al nacer de nuevo para Dios, se hacen firmes creyentes en la gracia soberana.

El yugo de la crítica es penoso, pero prepara al alma para la gloria futura. Quien no acepta el desafío del desprecio, no es apto para ser un líder. El elogio embriaga cuando no va precedido de la afrenta. Los hombres que suben sin esfuerzo, no tardan en caer en la deshonra.

El yugo de la aflicción, de los contratiempos y del excesivo trabajo, nunca debe ser buscado; pero cuando el Señor nos lo impone en nuestra juventud, a menudo forma un carácter dispuesto a glorificar a Dios y bendecir a la iglesia.

Ven, alma mía, dobla tu cuello; y toma tu cruz. Buena fue para ti cuando eras joven, y ahora no te hará daño. Por amor de Jesús cárgala sobre tus hombros con alegría.

TAMBIÉN LOS DE MI CASA

Cree en el Señor Jesús y serás salvo,
junto con todos los de tu casa.

HECHOS 16:31

Estas palabras dirigidas a un hombre que sacó su espada y quiso matarse son también el evangelio para mí. Esto mismo es lo que me convendría si estuviera moribundo, y en verdad es lo que necesito mientras viva. Aparto la vista de mí mismo, de mi pecado, de toda idea de méritos personales, y confío en el Señor Jesús como el Salvador que Dios me ha dado. Creo en Él, descanso en Él y le acepto enteramente. Señor, soy salvo y lo seré por toda la eternidad, porque creo en Jesús. ¡Bendito sea su santo nombre! Que yo pueda manifestar cada día con mi vida que soy salvo del egoísmo, del amor al mundo y de todo pecado.

Por lo que se refiere a la última palabra «casa»: Señor, no quiero irme con una promesa a medias, ya que Tú me la das completa. Te ruego que salves a toda costa mi familia. Salva a los más cercanos y queridos; convierte a los hijos y nietos si los tuviere, sé benigno con mis criados y con cuantos viven bajo mi techo o que trabajan bajo mis órdenes. Tú me haces esta promesa a mí personalmente, si creo en el Señor Jesús; te ruego que obres conforme a tu palabra.

Repasaré todos los días en mis oraciones los nombres de mis hermanos y hermanas, padres, hijos, amigos, parientes, criados, y no te daré descanso hasta que sea cumplida esta promesa: «todos los de tu casa».

EL ROCÍO DE LOS CIELOS

Los cielos dejan caer su rocío.

Deuteronomio 33:28

Lo que en Oriente es el rocío para la naturaleza, eso es la influencia del Espíritu Santo en el reino de la gracia. ¡Cuánto lo necesito! Sin el Espíritu de Dios, soy una planta seca que se marchita. Desmayo, me debilito y muero. ¡Cuán gratamente me refresca este rocío! Pero desde que este rocío me refresca, me reanimo y me siento contento, fortalecido, gozoso. No necesito otra cosa. El Espíritu Santo me trae vida y todo cuanto se requiere para vivir. Todo lo demás, sin el rocío del Espíritu Santo, lo considero como nada: oigo, leo, oro, canto, me acerco a la mesa de la Santa Cena, y no encuentro bendición hasta que me visita el Espíritu Santo. Tan pronto como Él me ciega, todos los medios de gracia me resultan dulces y provechosos.

¡Qué promesa tan grata para mí!… «Los cielos dejan caer su rocío». Seré visitado por la gracia; no seré abandonado en mi sequedad natural, ni al calor abrasador del mundo, ni al soplo ardiente de la tentación. ¡Que pueda yo sentir ahora mismo el rocío apacible, silencioso y bienhechor del Señor! ¿Y por qué no? Él me ha dado la vida y me ha hecho crecer como la hierba de los prados, me tratará como se trata a la hierba y me refrescará desde lo alto. La hierba no puede clamar por el rocío, como puedo clamar yo. El Señor, que visita la planta que no pide, contestará a su hijo que le ruega.

LA MARCA DE LA APROBACIÓN DIVINA

Bienaventurado el hombre que persevera bajo la prueba, porque una vez que ha sido aprobado, recibirá la corona de la vida que el Señor ha prometido a los que le aman.

SANTIAGO 1:12 (LBLA)

Sí, bienaventurado es mientras persevera bajo la prueba. Nadie puede ver esto hasta que sus ojos hayan sido ungidos con el divino colirio. Sin embargo, debe perseverar sin rebelarse contra Dios ni apartarse de su integridad. Bienaventurado es el que ha pasado por el fuego y no ha sido consumido como el falso metal.

Cuando ha terminado la prueba, viene la marca de la aprobación divina: «la corona de la vida». Como si dijera el Señor: «Que viva; ha sido pesado en balanza y no es hallado falto». La vida es la recompensa: no la simple existencia, sino una existencia santa, feliz y verdadera, que realiza el plan de Dios en nosotros. Una forma más elevada de vida espiritual y de felicidad, corona a quienes han pasado por las más duras pruebas de la fe y del amor.

El Señor ha prometido la corona de la vida a los que le aman. Solo quienes le aman pueden mantenerse firmes en el momento de la prueba; los demás, caerán, murmurarán o volverán al mundo. Alma mía, ¿amas al Señor? ¿Le amas de verdad? ¿Con todo tu corazón? Entonces has de saber que ese amor será probado; pero las muchas aguas no lo apagarán, ni los ríos lo ahogarán. Señor, haz que tu amor alimente el mío hasta el fin.

15 de septiembre

EL REFUGIO MÁS SEGURO

---

*Y será aquel varón como escondedero contra
el viento, y como refugio contra el turbión.*

ISAÍAS 32:2 (RVR-1960)

Todos sabemos quién es aquel varón. ¿Quién podría ser sino el segundo Adán, el Señor de los cielos, varón de dolores, el Hijo del Hombre? ¡Qué escondedero para su pueblo! Él mismo ha soportado toda la furia del viento, y por eso puede amparar a todos los que se refugian en él. Por su medio hemos escapado nosotros de la ira de Dios y escaparemos de la ira de los hombres, de las preocupaciones de esta vida y del temor de la muerte. ¿Por qué exponernos al viento cuando podemos refugiarnos en nuestro Señor tan fácilmente y con total seguridad? Corramos hoy en pos de Él y gozaremos de paz.

Muchas veces se levanta el viento de la aflicción con tanta fuerza que se convierte en tempestad que lo arrastra todo. Cosas que parecían estar firmes se tambalean ante el ímpetu del viento, y muchas y grandes son las caídas de nuestra confianza carnal. Nuestro Señor Jesucristo, el varón glorioso, es un refugio que nunca se derrumba. Escondidos en Él, vemos cómo pasa la tormenta arrolladora, pero nosotros descansamos tranquilos en su seguridad.

Refugiémonos hoy en nuestro escondedero y cantemos confiadamente bajo la protección de nuestro refugio: ¡Bendito Jesús! ¡Cuánto te amamos! Bien podemos amarte, porque Tú eres nuestro refugio en la tempestad.

LA CERTEZA DE LA RECOMPENSA

Y si le dan siquiera un vaso de agua fresca a uno de mis seguidores más insignificantes, les aseguro que recibirán una recompensa.

MATEO 10:42

Puedo hacer eso sin duda. Puedo realizar una buena acción en favor de un siervo del Señor. Él sabe que les amo y que para mí sería un honor poder lavarles los pies. Por amor al Maestro amo a sus seguidores.

¡Cuán bondadoso es el Señor al mencionar una acción tan insignificante!: «si le dan siquiera un vaso de agua fresca». Esto puedo hacerlo yo por pobre que sea; y lo haré con gusto. Esta acción que parece tan poca cosa, el Señor la ve aun cuando esté dirigido al más insignificante de sus seguidores. Dios no mira el precio, ni la habilidad, ni la cuantía de lo que se da, sino el motivo. Todo lo que hacemos a un seguidor suyo, el Señor lo ve y nos recompensa. No nos recompensa por el mérito de lo que hemos hecho, sino según las riquezas de su gracia.

Doy un vaso de agua fresca y Él me da a beber del agua de la vida. Doy a uno de sus seguidores más insignificantes, y Él me trata como a uno de ellos. Jesús encuentra siempre una excusa para su generosidad en lo que su gracia me ha motivado a hacer, y dice: «les aseguro que recibirán una recompensa».

COMO LAS PALMERAS Y LOS CEDROS

———◆———

Pero los justos florecerán como palmeras y se harán fuertes como los cedros del Líbano.

SALMOS 92:12

Estos árboles no son cortados ni podados por los hombres; las palmeras y los cedros son «árboles del Señor» y por su cuidado florecen. Lo mismo sucede con los santos del Señor que son objeto de sus cuidados. Estos árboles siempre están verdes y son hermosos en todas las estaciones del año. Los creyentes no son a veces santos y a veces malvados; siempre reflejan la hermosura del Señor. Dondequiera que estén, estos árboles son dignos de admiración; nadie puede contemplar un paisaje donde haya palmeras o cedros sin prestar atención a su talla majestuosa. Los discípulos del Señor son observados por todos; son como las ciudades asentadas sobre un monte que no pueden esconderse.

El hijo de Dios florece como la palmera que sube recta hacia lo alto, en una sola dirección, formando una columna, coronada con un glorioso capitel. No se expande ni a la derecha ni a la izquierda, sino que se eleva hacia el cielo con toda su fuerza, y lleva su fruto tan cerca del cielo como le es posible. Señor, cumple en mí esta figura.

El cedro desafía todas las tormentas y crece cerca de las nieblas eternas. El Señor mismo lo llena de savia, que mantiene caliente su corazón y sus ramas fuertes. Señor, te ruego que así sea conmigo. Amén.

UN LUGAR SEGURO

*De Benjamín, dijo: Habite el amado del SEÑOR
en seguridad junto a aquel que le protege
todo el día, y entre cuyos hombros mora.*

DEUTERONOMIO 33:12 (LBLA)

No hay seguridad tan grande como habitar confiado cerca del Señor. Dios no puede hallar un lugar tan seguro para sus amados. Concédeme, Salvador mío, que siempre more debajo de tu sombra, al lado de tu costado herido. Quisiera vivir cada vez más cerca de ti, oh Señor, y cuando estuviese muy cerca de ti, desearía permanecer ahí para siempre.

¡Cuánta protección prodiga el Señor a sus escogidos! No es un techo recio el que te cubrirá, ni un refugio antiaéreo a prueba de bombas, ni las alas de un ángel, sino el mismo Señor. Cuando estamos cubiertos así, nadie podrá llegar a nosotros. El Señor nos concederá esta protección durante todo el día. ¡Haz que habite hoy debajo del pabellón de tu amor y poder soberano!

La tercera frase de este versículo, ¿significa que el Señor establecerá su templo en las montañas de Benjamín, o que Él estará allí dispuesto a recibir sobre sus espaldas su carga, o que seremos llevados sobre los hombros del Eterno? De todos modos, el Señor es el amparo y fortaleza de sus santos.

Señor, haz que siempre goce yo de tu ayuda, y la fuerza de tu brazo será suficiente para mí.

PODEROSO PARA SALVAR

Pues el SEÑOR tu Dios vive en medio de ti.
Él es un poderoso salvador. Se deleitará en ti con
alegría. Con su amor calmará todos tus temores.
Se gozará por ti con cantos de alegría

SOFONÍAS 3:17

¡Magnífica promesa! ¡Dios viviendo en medio de su pueblo con toda la majestad de su poder! Su presencia es suficiente para inundarnos de paz y esperanza. En nuestro Dios se ocultan tesoros de infinito poder; Él mora en su Iglesia; por tanto, su pueblo puede prorrumpir en cantos de alegría. No solo gozamos de su presencia, sino que Él está de continuo ocupado en el trabajo de nuestra salvación: «Él es un poderoso salvador». Siempre está salvando; tal es el significado del nombre de Jesús. No temamos ningún peligro, porque poderoso es para salvar.

Más aún, siempre permanece el mismo: ama, persevera en el amor, y no dejará de amar. En este amor se goza y encuentra temas para cantar a su amada. Esto es admirable. Después de haber acabado la creación, no cantó, sino que dijo «que era muy bueno» (Génesis 1:31); pero, llevada a cabo la redención, la Trinidad gloriosa sintió tanto gozo que no podía ser expresado sino por un cántico triunfal. ¡Piensa en esto, y llénate de asombro! Jesús canta un himno nupcial por su Esposa querida. De ella hace el objeto de su amor, de su gozo, de su descanso y de sus cánticos. ¡Oh, Señor Jesús, por tu infinito amor, enséñanos a amarte, a regocijarnos en ti y cantarte nuestro salmo de alabanza!

20 de septiembre

LA LLAVE MAESTRA

---

*Tu pueblo se ofrecerá voluntariamente
en el día de tu poder.*

SALMOS 110:3 (LBLA)

¡*B*endito sea el Dios de gracia! Tiene un pueblo al que escogió en otro tiempo para que fuese su posesión particular. Por naturaleza los hijos de este pueblo tienen una voluntad tan rebelde como los demás hijos de Adán; pero cuando Dios manifiesta su poder, o cuando despliega su omnipotencia, dispone el corazón de ellos al arrepentimiento y a creer en Jesús. Nadie se salva contra su voluntad.

¡Que poder tan maravilloso es éste que nunca fuerza la voluntad, sino que la abre con una llave maestra que sólo Él sabe manejar!

Ahora estamos dispuestos a ser, obrar o sufrir lo que el Señor quiera. Si nos vemos tentados a rebelarnos, con solo venir Él, podremos correr por el camino de sus mandamientos con todo nuestro corazón. Que en este día, mi voluntad esté dispuesta a realizar un generoso esfuerzo para la gloria de Dios y el bien de mis semejantes. Señor, aquí estoy; sea hoy el día de tu poder. Estoy enteramente a tu disposición, deseoso de que te sirvas de mí para tus designios santos. Que nunca me vea obligado a exclamar: «Quiero hacer lo que es correcto, pero no puedo» (Romanos 7:18). Dame el poder como me das el querer.

21 de septiembre

BENDECIDOS EN
LAS PRUEBAS

Sabiendo que la tribulación produce paciencia.

ROMANOS 5:3 (LBLA)

En esencia, ésta es una promesa. La paciencia nos es necesaria y tenemos los medios para alcanzarla. Solo por medio del sufrimiento aprendemos a sufrir, como nadando aprendemos a nadar. No podríamos aprender este arte en tierra firme, como tampoco podemos aprender la virtud de la paciencia sin tribulación. ¿No vale la pena sufrir la tribulación para poder ganar esta serenidad de alma, que tranquilamente se somete a la voluntad de Dios?

Sin embargo, nuestro versículo establece un principio que es contrario a la ley natural. La contradicción, por sí misma, produce irritación, incredulidad y rebelión. La paciencia se produce en nosotros por la alquimia sagrada de la gracia. No trillamos el trigo para levantar polvo; pero en la era de Dios, así lo hace el trillo de la tribulación. No lanzamos a un hombre de aquí para allá para que descanse; sin embargo, así hace Dios con sus hijos. En verdad, no obran así los hombres, pero redunda en gloria de nuestro Dios que es sabio.

¡Ojalá pueda ser bendecido en mis pruebas! ¿Por qué me he de oponer a la obra de la gracia? Señor, te pido que quites mi aflicción, pero diez veces más te ruego que quites mi impaciencia. Salvador precioso, graba con tu cruz en mi corazón la imagen de tu paciencia.

ANCHO RÍO DE PROTECCIÓN

---

*Para nosotros el SEÑOR será el Poderoso. Será como
un ancho río de protección que ningún enemigo puede
cruzar; por el cual no puede navegar ningún barco enemigo.*

ISAÍAS 33:21

El Eterno quiere ser nuestro bien supremo, y en Él jamás encontraremos decepción alguna de las muchas que acompañan a las cosas de la tierra. Una ciudad está situada al lado de un ancho río, expuesta al ataque de las galeras y de otros barcos de guerra. Pero cuando el Señor manifiesta la abundancia de su bondad bajo este símbolo, Él se encarga de apartar todo el temor que esta figura pudiera sugerir. ¡Bendito sea un amor tan perfecto!

Señor, si Tú me envías riquezas a modo de grandes ríos, no permitas que jamás vea aparecer sobre sus olas los peligrosos barcos del mundo y del orgullo. Si me concedes salud en abundancia, y un carácter alegre, no permitas que «el barco enemigo» del descanso carnal suba por el río caudaloso. Si tengo éxito en mi ministerio, tan grande como el río Rin, que nunca tropiece con la galera de la vanidad y de la confianza en mí mismo. Si yo fuese tan sumamente feliz que año tras año gozara de la luz de tu rostro, que nunca desprecie yo a tus santos débiles, ni que la vana idea de mi propia perfección suba por los anchos ríos de mi completa seguridad. Señor, concédeme esta bendición que enriquece, y que no añade tristeza ni ayuda alguna al pecado.

SACUDIDOS PARA QUEDAR LIMPIOS

*Pues daré la orden y sacudiré a Israel junto con las
demás naciones como se sacude el grano en un cernidor,
sin embargo, ningún grano verdadero se perderá.*

AMÓS 9:9

El trabajo de sacudir sigue todavía. Dondequiera que vayamos, debemos ser limpiados y ceñidos. En todas las naciones el pueblo de Dios es probado «como se sacude el grano en un cernidor». A veces el diablo tiene el cernidor y nos sacude muy de prisa, con el fin de hacernos desaparecer para siempre. La incredulidad sabe también cómo agitar nuestros corazones y nuestro espíritu con temores que nos inquietan. A veces el mundo tiende una mano para ayudarla y nos agita a un lado y a otro con vigor. Y lo que es peor, la Iglesia, apóstata en gran parte, añade sus esfuerzos a este trabajo para que sus sacudidas sean más violentas todavía.

¡Enhorabuena, que prosiga! La paja será así separada del trigo. El trigo queda limpio de polvo y paja. ¡Cuán grande es la misericordia que se nos promete en este versículo: «ningún grano verdadero se perderá» Será guardado todo lo bueno, todo lo verdadero, todo lo precioso. Ninguno de los creyentes débiles se perderá, ni podrá perder nada que pueda llamarse pérdida. Tan preservados seremos en la sacudida, que por Cristo Jesús será para nosotros una verdadera ganancia.

LAS AGUAS DE VIDA

opq Vivirán cantidad de criaturas vivientes
por donde llegue el agua de este río.

Ezequiel 47:9

En la visión del profeta, las aguas de vida descendían al Mar Muerto, y llevaban la vida hasta aquel lago de aguas estancadas. Donde circula la gracia, llega inmediatamente la vida espiritual. La gracia procede soberanamente de la voluntad de Dios, del mismo modo que un río en todo su serpenteo sigue su propia voluntad, y dondequiera que entra no espera que la vida se manifieste en ella para correr, sino que por su propia corriente vivificadora produce la vida.

¡Ojalá se derramara por todas nuestras calles y anegara todos los bajos fondos! ¡Ojalá entrara ahora en mi casa y anegara todas sus habitaciones! Señor, que el agua de vida alcance en su corriente a mi familia, amigos, y que no pase sin tocarme a mí. De ella he bebido, como lo espero; en ella quisiera sumergirme y nadar. ¡Oh mi Salvador!, necesito la vida en mayor abundancia. Ven a mí, te suplico, hasta que toda mi alma y todo mi ser sean vivificados intensamente. Dios viviente, lléname de tu propia vida.

Soy una rama pobre y seca; ven y vivifícame para que como la vara de Aarón, pueda brotar, echar flores y llevar fruto para gloria tuya. Vivifícame, por el amor de mi Señor Jesús. Amén.

SACRIFICIO ACEPTADO

---

*Si el SEÑOR hubiera querido matarnos, no habría
aceptado nuestra ofrenda quemada ni nuestra ofrenda
de grano. No se nos hubiera aparecido, ni habría dicho
algo tan maravilloso, ni hecho estos milagros.*

JUECES 13:23

Hay aquí una promesa que la lógica nos impone. Es una deducción sacada de hechos probados. No era probable que Dios revelara a Manoa y a su esposa que tendrían un hijo, y que Él, sin embargo, tuviese el propósito de matarlos. La mujer razonaba bien, y nosotros podemos imitarla en sus argumentos.

El Padre ha aceptado el gran sacrificio del Calvario y Él mismo ha declarado su gran contentamiento con este sacrificio. ¿Cómo es posible que ahora nos quiera matar? ¿Por qué un sustituto, si el pecador debe perecer? El sacrificio aceptado de Cristo pone término a todo temor por nuestra parte.

El Señor nos ha mostrado nuestra elección, nuestra adopción, nuestra unión con Cristo, nuestras bodas con el Amado. ¿Cómo podrá, pues, destruirnos? Las promesas de Dios están llenas de bendiciones, las cuales, todas a una, exigen para su realización que seamos guardados para vida eterna. No es posible que el Señor nos deseche y al mismo tiempo cumpla su pacto. Lo pasado nos da seguridad y lo futuro la confirma. No moriremos, sino que viviremos, porque hemos visto a Jesús y en Él al Padre por la luz del Espíritu Santo, y con esta visión que nos da la vida, viviremos eternamente.

26 de septiembre

UN CAMINO DISTINTO DEL MUNDO

Veo a un pueblo que vive aislado,
apartado de las otras naciones.

NÚMEROS 23:9

¿Quién desearía habitar entre las naciones y ser contado entre ellos? La misma Iglesia que hace profesión de ser cristiana es tal, que incluso dentro de su seno resulta muy difícil seguir fielmente al Señor. Hay tanta confusión en ella, que muchas veces preferíamos vivir en una choza en medio de un desierto.

Es cierto que el Señor quiere que su pueblo siga un camino distinto del mundo y que salga de él con decisión y valentía. Por divino decreto hemos sido llamados, redimidos y puestos aparte, y nuestra experiencia interior nos testifica que somos diferentes de los hombres del mundo; por lo tanto, nuestro sitio no está en la «Feria de Vanidad», ni en la «Ciudad de Destrucción» [lugares mencionados en el *El progreso del peregrino* de Juan Bunyan], sino en el camino angosto por donde todo verdadero peregrino debe seguir a su Señor.

Esto, no solo hará que nos resignemos con la indiferencia y el desprecio de los hombres, sino que los aceptemos con gusto como parte que nos corresponde en el pacto. Nuestro nombre no está registrado en el mismo libro que los suyos: no somos de la misma descendencia, no estamos en el mismo sitio, ni tenemos el mismo guía. Es, pues, muy razonable que tampoco seamos del mismo número. Debemos contarnos entre los redimidos, y gozarnos de ser extraños hasta el final de nuestro viaje.

27 de septiembre

LUZ DIVINA EN LA OSCURIDAD

Enciendes una lámpara para mí. El SEÑOR, mi Dios, ilumina mi oscuridad.

SALMOS 18:28

Tal vez mi alma esté sentada en la oscuridad, y si ésta es espiritual, ningún poder humano podrá iluminarme. ¡Bendito sea Dios! Él puede iluminar mi oscuridad y encender inmediatamente mi lámpara. Aunque me vea cercado de «una oscuridad tan densa que podrá palparse» (Éxodo 10:21), sin embargo Dios puede disipar la oscuridad y hacerla luminosa a mi alrededor.

Su misericordia consiste en que si Él enciende mi lámpara, nadie la podrá apagar, ni tampoco se apagará por falta de aceite, ni se consumirá con el transcurso del tiempo. Las luces que el Señor encendió al principio, brillan todavía en el cielo nocturno. Tal vez sea necesario limpiar las lámparas del Señor, pero Él no las apaga.

Yo, pues, cantaré en la oscuridad como el ruiseñor. La espera me proporcionará la melodía y la esperanza elevará el tono, porque pronto brillará para mí la lámpara de Dios. Ahora estoy triste y abatido. Tal vez provenga este estado mío del tiempo, de mi debilidad corporal, o de alguna prueba inesperada; pero cualquiera que sea la causa de mi oscuridad, el Señor la disipará. Mis ojos están fijos solamente en Él. Pronto la lámpara del Señor arrojará su luz sobre mí; y más allá, a su tiempo, estaré donde no necesitaré de ninguna lámpara, ni de la luz del sol. ¡Aleluya!

ENTREMOS EN SU REPOSO

*Así que todavía hay un descanso especial
en espera para el pueblo de Dios.*

HEBREOS 4:9

Dios ha preparado un reposo en el cual todos podemos entrar. Aquellos a quienes primero fue anunciado no entraron a causa de su incredulidad. Por tanto, este descanso es ofrecido al pueblo de Dios. David lo cantó, pero tuvo que contentarse con el tono menor porque Israel rechazó el reposo de Dios. Josué no pudo darlo, ni tampoco Canaán. Queda, pues, para los creyentes.

Ven, y esforcémonos por entrar en este reposo. Dejemos a un lado el fatigoso camino del pecado y del egoísmo. Dejemos incluso esas obras de las cuales se podría decir: son buenas «en gran manera». ¿Tenemos tales obras? Aunque fuera así, descansemos de ellas, como lo hizo Dios de las suyas. Busquemos el descanso en la obra consumada de nuestro Señor Jesucristo. Todo en Él está perfectamente cumplido; la justicia no pide más. Una gran paz es nuestra herencia en Jesús.

En cuanto a las demás cosas, como la obra de la gracia en nuestra alma y la obra de Dios en el alma de los otros, dejémoslo en manos del Señor y descansemos en Él. Cuando el Señor pone un yugo sobre nosotros, lo hace de tal manera que, al llevarlo, encontremos reposo. Por fe entramos en el reposo de Dios y renunciamos a encontrar este descanso en nuestra satisfacción personal o en nuestra pereza. Jesús es el reposo perfecto cuando llena nuestro corazón.

LA ENSEÑANZA DEL ESPÍRITU

*Me glorificará porque les contará
todo lo que reciba de mí.*

JUAN 16:14

El Espíritu Santo no puede glorificar a Cristo de un modo más excelente que mostrándonos al mismo Cristo. Jesús es su mejor recomendación. No se le puede adornar sino con su propio oro.

El Consolador nos manifiesta lo que Él ha recibido de nuestro Señor Jesucristo. Nada podemos ver con claridad si Él no nos lo revela. Tiene un método especial para iluminar nuestros entendimientos y para abrirnos las Escrituras y anunciarnos por este medio al Señor Jesús. Se necesita mucho arte para presentar un asunto, y aquí está en su mayor perfección el secreto del Espíritu de verdad. Él nos presenta las cosas como son y como por experiencia lo saben todos cuantos han sido visitados por estas celestiales visiones.

Busquemos la luz del Espíritu, no tanto para satisfacer nuestra curiosidad o para buscar consuelo espiritual, sino para glorificar al Señor Jesús. ¡Ojalá tuviéramos ideas claras acerca de Él! Conceptos indignos deshonran a nuestro precioso Salvador. ¡Ojalá tuviésemos una impresión viva de su persona, de su obra y de su gloria, de modo que con toda el alma y corazón prorrumpiéramos en alabanzas! Donde hay un corazón enriquecido por las enseñanzas del Espíritu Santo, allí el Salvador será glorificado en gran manera. Ven, Espíritu Santo, luz divina, y muéstranos a Jesucristo, nuestro Señor.

UNA BOCA BIEN ABIERTA

Abre bien tu boca, y la llenaré de cosas buenas.

SALMOS 81:10

¡Qué estímulo para la oración! Nuestras nociones humanas nos inducirían a pedir cosas pequeñas, porque nuestros méritos son pequeños. La oración debería ser una cosa tan sencilla como abrir la boca; una expresión natural y espontánea. Cuando una persona es fervorosa, abre bien su boca; y este versículo nos enseña a ser fervientes en nuestras oraciones.

Pero también significa que podemos tener confianza en Dios y pedir que sus manos derramen grandes bendiciones sobre nosotros. Lee todo el versículo y comprenderás la razón: «Pues fui yo, el SEÑOR tu Dios, quien te rescató de la tierra de Egipto. Abre bien tu boca, y la llenaré de cosas buenas». Puesto que el Señor nos ha dado tanto, nos invita a pedir más y a esperar más todavía.

Observa cómo los pajarillos en sus nidos abren su pico cuando la madre viene a alimentarlos. Hagamos nosotros lo mismo, para que recibamos la gracia por todas las puertas de nuestra alma, a la manera que la esponja absorbe el agua en la que está inmersa. Dios está dispuesto a llenarnos, siempre que nosotros lo estemos para ser llenados. Que nuestras necesidades nos hagan abrir la boca: nuestro cansancio para suspirar con ansia; nuestros miedos para gritar como un niño. La boca abierta será llenada por el mismo Señor. Que así sea con nosotros desde el día de hoy.

1 de octubre

DIOS SE ACUERDA
DE SU PACTO

Da alimento a los que le temen; siempre recuerda su pacto.

SALMOS 111:5

*Q*uienes temen a Dios no tienen por qué temer la pobreza. A través de muchos años, siempre ha encontrado el Señor la manera de alimentar a sus hijos: cuando estuvieron en Egipto, junto al arroyo de Querit, en la cautividad, o cercados por el hambre. Hasta el presente, nos ha dado el Señor, día tras día, el pan cotidiano, y no dudamos que seguirá alimentándonos hasta que no tengamos necesidad.

En cuanto a las bendiciones más excelentes del pacto de gracia, nunca cesará de derramarlas sobre nosotros según nuestras necesidades. Se acuerda del pacto que hizo con nosotros, y nunca actúa como si se hubiera arrepentido de haberlo hecho. Se acuerda del pacto cuando le provocamos a destruirnos. Se acuerda de amarnos, de guardarnos y consolarnos, y se ha comprometido a hacerlo. Se acuerda hasta de la última tilde de sus compromisos, no olvidando ninguna de sus palabras.

Nosotros, por desgracia, nos olvidamos de nuestro Dios, pero Él, en su misericordia, no se olvida de nosotros. No puede olvidarse de su Hijo, que es el fiador del pacto, ni de su Espíritu Santo, que lo realiza, ni de su propia gloria que está incluida en el pacto. Por tanto, el fundamento de Dios está firme, y ningún creyente perderá la herencia divina que le pertenece por derecho del pacto.

NOS SACARÁ DE ESTA TIERRA

José les dijo a sus hermanos: «Yo pronto moriré pero ciertamente Dios los ayudará y los sacará de esta tierra de Egipto. Él los hará volver a la tierra que solemnemente prometió dar a Abraham, a Isaac y a Jacob».

GÉNESIS 50:24

José había sido para sus hermanos la providencia personificada. Todos nuestros Josés mueren, y todos los consuelos con ellos. Después de la muerte de José, Egipto no se portó igual con Israel, ni tampoco el mundo se porta con nosotros del mismo modo que cuando vivían nuestros seres queridos.

Pero mira de qué forma fue aliviada la triste pena de su muerte. Recibieron la promesa de que el Dios viviente los visitaría. ¡Una visita del Señor! ¡Qué consuelo! ¡Qué cielo en la tierra! Oh, Señor, visítanos hoy, aunque en verdad no somos dignos de que entres en nuestra morada.

Y se les prometió algo más: el Señor los sacaría de la tierra. Encontrarían en Egipto una acogida fría después de la muerte de José; más aún, vendría a ser para ellos una casa de siervos. Pero no lo sería para siempre; saldrían por una liberación divina y marcharían a la tierra prometida. Nuestras lágrimas no serán eternas. Seremos llamados al hogar de la gloria para juntarnos allí con nuestros seres queridos. Por lo tanto, «anímense unos a otros con estas palabras» (1 Tesalonicenses 4:18).

MIREMOS MÁS LEJOS Y MÁS ALTO

En cuanto a mí, en justicia contemplaré tu rostro;
al despertar, me saciaré cuando contemple tu imagen.

SALMOS 17:15 (LBLA)

La heredad de las gentes del mundo alimenta sus cuerpos y enriquece a sus hijos; pero la heredad del creyente es de otra clase. Los hombres del mundo tienen su tesoro en la tierra, pero los hombres del siglo venidero miran más lejos y más alto.

Nuestra posesión es doble. Tenemos la presencia de Dios aquí, y su semejanza, después. Aquí vemos el rostro del Señor en justicia, porque en Cristo Jesús somos justificados. ¡Qué gozo ver el rostro de un Dios reconciliado! La gloria de Dios, vista en el rostro de Jesucristo, nos trae el cielo a la tierra; pero allá arriba será el cielo de los cielos.

Hay más todavía: seremos transformados en aquello que contemplamos. Dormiremos algún tiempo, y después despertaremos para convertirnos en espejos que reflejen la gloria de nuestro Señor. La fe ve a Dios con una mirada que transforma. El corazón recibe la imagen de Jesús en todas sus profundidades, y su carácter queda impreso en el alma. Esta es una verdadera satisfacción. Ver a Dios y ser semejante a Él. ¿Qué más podré desear? La confianza cierta de David se trocó, por el Espíritu Santo, en una promesa del Señor. La creo, la espero. Señor, concédemela. Amén.

PODER DE ATRACCIÓN

Y, cuando yo sea levantado de la tierra,
atraeré a todos hacia mí.

JUAN 12:32

Vengan, obreros del Evangelio, y cobren ánimo. Temen que no les será posible llevar a Él una congregación. Intenten predicar a un Salvador crucificado, resucitado y que ha subido a los cielos, porque éste es el mayor atractivo que puede ser presentado a los hombres. ¿Quién los llevará a Cristo sino Cristo mismo? ¿Qué les atrae a Él sino su sagrada persona? Si han sido atraídos a la religión por otra cosa, pronto se apartarán de ella. Jesús les ha retenido y les retendrá hasta el fin. ¿Por qué, pues, dudan ustedes de poder atraer a otros? Vayan en nombre de Jesús a los que hasta el presente se han manifestado reacios y prueben si con esto logran atraerlos.

Ningún hombre se halla fuera del alcance de este poder de atracción. Viejos y jóvenes, ricos y pobres, ignorantes y sabios, depravados y rectos, todos sentirán su poderosa atracción. Jesús es el único imán. No busquen otros. La música no llevará a los hombres a Jesús, ni tampoco la elocuencia, ni la lógica, ni la liturgia, ni los aparatos. Es Jesús quien debe atraerlos, y Él es poderoso para cumplir con esta tarea en todo tiempo y lugar. No se dejen arrastrar por la charlatanería moderna; trabajen como obreros en la viña del Señor, y utilicen sus propios medios, y sírvanse de las redes de Cristo. Atraigan a Cristo y atraigan por Cristo, porque Cristo atraerá a todos por medio de ustedes.

POR MANDATO DEL CIELO

Entonces el remanente que quedó en Israel ocupará su lugar entre las naciones. Será como rocío enviado por el SEÑOR o como lluvia que cae sobre la hierba, la cual nadie puede controlar ni hacer que se detenga.

MIQUEAS 5:7

Si esto es verdadero con respecto a Israel, mucho más lo será en lo que se refiere al Israel espiritual, al pueblo creyente de Dios. Cuando los santos son lo que deben ser, constituyen una verdadera bendición para todos aquellos que les rodean.

Son como el rocío, porque de una manera tranquila y reposada refrescan a todos los que están a su alrededor. Silenciosa, pero eficazmente, cumplen un ministerio en su favor y contribuyen al gozo y crecimiento de los que conviven con ellos. Recién venidos del cielo y reluciendo como diamantes al sol, los buenos se cuidan de los débiles y de los pequeños, de modo que hasta una brizna de hierba tiene su gota de rocío. Son menudas individualmente, es cierto, pero, unidas, son suficientes para las obras que el Señor se propone realizar en ellas. Las gotas de rocío pueden regar campos inmensos. ¡Haznos, Señor, como el rocío!

Los hijos de Dios son como las lluvias, que vienen por mandato del cielo sin el consentimiento ni la autorización del hombre. Trabajan por Dios, quiéranlo o no los hombres; a nadie piden permiso, como no lo piden las lluvias. Señor, haznos intrépidos y libres en tu servicio dondequiera que sea echada nuestra suerte.

6 de octubre

UN GUÍA PARA CONOCER
TODA LA VERDAD

Cuando venga el Espíritu de verdad,
él los guiará a toda la verdad.

JUAN 16:13

La verdad es como una profunda gruta en la que deseamos entrar, pero no podemos atravesarla solos. La entrada es clara y brillante; pero si quisiéramos entrar más adentro y explorar todos sus rincones, necesitaríamos un guía; de lo contrario nos perderíamos. El Espíritu Santo, que conoce perfectamente toda la verdad, es el guía señalado a todos los creyentes, y Él los conduce en la medida en que son capaces de ser conducidos, de un rincón a otro, para que vean las cosas profundas de Dios y para que les sean revelados sus secretos.

¡Qué promesa tan grande para un entendimiento humilde e investigador! Todos deseamos conocer la verdad y entrar en ella. Tenemos conciencia de que estamos sujetos a error, y sentimos la necesidad urgente de un guía. Nos regocijamos de que el Espíritu Santo haya venido y que more entre nosotros. Consiente en ser nuestro guía, y nosotros aceptamos complacidos su dirección. Deseamos saber «toda la verdad» para no ser parciales y desequilibrados. No quisiéramos ser voluntariamente ignorantes de ninguna parte de la revelación, no sea que por esta ignorancia perdamos una bendición y caigamos en el pecado. El Espíritu de Dios ha venido para guiarnos en toda la verdad. Escuchemos obedientes sus palabras y sigamos su dirección.

7 de octubre

JESÚS ACUDE A LA CITA

*Jesús va delante de ustedes a Galilea. Allí lo verán,
tal como les dijo antes de morir.*

MARCOS 16:7

Allí donde convocó a sus discípulos, allí estaría Jesús a su tiempo. Jesús acude a la cita. Si promete encontrarnos ante el trono de la gracia, en el culto, en los sacramentos, podemos estar seguros de que allí estará Él. Por culpa nuestra podemos ausentarnos del puesto que se nos ha señalado, pero Él nunca se ausenta. «Donde se reúnen dos o tres en mi nombre, yo estoy allí entre ellos» (Mateo 18:20); no dice: «yo estaré allí», sino «yo estoy allí».

Jesús siempre es el primero en acudir a la cita. «Jesús va delante de ustedes». Su corazón está con su pueblo; se goza con los suyos y nunca tarda en hacerse el encontradizo. Siempre es Él quien se nos adelanta.

Pero, además, se revela a los que le siguen: «Allí lo verán». ¡Qué visión tan gozosa. Poco nos importa dejar de ver a los hombres más ilustres, pero si vemos a Él, estamos llenos de gozo y de paz. Y ciertamente le veremos porque Él promete venir a los que creen en Él, y manifestarse en ellos. Podemos estar seguros de que será así, porque siempre obra en conformidad con sus palabras: «tal como les dijo». Apropiémonos estas últimas palabras, y confiemos en que hasta el fin Él hará con nosotros «tal como dijo».

NUNCA DESAMPARADOS

Nunca más volverán a llamarte «Desamparada».

ISAÍAS 62:4 (RVC)

«*D*esamparada» es una palabra triste. Suena como cuando las campanas tocan para los difuntos. Es el recuerdo de las penas más amargas y el presagio de males espantosos. Un abismo de miseria se abre en esta palabra: «desamparada». ¡Desamparado por quien empeñó su palabra! ¡Desamparado de un amigo probado y en quien hemos confiado! ¡Desamparado de un pariente querido! ¡Desamparado de un padre, de una madre! ¡Desamparado de todos! ¡Terrible desgracia! Y, sin embargo, puede ser tolerada con paciencia si el Señor nos acoge.

Pero ¿qué gran desastre será verse desamparado de Dios? Piensa en aquel grito, el más amargo de todos: «Dios mío, Dios mío, ¿por qué me has desamparado?» ¿Hemos probado jamás el ajenjo y la hiel de haber sido así desamparados? En tal caso, roguemos a nuestro Señor que no incurramos nuevamente en tan indecible angustia. ¡Que tal oscuridad no vuelva jamás! Alguien dijo en cierta ocasión a un siervo de Dios: «Dios lo ha abandonado. Vayamos y agarrémoslo» (Salmos 71:11). Pero Dios hará que nuestros crueles enemigos se equivoquen o que guarden silencio. Todo lo contrario es esta magnífica palabra «Hefzi-bá», «mi deleite está en ella». Esto cambia el llanto en alegría. Los que creían estar desamparados, oigan lo que dice el Señor: «Nunca te fallaré. Jamás te abandonaré» (Hebreos 13:5).

SANTIFICADOS POR LA SANGRE

Después el sacerdote pondrá un poco de la sangre en los cuernos del altar del incienso aromático que está en la presencia del SEÑOR dentro del tabernáculo.

LEVÍTICO 4:7

El altar del incienso es el lugar donde presentan los santos sus oraciones y alabanzas; y nos place pensar que ha sido rociado con la sangre del gran sacrificio. Esto es lo que hace aceptable delante de Dios nuestro culto: ve la sangre de su Hijo, y, por tanto, acepta nuestros homenajes.

Fijemos nuestra mirada en la sangre de este sacrificio único por el pecado. Este se mezcla aun en las cosas más santas, y nuestro arrepentimiento, nuestra fe y oración, nuestras acciones de gracias no serían agradables a Dios si no fuera por el valor del sacrificio expiatorio. Muchos hablan con desprecio de «la sangre»; pero para nosotros es la base de todo consuelo y esperanza. Lo que está sobre los cuernos del altar debería estar ante nuestros ojos cuando nos acercamos a Dios. La sangre nos da fuerzas para orar; por eso está sobre los cuernos del altar. Se halla «en la presencia del SEÑOR», y por eso debe estar delante de nosotros. Está sobre el altar antes que traigamos el incienso. ¡Está allí para santificar nuestras ofrendas!

Ven, oremos con confianza, ya que la víctima es ofrecida; su mérito ha sido invocado, la sangre está dentro del velo, y las oraciones de los creyentes han de ser agradables al Señor.

LA PUERTA ABIERTA DE LA COMUNIÓN CON DIOS

Te he abierto una puerta que nadie puede cerrar.

APOCALIPSIS 3:8

Los santos que permanecen fieles a la verdad de Dios tienen una puerta abierta delante de sí. Alma mía, tú estás decidida a vivir y morir por lo que el Señor ha revelado en su Palabra, y, por lo tanto, delante de ti hay una puerta abierta.

Entraré por la puerta abierta de la comunión con Dios. ¿Quién me la negará? Jesús ha borrado mis pecados y me ha revestido de su justicia; por eso puedo entrar libremente. Señor, lo hago así por tu gracia.

También tengo delante de mí una puerta abierta para entrar en los misterios de la Palabra; puedo entrar en las profundidades de Dios. La elección, la unión con Cristo, la segunda venida, todos estos misterios están delante de mí y en ellos puedo gozarme. Para mí no está cerrada ninguna promesa, ninguna doctrina.

Una puerta abierta está delante de mí en el servicio de la oración privada y en el servicio público. Dios me oirá y se servirá de mí. Una puerta abierta está ante mí para señalarme el camino a su Iglesia celestial, y para mi comunión diaria con los santos de la tierra. Algunos tal vez pretendan encerrarme o prohibirme la entrada; pero será en vano.

Pronto veré la puerta abierta en el cielo; la puerta de perlas será mi camino de entrada: entraré a mi Señor y mi Rey, y estaré eternamente con Dios.

LIBRES PARA VIAJAR

*Yo los fortaleceré en el SEÑOR, y en su nombre
andarán —declara el SEÑOR.*

ZACARÍAS 10:12 (LBLA)

Este es un motivo de consuelo para los creyentes enfermos. Se sienten débiles y temen que nunca jamás se levantarán del lecho de la duda y del temor; pero el gran Médico puede hacer desaparecer la enfermedad y alejar la debilidad que de ella se sigue. Esto lo llevará a cabo del mejor modo posible, porque será «en el SEÑOR». Es mucho mejor que nuestra confianza esté en Dios que no en nosotros mismos. Si está en Dios, produce comunión; si en nosotros, orgullo. En nosotros sería limitada; en Dios no tiene límites.

Cuando se le da fortaleza, el creyente hace uso de ella. Camina en el nombre del Señor. ¡Qué gozo causa poder caminar después de haber sufrido una enfermedad! ¡Y qué consuelo confortarnos en el Señor después de una larga postración! El Señor permite caminar a su pueblo, y le ofrece oportunidad para el ejercicio de esa libertad. Él nos hace nobles: no somos esclavos que nunca pueden descansar, ni ver nada, sino libres para viajar cómodamente por todo el país de Emanuel.

Ven, alma mía, cesa de estar enferma y triste. Jesús te manda que te esfuerces, y que andes con tu Dios en santa contemplación. Obedece su palabra de amor.

LA VERDADERA CIRCUNCISIÓN

---

*Además, el SEÑOR tu Dios circuncidará tu
corazón y el corazón de tus descendientes, para
que ames al SEÑOR tu Dios con todo tu corazón
y con toda tu alma, a fin de que vivas.*

DEUTERONOMIO 30:6 (LBLA)

Aquí nos habla el Señor de la verdadera circuncisión. Observa que dice: «el SEÑOR tu Dios». Sólo Él puede obrar con eficacia en el corazón y quitar de él todo lo carnal y manchado. El que amemos a Dios con todo nuestro corazón y con toda nuestra alma es un milagro de la gracia que sólo el Espíritu Santo puede realizar. Para esto, solo hemos de mirar al Señor, y solo esto ha de satisfacernos.

Fíjate dónde se hace esta circuncisión. No es en la carne, sino en el espíritu. Es la marca esencial del pacto de gracia. El amor de Dios es la señal indeleble de la simiente escogida; por medio de esta señal secreta, es confirmada en el creyente la elección de la gracia. Miremos que nuestra confianza no esté puesta en ningún rito externo, sino que seamos sellados en el corazón por la operación del Espíritu Santo.

Observa, finalmente, el resultado: «a fin de que vivas». La intención de la carne es muerte. Venciendo a la carne, tenemos vida y paz. Si andamos en el Espíritu, viviremos. Quiera el Señor Dios nuestro cumplir en nosotros su palabra para que, en el sentido más perfecto y más elevado, podamos vivir para el Señor.

UNA PROMESA TRIPLE

Pero si mi pueblo, que lleva mi nombre, se humilla y ora, busca mi rostro y se aparta de su conducta perversa, yo oiré desde el cielo, perdonaré sus pecados y restauraré su tierra.

2 CRÓNICAS 7:14

Aunque llamados con el nombre del Señor, no por eso estamos menos sujetos a descarriarnos. ¡Cuán bueno es que nuestro Dios sea tan propicio a perdonar! Si hemos pecado, acudamos al trono de su gracia para pedir perdón.

Debemos humillarnos. ¿Por qué no ser humildes después de habernos manifestado tanto amor? ¡Oh, Señor, nos inclinamos hasta el polvo en tu presencia y confesamos nuestra negra ingratitud. ¡Cuánta infamia hay en el pecado! ¡Infamia siete veces peor en los que, como nosotros, han sido favorecidos!

Debemos pedir misericordia para ser limpios y redimidos del poder del pecado. ¡Oh, Señor, escúchanos y no cierres tus oídos a nuestro clamor!

En esta oración debemos buscar el rostro del Señor. Él nos ha dejado a causa de nuestras culpas, y hemos de rogarle que vuelva. ¡Oh, Señor, míranos en la persona de tu Hijo Jesús, y ten misericordia de tus siervos!

Todo esto debe ir acompañado del propósito de apartarnos del mal. Dios no puede volver hacia nosotros si no dejamos el pecado.

De este modo tenemos la promesa triple de que nos oirá, perdonará y restaurará. Padre nuestro, concédenos estas cosas en este momento, por el amor de nuestro Señor Jesucristo.

SIN NINGUNA VERGÜENZA

Por tanto, todo el que me confiese delante
de los hombres, yo también le confesaré delante
de mi Padre que está en los cielos.

MATEO 10:32 (LBLA)

¡Preciosa promesa! Es para mí un gozo confesar a mi Señor. Cualesquiera que sean mis culpas, no me avergüenzo de Jesús, ni temo confesar la doctrina de la cruz. ¡Oh, Señor, no he ocultado tu justicia en mi corazón!

¡Cuán hermosa es la perspectiva que este texto descubre ante mis ojos! Los amigos nos dejan y los enemigos triunfan; pero el Señor no negará a su siervo. Mi Señor me reconocerá incluso aquí, y me dará nuevas señales de su misericordia. Llegará el día en que estaré delante del Padre. ¡Qué gozo pensar que Jesús me confesará entonces! Él dirá: «Éste verdaderamente confió en mí, y estaba pronto a ser vituperado por amor de mi nombre; por lo tanto, le reconozco como uno». Un hombre fue nombrado caballero y la reina le entregó la insignia adornada con piedras preciosas. Pero, ¿qué valor tiene todo esto? Será una honra sobre toda honra que el Señor Jesús nos confiese ante la divina Majestad en los cielos. Que nunca tenga yo vergüenza de confesar a mi Señor; nunca guarde yo un silencio culpable, ni adquiera un compromiso complaciente. ¿Me avergonzaré de confesar a quien ha prometido reconocerme?

ALIMENTO ESPIRITUAL

*Yo vivo gracias al Padre viviente que
me envió; de igual manera, todo el que se
alimente de mí vivirá gracias a mí.*

JUAN 6:57

Vivimos por la virtud de nuestra unión con el Hijo de Dios. Como Dios-hombre y Mediador, Jesús vive por el Padre que lo envió, de la misma manera que nosotros vivimos por el Salvador que nos ha vivificado. Quien nos ha dado la vida, también la conserva. La vida se sustenta por el alimento. Debemos sustentar nuestra vida espiritual con alimento espiritual; ese alimento es Jesús. Y no es tan sólo su vida, su muerte, sus obras y sus palabras, sino Él mismo que emprende todo esto. Nos nutrimos del propio Jesús.

Esto tiene lugar para nosotros no sólo cuando participamos de la Cena del Señor, sino también cuando meditamos en Él, creemos en Él con fe viva, le recibimos con amor, y asimilamos su persona por el poder de la vida interior. Sabemos lo que es alimentarnos de Jesús, pero no podemos explicarlo. Lo mejor es ponerlo cada día más en práctica. Nos manda que comamos en abundancia, y para nosotros será infinitamente provechoso hacerlo así por cuanto Jesús es nuestra comida y nuestra bebida.

Señor, te doy gracias porque esto que es necesidad de mi nueva vida, es también mi mayor delicia. Así, ahora, me alimento de ti.

16 de octubre
LA UNIDAD CON ÉL

Dado que yo vivo, ustedes también vivirán.

JUAN 14:19

*L*a vida de los creyentes es tan segura como la del mismo Jesús. Con la misma seguridad en que vive la cabeza, vivirán los miembros. Si Jesús no ha resucitado de los muertos, estamos muertos en nuestros delitos, pero puesto que ha resucitado, los creyentes han resucitado también en Él. Su muerte ha borrado todas nuestras rebeliones y desatado los lazos que nos tenían sujetos a la sentencia de muerte. Su resurrección prueba nuestra justificación: hemos sido absueltos, y su misericordia nos dice: «el SEÑOR te ha perdonado, y no morirás».

Jesús hace que la vida de los suyos sea tan eterna como la suya. ¿Cómo pueden morir mientras Él vive, siendo una sola cosa con Él? Jesús ya no muere, y la muerte no tiene dominio alguno sobre su persona, por eso sus hijos ya no volverán al sepulcro de sus viejos pecados, sino que vivirán para el Señor en novedad de vida. ¡Oh, creyente!, cuando te halles en gran tentación y temas caer en manos de tus enemigos, consuélate con estas palabras. Nunca perderás la vida espiritual porque está escondida con Cristo en Dios. No dudas de la inmortalidad del Señor; por tanto, no pienses que te dejará morir estando como estás unido con Él. La razón de tu vida es su vida, de la cual no debes temer. Descansa, pues, en tu Señor viviente.

17 de octubre

EL TEMOR A LA PALABRA

———

El que teme el mandamiento será recompensado.

PROVERBIOS 13:13 (LBLA)

El temor respetuoso de la Palabra de Dios es en gran manera despreciado. Piensan los hombres ser más sabios que la Palabra de Dios y la juzgan. «Como yo temía a Dios, no actué de esa manera» (Nehemías 5:15). Aceptamos el libro divino como infalible y demostramos nuestra estimación con nuestra obediencia. Nuestro temor a la Palabra es un temor filial. No nos espantan sus castigos porque tememos sus mandamientos.

Este santo temor de los mandamientos nos proporciona el reposo de la humildad que es más dulce que el atrevimiento del orgullo. Viene a ser para nosotros como un guía de nuestros pasos, un freno cuando descendemos y un estímulo cuando subimos. Guardados del mal y guiados en justicia por la obediencia a sus preceptos, obtenemos tranquilidad de conciencia, la liberación del temor y la seguridad de ser agradables a Dios; en una palabra, el cielo en la tierra. Los impíos pueden ridiculizar nuestro profundo respeto por la Palabra de Dios, pero ¿qué importa?

El premio de nuestra soberana vocación es para nosotros un gran consuelo y la recompensa de nuestra obediencia nos hace desdeñar los menosprecios de los burladores.

18 de octubre
SEMBRAR CON LÁGRIMAS

*Los que siembran con lágrimas
cosecharán con gritos de alegría.*

SALMOS 126:5

Las estaciones de lluvia son propicias para la siembra; un sol excesivo endurece la tierra demasiado. El grano mojado con las lágrimas de una sincera solicitud brotará antes. Las lágrimas saladas de la oración darán sabor al grano bueno y lo preservarán del gusano. La verdad hablada con sincera solemnidad tiene doble vida. Por consiguiente, en lugar de interrumpir nuestra siembra a causa de nuestras penas, redoblemos nuestros esfuerzos, porque éste es el tiempo propicio.

Nuestra semilla celestial no puede ser sembrada con risas. La tristeza y ansiedad acerca de las almas de los demás son un acompañamiento de la enseñanza sagrada más provechoso que si se dice con ligereza. Hemos oído hablar de hombres que salieron gozosos a la guerra, pero fueron vencidos; en general, sucede así con los que siembran de esta manera.

Ven, alma mía, siembra con lágrimas porque tendrás una cosecha de gozo: pronto segarás. Tú mismo verás el resultado de tu trabajo. La cantidad que recogerás será tan abundante que desbordará tu alegría, algo que no pasaría si la cosecha fuera pobre y mezquina. Cuando tus ojos están tristes y llenos de lágrimas, piensa en el trigo dorado. Soporta gozoso el trabajo y los contratiempos, porque la recompensa será grande.

19 de octubre

A LOS QUE AMA, CASTIGA

Te castigaré con justicia.

JEREMÍAS 30:11 (LBLA)

Si nunca fuéramos castigados, sería mala señal. Por parte de Dios significaría: «se ha unido a los ídolos; déjalo» (Oseas 4:17, LBLA). Quiera el Señor que nunca sea nuestra herencia. Una prosperidad continua debe hacernos temblar. Aquellos a quienes Dios ama tiernamente, los reprende y castiga; a los que no ama les deja engordar como bueyes destinados al matadero. Dios castiga a sus hijos únicamente por amor.

Sin embargo, nota que la corrección es con medida: Dios da su amor sin limitación, pero el castigo con medida. El israelita, bajo la ley, no podía recibir más de cuarenta azotes menos uno lo cual obligaba a contar con exactitud y a limitar el sufrimiento. Así sucede con cada miembro afligido del pueblo de la fe: cada azote está contado. Nuestro castigo se ajusta a la medida de la sabiduría, de la simpatía y del amor. Lejos de nosotros toda idea de rebelarnos contra los secretos divinos.

Señor, si Tú estás a mi lado para contar las gotas amargas de la copa de mi dolor, a mí me toca tomarla de tu mano con alegría, y beberla según tu mandato, diciendo: «Que se cumpla tu voluntad» (Mateo 6:10).

SALVADOS DE TODOS NUESTROS PECADOS

El salvará a su pueblo de sus pecados.

MATEO 1:21

¡Señor, sálvame de mis pecados! Por el nombre de Jesús, me da confianza para orar. Sálvame de mis pecados pasados para que no me tenga cautivo el hábito de cometerlos. Sálvame de los pecados de mi naturaleza para que no sea esclavo de mi propia debilidad. Sálvame de los pecados que siempre tengo delante de mi vista para que me inspiren el horror de cometerlos. Sálvame de mis pecados ocultos, de los cuales no me doy cuenta a causa de mi poca luz. Sálvame de mis pecados repentinos para que no resbale ante el ímpetu de la tentación. Sálvame, Señor, de todo pecado, y que ninguna iniquidad se enseñoree de mí.

Sólo Tú puedes hacerlo. No puedo romper mis propias cadenas, ni vencer a mis enemigos. Tú sabes lo que es la tentación, porque fuiste tentado; sabes lo que es el pecado porque llevaste su peso; sabes cómo socorrerme en la hora de mi conflicto. Puedes salvarme de pecar y puedes salvarme cuando ya he pecado. Tu mismo nombre encierra la promesa de que así lo harás, y te ruego que cumplas hoy en mí esta profecía. No permitas que ceda yo al malhumor, al orgullo, al desaliento o a cualquier otra clase de pecado; sálvame en santidad de vida para que el nombre de Jesús sea abundantemente santificado en mí.

LA TABLA DE MULTIPLICAR DEL SEÑOR

El más pequeño llegará a ser un millar,
y el más insignificante una nación poderosa.
Yo, el SEÑOR, a su tiempo lo apresuraré.

Isaías 60:22 (LBLA)

*L*as obras dedicadas al Señor comienzan muchas veces por poca cosa, y no por eso tienen menos valor. La debilidad educa la fe acerca de las cosas de Dios y glorifica su nombre. El grano de mostaza es la más pequeña de todas las semillas, y, sin embargo, se hace un gran árbol y vienen las aves del cielo y hacen en él sus nidos. Comencemos con uno, «el más pequeño», y con todo «llegará a ser un millar». El Señor se muestra grande en el día de la multiplicación. ¡Cuántas veces decía a su siervo: «te multiplicaré»! Confíen en el Señor los que son pocos, porque Él estará en medio de ustedes si están congregados en su nombre.

«El más insignificante». ¡Quién más despreciable a los ojos de aquellos que miran solo a los números y a la grandeza! Sin embargo, este es el núcleo de un pueblo grande. Al anochecer, brilla primero una estrella, pero pronto aparece el cielo adornado de innumerables luceros. Y no pensemos que esta promesa de crecimiento está todavía lejana, dice el Señor: «Yo, el SEÑOR, a su tiempo lo apresuraré». No habrá precipitación prematura como a veces lo vemos en reuniones sensacionales; será a su tiempo, sin embargo, no habrá tardanza. Cuando el Señor se apresura, su prontitud es gloriosa.

CON LAS PROPIAS PALABRAS DE DIOS

*Tú, oh Señor DIOS, has hablado y con tu bendición
será bendita para siempre la casa de tu siervo.*

2 Samuel 7:29 (lbla)

David se apoya en esta promesa y nos da una doble lección. Todo lo que Dios ha dicho es verdadero y podemos servirnos de sus declaraciones para presentarlas delante de su trono. ¡Cuán bueno es poder citar a Dios sus propias palabras como lo hace David en este versículo!

Oramos no porque dudemos, sino porque creemos. Orar sin fe es indigno de los hijos de Dios. Señor, no podemos dudar de ti: estamos persuadidos de que toda palabra tuya es un fundamento firme que alienta nuestras más atrevidas esperanzas. A ti recurrimos diciendo: «Haz lo que prometiste» (2 Samuel 7:25). Bendice la casa de tus siervos; sana a nuestros enfermos, salva a los indecisos; atrae a los perdidos; confirma a los que viven en temor. Señor, danos alimento y vestido según tu palabra. Prospera nuestros esfuerzos, sobre todo los que van dirigidos a la extensión de tu Evangelio en nuestra vecindad. Haz que nuestros sirvientes sean hijos tuyos, y nuestros hijos sean tus hijos. Que tu bendición descienda sobre las generaciones venideras, y que, mientras vivan nuestros descendientes, permanezcan fieles.

¡Oh, Señor, Dios nuestro, «con tu bendición será bendita para siempre la casa de tu siervo».

UNA COSECHA PARA LOS SEMBRADORES DE LUZ

———— ◆ ————

Luz se ha sembrado para el justo, y alegría
para los rectos de corazón.

SALMOS 97:11 (LBLA)

Muchas veces la rectitud cuesta muy cara a los que la siguen en todo momento; pero a la larga, acaba por ser remuneradora y produce inmensos beneficios. Una vida santa es como la semilla: queda en apariencia enterrada y destruida y nunca podrá ser recuperada. Nos equivocamos si esperamos una cosecha inmediata; el error es muy natural, porque parece imposible enterrar la luz. Sin embargo, la luz «se ha sembrado» según reza el versículo. Está oculta; nadie la puede ver; pero está sembrada y no dudamos de que un día se manifestará.

Tenemos la completa seguridad de que el Señor ha preparado una cosecha para los sembradores de luz, y que cada uno la recogerá por sí mismo. Entonces se alegrarán. Por cada grano de luz se recogerán gavillas. Sus corazones serán rectos delante del Señor, aunque los hombres no les dieran crédito y les censuraran. Eran justos, aunque los que les rodeaban los censuraran. Debían esperar, como esperan los labradores el precioso fruto de su siembra. La luz estaba preparada a su favor por el Señor de la mies.

¡Ánimo, hermanos! No tengamos prisa. Poseamos con paciencia nuestras almas, porque pronto éstas se hallarán en posesión de la luz y de la alegría.

PAREDES DE BRONCE

Pero yo te haré tan seguro como una pared de bronce fortificada. Ellos no te conquistarán, porque estoy contigo para protegerte y rescatarte. ¡Yo, el SEÑOR, he hablado!

JEREMÍAS 15:20

La constancia en el temor de Dios y la fe en Él hace al hombre semejante a una pared de bronce que nadie será capaz de derribar. Sólo Dios puede crear tales hombres: pero los necesitamos en la Iglesia y en el mundo, pero sobre todo en el púlpito.

En este siglo engañoso, los enemigos lucharán con todos sus recursos contra los hombres de verdad. Nada hay que moleste tanto a Satanás y a sus secuaces como la resolución. Atacarán la firmeza del hombre resuelto, como los asirios atacaban las murallas de una plaza fuerte. Por fortuna, nunca prevalecerán contra aquellos a quienes Dios ha revestido de su fortaleza. Algunos, llevados de aquí para allá por cualquier viento de doctrina, son barridos por el más ligero viento; pero los que siguen la doctrina de la gracia, puesto que poseen la gracia de la doctrina, se mantienen como la roca en medio de las olas encrespadas.

¿De dónde viene esa fuerza? «Estoy contigo», dice el Señor: aquí está la respuesta. El Señor salvará a las almas de los fieles de las asechanzas del enemigo. Numerosos ejércitos nos asedian, pero el Señor de los ejércitos está a nuestro lado. No podemos ceder ni un ápice, porque el Señor nos mantiene en nuestro puesto y en Él permaneceremos para siempre.

BUSQUEMOS PRIMERO A DIOS

Por lo tanto, busquen primeramente el reino de Dios
y su justicia, y todas estas cosas les serán añadidas.

MATEO 6:33 (RVC)

La Biblia comienza con estas palabras. «En el principio, Dios» (Génesis 1:1). Que tu vida empiece del mismo modo. Busca primeramente con toda tu alma el reino de Dios, como tu lugar de ciudadanía, y su justicia como la característica de tu vida. Lo demás te será dado por el Señor mismo, sin que tengas que preocuparte de ello. Todas las cosas que te sean necesarias para esta vida y para la piedad te «serán añadidas».

¡Qué gran promesa! Dios se encarga de proporcionarte alimento, vestido, casa, todo lo que necesites, mientras tú lo busques. Si miras por sus negocios, Él se ocupará de los tuyos. Cuando compres alguna mercancía, se te dará también papel y cordel. Del mismo modo, cuando buscamos las cosas del reino de Dios, recibiremos además otros dones de la tierra. Quien hereda la salvación, no morirá de hambre, y el que viste su alma con la justicia de Dios, no quedará desnudo por parte del Señor.

¡Apartemos toda ansiedad inquietante! Pon todo tu empeño en buscar al Señor. La codicia es pobreza, y la ansiedad, miseria; la fe en Dios es una fortuna, y la semejanza con Dios, una herencia celestial. Señor, te busco; haz que yo te encuentre.

POR EL BIEN DE LOS ELEGIDOS

———— ••◆•• ————

*De hecho, a menos que se acorte ese tiempo de
calamidad, ni una sola persona sobrevivirá; pero
se acortará por el bien de los elegidos de Dios.*

MATEO 24:22

Por amor a sus escogidos, el Señor suspende muchos
juicios y acorta otros. El mundo sería devorado por
el fuego espantoso de tribulaciones, si no fuera porque el
Señor apaga la llama a causa de sus escogidos. Así, mientras los salva, preserva también a la humanidad por amor
a los suyos.

¡Qué honor para los santos! ¡Con cuánta diligencia
deberían usar su influencia cerca del Señor! Él oirá sus
oraciones en favor de los pecadores y bendecirá cuantos
esfuerzos se hagan por su salvación. Él bendice a los creyentes, para que éstos sean una bendición a los que todavía
no creen. Muchos pecadores viven a causa de las súplicas
de sus madres, esposas e hijas, a las cuales ama el Señor.

¿Hemos hecho uso de este poder maravilloso que el
Señor nos ha confiado? ¿Oramos por nuestra patria, por
otros pueblos, por el mundo? En tiempos de guerra, hambre o pestilencia, ¿somos intercesores cerca de Dios, para
que los días de prueba sean acortados? ¿Lloramos ante el
Señor y a causa del desencadenamiento de la incredulidad,
del error y la disolución? ¿Pedimos a Dios que acorte el
reino del pecado y que apresure su venida gloriosa? Arrodillémonos, y no dejemos de orar hasta la venida de Cristo.

27 de octubre

BENDICIÓN TRIPLE

Sus siervos le servirán. Ellos verán su rostro,
y su nombre estará en sus frentes.

APOCALIPSIS 22:3-4 (LBLA)

Tres bendiciones preciosas serán nuestro lote en la mansión de la gloria.

«Sus siervos le servirán». Ningún otro señor nos oprimirá, ni ningún otro trabajo nos afligirá. Serviremos a Jesús perfectamente, sin cansancio y sin error. El cielo para los santos consiste en esto: servir a Cristo en todas las cosas. Y ser reconocido por Él como su siervo será nuestra más grande ambición por toda la eternidad.

«Ellos verán su rostro». Esto hace que nuestro servicio le sea agradable: en verdad es la recompensa de este servicio. Conoceremos al Señor, al que veremos tal cual es. El favor más grande que un siervo fiel puede pedir al Señor es ver el rostro de Jesús. ¿Qué más pudo pedir Moisés que esto: «Muéstrame tu rostro»?

Y «su nombre estará en sus frentes». Contemplan a su Señor hasta que su nombre quede grabado en sus frentes. Son reconocidos por Él, y ellos le reconocen. La señal secreta de la gracia interior se hace poco a poco visible en el rostro de todo aquel que vive en íntima comunión con Cristo.

¡Oh, Señor, concédenos estas tres cosas en la tierra a fin de que las poseamos en toda su plenitud en tu mansión de gloria!

PECADOS DE IGNORANCIA

Y quedarán perdonados. Pues fue un pecado sin intención.

NÚMEROS 15:25

Nuestra ignorancia nos hace incurrir, por error, en muchos pecados. Y ciertamente nuestros pecados, tanto de comisión como de omisión, son muchos. Con sinceridad podemos creer que servimos a Dios haciendo cosas que ni Él nos mandó, ni Él puede aceptar.

El Señor conoce cada uno de los pecados de ignorancia. Y en ello habría motivos de alarma, porque en justicia podría pedirnos cuenta de estos pecados; pero, por otra parte, la fe nos dice que el Señor se cuidará de borrar todas estas culpas que nos han pasado inadvertidas. Ve el pecado para dejar de verlo echándolo sobre sus espaldas.

Nuestro gran consuelo proviene de que Jesús, el verdadero sacerdote, ha hecho expiación por toda la congregación de los hijos de Israel. Esa expiación nos asegura el perdón de los pecados desconocidos. Su sangre preciosa nos limpia de todo pecado.

Tanto si nos hemos dado cuenta del pecado y llorado por ello como si no, Dios ciertamente lo ha visto, Cristo lo ha expiado y el Espíritu da testimonio de su perdón. Por estas tres razones tenemos paz.

¡Oh, Padre mío! Alabo tu conocimiento divino, que no solo ve mis iniquidades, sino que provee de una expiación que me libra de su culpa, incluso antes de que yo sepa que soy culpable.

UNA CLARA DISTINCIÓN

Haré una clara distinción entre mi pueblo y tu pueblo.
Esta señal milagrosa ocurrirá mañana

ÉXODO 8:23

Faraón tiene un pueblo y el Señor tiene también el suyo. Ambos pueden vivir juntos y hasta parece que se hallan en la misma situación; sin embargo, existe entre ellos una gran diferencia que el Señor pondrá de manifiesto. Un mismo acontecimiento no será lo mismo para uno que para otro, sino que habrá gran diferencia entre el pueblo elegido de Dios y los hijos de este siglo.

Esto puede suceder en tiempo de juicio, cuando el Señor viene a ser santuario de su pueblo. Se ve muy claro en la conversión del creyente; su pecado es borrado mientras que los incrédulos se hallan en condenación. Desde ese momento, los que creen son una raza distinta, viven bajo una disciplina distinta y gozan de nuevas bendiciones. En adelante sus casas se ven libres de ese enjambre de males que contaminan y atormentan a los egipcios. Son preservados de la contaminación de la carne, de la lujuria, de las mordeduras de la inquietud y del tormento del odio que devora a tantas familias.

Ten por seguro, creyente probado, que aunque padezcas aflicciones, estás libre de nubes de males que infestan las casas y los corazones de los siervos del Príncipe de este mundo. El Señor ha hecho una clara distinción: procura guardarla en el espíritu, en tus aspiraciones, en tu carácter y en tus relaciones.

LIMPIEZA ABSOLUTA

Entonces los rociaré con agua pura y quedarán limpios.
Lavaré su inmundicia y dejarán de rendir culto a ídolos.

EZEQUIEL 36:25

¡Qué gran motivo de alegría es éste! Él, que nos ha purificado con la sangre de Cristo, nos limpiará también con agua por el Espíritu Santo. Dios lo ha dicho, y así lo hará: «Quedarán limpios». Señor, sentimos y deploramos nuestra inmundicia, y nos consuela saber de tu misma boca que quedaremos limpios. ¡Apresúrate a hacerlo!

Él nos librará de nuestros más graves pecados. La incredulidad y los deseos de la carne que batallan contra el alma, los mezquinos pensamientos del orgullo y las instigaciones de Satanás a que blasfememos el santo nombre, todos estos pecados serán limpiados y no reaparecerán jamás.

También nos limpiará de nuestros ídolos, sean de oro o de barro: nuestro amor impuro y nuestro excesivo amor a lo que en sí es puro. Lo que hemos adorado como ídolo será quebrantado en nosotros, o bien nosotros nos separaremos de él.

Dios nos anuncia lo que Él mismo hará. Por lo tanto, su palabra es cierta y firme, y podemos esperar confiadamente lo que se nos asegura. La purificación es una gracia del pacto, y éste es ordenado en todas las cosas, y será guardado.

31 de octubre

INMORTALES HASTA TERMINAR EL TRABAJO

No moriré; sino que viviré para contar
lo que hizo el SEÑOR.

SALMOS 118:17

¡Cuán perfecta es esta confianza! Sin duda, estaba fundada sobre una promesa susurrada al corazón del Salmista, de la cual tomó posesión y en la que se gozó. ¿Es mi caso parecido al de David? ¿Estoy desalentado porque el enemigo triunfa sobre mí? ¿Son muchos los que están en contra mía, y pocos a mi favor? ¿Me abate la incredulidad, de modo que me encuentre perdido, vencido y desesperado? ¿Han comenzado mis enemigos a cavar mi fosa?

¿Qué hacer? ¿Cederé a los murmullos del temor, abandonaré la batalla, y con ello toda esperanza? No. Todavía tengo vida: «No moriré». Volverá mi vigor y desaparecerá mi flaqueza: «Viviré». El Señor vive; yo también viviré. Mi boca se abrirá de nuevo «para contar lo que hizo el SEÑOR». Sí, y hablaré de la presente prueba como un nuevo ejemplo de las maravillas que en mí realzan la fidelidad y el amor de mi Señor. Quienes arden en ansias de enterrarme, deben esperar un poco; porque «El SEÑOR me castigó severamente, pero no me dejó morir» (Salmos 118:18).

¡Gloria sea dada eternamente a su nombre! Soy inmortal hasta que haya terminado mi trabajo. Hasta que el Señor lo mande, ningún sepulcro puede encerrarme.

1 de noviembre

HASTA ALCANZAR
LA PERFECCIÓN

---

*Dios hará que esto suceda, porque
aquél que los llama es fiel.*

1 Tesalonicenses 5:24

¿Qué hará? Nos santificará en todo. Examina el versículo anterior (5:23). El Señor continuará su obra de purificación hasta que seamos perfectos. Para «que todo su espíritu, alma y cuerpo se mantenga sin culpa hasta que nuestro Señor Jesucristo vuelva». No permitirá que abandonemos su gracia, ni que caigamos bajo el dominio del pecado. ¡Cuán inmensos son estos favores! Bien podemos adorar al dador de dones tan inefables.

¿Quién hará esto? El Señor que nos ha llamado de las tinieblas a su luz admirable, de la muerte del pecado a la vida eterna en Cristo Jesús. Sólo Él puede hacerlo. Tanta perfección y preservación solo puede venir del Dios de toda gracia.

¿Por qué lo hará? ¡Porque «es fiel»! Fiel a su promesa de salvar al creyente; fiel a su Hijo, cuya recompensa es que su pueblo sea presentado sin mancha delante de Él; fiel a su obra que ha comenzado en nosotros, por un llamamiento eficaz. Los santos pueden confiar no en su propia fidelidad, sino en la fidelidad de su Señor.

¡Ven, alma mía! Puedes empezar un mes oscuro con un gran banquete. Afuera puede haber tinieblas; pero dentro debe resplandecer la luz del sol.

2 de noviembre
LAS RIQUEZAS DEL CIELO

━━━━◆━━━━

No quitará el bien a los que andan en integridad.

SALMOS 84:11 (RVR-1960)

El Señor puede denegarnos muchas cosas agradables, pero nunca nos quitará «el bien». Él sabe lo que nos conviene. Algunas cosas son buenas, indudablemente, y, con solo pedirlas a nuestro Señor Jesucristo, las podremos obtener.

La santidad es buena, y Dios la concederá gratuitamente. Con gusto nos dará la victoria sobre nuestras malas inclinaciones, sobre nuestro carácter y los malos hábitos. Debemos quedar satisfechos de haberla obtenido.

El nos dará, además, la seguridad completa, la comunión íntima con Él, el conocimiento de toda la verdad, y la confianza que prevalece ante su trono de gracia. Si no poseemos estos dones, es porque nos falta la fe para recibirlos, no porque Dios sea tacaño en dárnoslos. Una calma, un estado de serenidad, mucha paciencia y amor ferviente, todo eso nos lo dará si diligentemente lo buscamos.

Pero hemos de andar «en integridad». En nuestra conducta no puede haber propósitos contradictorios, ni caminos torcidos, ni hipocresía, ni engaño. Si no procedemos rectamente, Dios no puede favorecernos, porque eso sería premiar el pecado. El camino de la integridad es el camino de las riquezas del cielo, tan grandes que incluyen todo bien.

¡Magnífica promesa que hemos de invocar en la oración! Doblemos nuestras rodillas, y oremos.

LA MEJOR HORA

—◆—

Esta visión es para un tiempo futuro. Describe el fin,
y éste se cumplirá. Aunque parezca que se demora
en llegar, espera con paciencia, porque sin lugar
a dudas sucederá. No se tardará.

HABACUC 2:3

Tal vez parezca que se demora la misericordia de Dios; sin embargo, es cierta. En su sabiduría divina, el Señor ha fijado un tiempo para la manifestación de su poder, y su hora es la mejor. Nosotros tenemos prisa; la vista de una bendición estimula nuestro deseo y aviva nuestro anhelo. Pero el Señor vendrá a su tiempo. Nunca llega antes de hora, pero tampoco después.

La promesa de Dios se nos presenta aquí como una cosa viva y real. Su palabra no es letra muerta, como algunas veces nos sentimos tentados a creer, cuando tarda su cumplimiento. La palabra viva viene del Dios vivo, y aunque parece que tarda, sin embargo, no es así: No llega con retraso. Tengamos paciencia y pronto veremos la fidelidad del Señor. Ninguna promesa suya se perderá en el silencio; «se cumplirá» . ¡Qué palabras tan consoladoras dirá al oído del creyente! Ninguna promesa suya deberá ser renovada como una deuda que no ha sido pagada a su debido tiempo: «No se tardará».

Ven, alma mía, ¿no puedes esperar a tu Dios? Descansa en Él y permanece tranquila con inefable calma.

HAGAMOS MUCHAS ZANJAS

Esto dice el SEÑOR: "¡Este valle seco se llenará de lagunas! Ustedes no verán viento ni lluvia, dice el SEÑOR, pero este valle se llenará de agua. Habrá suficiente para ustedes, para su ganado y para los demás animales".

2 Reyes 3:16-17

Tres ejércitos hubieran perecido de sed sin la intervención del Eterno. Sin haber enviado nubes, ni lluvia, les dio agua en abundancia. Dios no está sujeto a medios ordinarios y puede sorprender a su pueblo con novedades que dan testimonio de su sabiduría y su poder. De este modo reconocemos la mano de Dios mejor de lo que nos revelaría el curso normal de los acontecimientos. Si no se manifiesta a nosotros del modo que esperamos o deseamos o suponemos, a pesar de todo, de una forma u otra proveerá. Es una bendición poder mirar por encima de las causas segundas, de modo que podamos contemplar la faz del Autor de todo.

¿Tenemos hoy gracia suficiente para hacer acequias por las cuales pueda correr la bendición de Dios? ¡Ay!, muy a menudo faltamos al no demostrar en nuestros actos una fe verdadera y práctica. Esperemos hoy la respuesta a nuestras oraciones. Obremos como aquella niña que fue al culto de oración para pedir lluvia, y llevó consigo su paraguas. Esperemos verdadera y prácticamente que el Señor nos bendiga. Hagamos muchas zanjas en el valle, y confiemos verlas llenas.

SU IRA NO ES PARA SIEMPRE

*Porque no contenderé para siempre, ni siempre
estaré enojado, pues el espíritu desfallecería ante mí,
y el aliento de los que yo he creado.*

ISAÍAS 57:16 (LBLA)

Nuestro Padre celestial no busca nuestra destrucción, sino nuestra instrucción. Si contiende con nosotros, es con un propósito favorable para nosotros. No estará para siempre en contra nuestra. Creemos que el Señor prolonga sus castigos porque tenemos poca paciencia. Para siempre es su misericordia, pero no su ira. La noche puede ser larga y dura, pero al fin amanece un día alegre de sol. El enojo dura un poco de tiempo, y lo mismo sucede con la causa que lo produce. El Señor ama mucho a sus escogidos para no estar continuamente enojado con ellos.

Si siempre nos tratara como algunas veces lo hace, desmayaríamos del todo y descenderíamos sin esperanza a las puertas del sepulcro. ¡Ánimo, hermano! Soporta la prueba, que el Señor te sostendrá. El que te sacó de la nada sabe cuán débil eres y cuán escasas son tus fuerzas. Él tratará con ternura lo que ha formado con tanta delicadeza. Por lo tanto, no temas el sufrimiento presente que conduce a un futuro gozoso.

El que te hirió te sanará; su breve enojo será seguido de grandes misericordias.

EL CUMPLIMIENTO DE NUESTROS DESEOS

———◆———

*Deléitate en el SEÑOR, y él te concederá
los deseos de tu corazón.*

SALMOS 37:4

El colocar nuestro contentamiento en Dios tiene como efecto transformarnos y levantarnos por encima de los deseos carnales de nuestra naturaleza caída. Deleitarnos en el Señor no solo es dulce en sí mismo, sino que endulza nuestra alma transformando nuestros deseos de tal forma que Dios puede prometer con seguridad cumplirlos. ¿No es, en verdad, un deleite saber que nuestros deseos pueden amoldarse a los deseos de Dios?

Nuestra manera insensata de proceder es desear primero y trabajar después para conseguir lo que deseamos. Tal conducta no se ajusta a la voluntad de Dios, que consiste en buscarle primero y esperar después todas aquellas cosas que nos serán añadidas. Si nuestro corazón está lleno de Dios hasta rebosar de gozo, el Señor se cuidará de que nada nos falte. En lugar de ir en busca de alegrías exteriores, quedémonos con Dios y tomemos las aguas de nuestra propia fuente. Él puede hacer por nosotros mucho más de lo que pueden hacer nuestros amigos. Es mejor contentarse únicamente con Dios que entristecerse con el deseo de las baratijas del mundo. Por algún tiempo podemos sufrir contrariedades; pero si éstas sirven para acercarnos más al Señor, deberían ser tenidas en gran aprecio, porque al fin nos asegurarán el cumplimiento de todos nuestros deseos.

PEQUEÑOS A NUESTROS OJOS

El que se humilla será ensalzado.

Lucas 18:14 (LBLA)

Debería ser fácil para nosotros humillarnos, porque ¿de qué podemos jactarnos? Deberíamos ocupar el último asiento antes de que nos lo manden. Si fuéramos sensatos y sinceros, seríamos pequeños a nuestros propios ojos, sobre todo cuando nos ponemos en oración delante del Señor. En su presencia, no podemos alegar méritos, porque no los tenemos; nuestro único recurso es decir: «Oh, Dios, ten compasión de mí, porque soy un pecador» (Lucas 18:13).

Aquí tenemos una promesa que desciende de su trono y que nos alienta. Si nos humillamos, seremos ensalzados por el Señor. El camino hacia el cielo para nosotros es una bajada. Cuando nos despojamos del egoísmo, nos vestimos de humildad que es el mejor ropaje. Nuestro Dios nos levanta por la paz y alegría del corazón, nos elevará en el conocimiento de su palabra y en la comunión con Él, en el gozo del perdón y de la justificación. El Señor reparte sus honores entre quienes los reciben para honrar al dador. Él da empleo, capacidad e influencia a los que no se envanecen con estos dones, sino que se humillan con el pensamiento de su mayor responsabilidad. Ni Dios ni los hombres ensalzarán a quien se ensalza a sí mismo; pero Dios y los hombres buenos se unen para honrar la modestia. Oh, Señor, haz que me humille para que en ti sea yo ensalzado.

GRACIA SUFICIENTE

*Mi gracia es todo lo que necesitas; mi poder
actúa mejor en la debilidad.*

2 Corintios 12:9

Hemos de apreciar nuestra propia debilidad porque así se manifiesta el poder divino. Tal vez nunca hubiéramos conocido el poder de la gracia si nunca hubiésemos experimentado la debilidad de nuestra naturaleza. Bendito sea el Señor por el aguijón de la carne y por las asechanzas de Satanás que nos obligan a recurrir a la potencia de Dios.

Esta preciosa respuesta salida de labios del Señor, debe estremecernos de gozo. ¿La gracia de Dios es suficiente para mí? Lo creo. ¿No es el aire suficiente para el ave, y el océano para los peces? El Dios Todopoderoso es bastante para cubrir todas mis necesidades. Y el que basta para el cielo y la tierra, sin duda podrá satisfacer todas las necesidades de un gusanillo como yo.

Por tanto, confiemos en Dios y en su gracia. Si no quita nuestro dolor, nos ayudará a soportarlo. Su poder nos llenará hasta que el gusano trille los montes. El más insignificante vencerá a los más poderosos. Es mejor poseer la potencia de Dios que la nuestra; porque si fuéramos mil veces más fuertes de lo que somos, de nada nos valdría contra nuestros enemigos; y si pudiésemos ser más dóciles de lo que somos, algo que parece imposible, todas las cosas podríamos hacer en Cristo.

UNA BENDICIÓN CONSOLADORA

De ese modo, sabrán que yo, el SEÑOR su Dios,
estoy con ellos y sabrán que ellos —los israelitas—
son mi pueblo, dice el SEÑOR Soberano.

EZEQUIEL 34:30

Cosa excelente es pertenecer al pueblo del Señor, pero es una bendición consoladora saber que ya pertenecemos. Una cosa es esperar que Dios esté con nosotros, y otra cosa es saberlo. La fe nos salva, pero la certidumbre nos da la paz. Aceptamos a Dios como Dios nuestro cuando creemos en Él; pero tenemos gozo cuando Él es nuestro y nosotros, suyos. Ningún creyente puede satisfacerse con vagas esperanzas, sino que debe pedir al Señor que le otorgue la plena seguridad para que las cosas esperadas sean ciertas.

Entonces es cuando gozamos de las bendiciones del pacto y vemos al Señor Jesús como «una planta de renombre» (Ezequiel 34:29), que se levanta en nuestro favor cuando venimos al conocimiento claro de la gracia de Dios. No olvidemos que somos el pueblo de Dios no por ley, sino por gracia. Miremos siempre hacia la gracia. La certidumbre de la fe nunca puede venir por las obras de la ley. Es una virtud que solo puede venirnos del Evangelio. No nos miremos a nosotros mismos; miremos solamente al Señor. Viendo a Jesús, vemos la salvación. Señor, envíanos tan alta marea de amor, que seamos arrastrados por encima del fango y de la duda.

CAMINO SIN TROPIEZOS

Él no permitirá que tropieces.

SALMOS 121:3

Si el Señor no lo permite, ni los hombres ni el diablo lo podrán conseguir. ¡Cuánto se regocijarían ellos si pudieran hacernos caer vergonzosamente, arrojarnos de nuestras posiciones y hacernos desaparecer! Lo harían ciertamente si no tropezaran con un solo obstáculo: el Señor no lo permite; y si Él no lo permite, nosotros tampoco lo permitiremos.

El camino de la vida es como un viaje por los Alpes. Los senderos montañosos nos ponen continuamente en peligro de resbalar. Donde el camino es alto, la cabeza fácilmente sufre vértigos y los pies resbalan; hay sitios tan lisos como el cristal; y otros pedregosos, y en todos ellos es fácil caer. Quien durante su vida es ayudado a vivir rectamente y a caminar sin tropiezos, tiene sobradas razones para ser agradecido. Con trampas y lazos, con las rodillas débiles, los pies cansados y entre enemigos astutos, ningún hijo de Dios podría mantenerse firme ni siquiera una hora, si no fuera por el amor constante de Dios que no permitirá que tropieces.

> Entre mil lazos voy andando,
> Tu mano fiel me está guardando;
> Ella hasta el fin me sostendrá
> Y al monte santo me guiará.

LIBRES POR EL SEÑOR

*El pecado ya no es más su amo, porque ustedes ya
no viven bajo las exigencias de la ley. En cambio,
viven en la libertad de la gracia de Dios.*

ROMANOS 6:14

Cuantas veces puede, el pecado trata de reinar en nosotros y ocupar el trono de nuestro corazón. A veces
tememos que nos vencerá, y entonces clamamos al Señor
que «no me domine el mal» (Salmos 119:133). Su consoladora respuesta es: «El pecado ya no es más tu amo». Podrá
acometernos y hasta herirnos, pero nunca dominarnos.

Si viviéramos bajo la ley, nuestro pecado tomaría
fuerzas y nos esclavizaría, porque el castigo del pecado es
que el hombre caiga bajo su poder. Pero vivimos bajo el
pacto de la gracia y estamos asegurados, por las cláusulas
de dicha alianza, de que no podemos ser separados del
Dios viviente. La gracia prometida, por el contrario, hará
que volvamos de nuestros extravíos y que seamos liberados
de nuestras impurezas y de las cadenas de nuestros malos
hábitos.

Podríamos quedar sumidos en la desesperación y «servir a los egipcios», si fuéramos todavía como esclavos que
trabajan por ganar la vida eterna; pero siendo libres por
el Señor, cobramos ánimo para seguir luchando contra el
mal y las tentaciones, con la seguridad de que el pecado
nunca más volverá a esclavizarnos. Dios nos dará la victoria por el Señor Jesucristo, a quien sea la gloria por los
siglos de los siglos. Amén.

UN PUEBLO SATISFECHO

———————

*Y mi pueblo se saciará de mi bondad
—declara el SEÑOR.*

JEREMÍAS 31:14 (LBLA)

Nota la palabra «mi» que se repite dos veces: «*Mi* pueblo se saciará de *mi* bondad».

Los que están saciados de Dios, son considerados, por Él, como suyos. Dios pone su contentamiento en ellos, porque ellos tienen contentamiento en Él. Le llaman su Dios, y Él les llama su pueblo; Él se satisface en ellos como en su heredad, y ellos se satisfacen en Él como la suya. Entre el Israel de Dios y el Dios de Israel, hay un afecto y una comunión constantes.

Quienes forman el pueblo de Dios están satisfechos. Esto ya es mucho. Pocos son los hombres que viven satisfechos, cualquiera que sea su suerte; han tragado la sanguijuela, la cual clama continuamente: «¡Trae, trae!» Solo las almas santificadas se hallan satisfechas. Dios es el que puede convertirnos y saciarnos.

¿No es admirable que el pueblo de Dios se sacie con la bondad del Señor? Aquí tenemos bienes sin mezcla de males, liberalidad sin límites, misericordia sin repulsa, amor sin variación, auxilio sin reservas. Si la bondad de Dios no nos sacia ¿quién nos saciará? ¡Cómo! ¿aún gemimos? Ciertamente, el deseo de nuestro corazón será perverso si la bondad de Dios no puede satisfacerlo.

Señor, saciado estoy. ¡Bendito sea tu nombre!

SIEMPRE NOS GUARDA

*He aquí, no se adormecerá ni dormirá
el que guarda a Israel.*

SALMOS 121:4 (LBLA)

El Señor es el que «guarda a Israel». Nunca se halla inconsciente, ni se adormece, ni duerme; nunca deja de guardar la casa y el corazón de su pueblo. Esta es razón suficiente para que podamos descansar en perfecta paz. Alejandro dijo que dormía porque su amigo Parmenio velaba; con mayor motivo podemos descansar nosotros cuando es Dios el que nos guarda.

La frase «He aquí» está puesta para llamar nuestra atención hacia esta verdad tan consoladora. Israel durmió aunque tenía una piedra por almohada; pero su Dios estaba despierto y se le apareció a su siervo. Cuando estamos descansando sin defensa, el Señor mismo cubrirá nuestra cabeza.

El Señor guarda a su pueblo como un rico guarda su tesoro, como un capitán la ciudad guarnecida, como un centinela a su soberano. Nadie podrá dañar a los que están guardados. Confiemos nuestra alma en sus manos queridas. Él nunca se olvida de nosotros, nunca deja de cuidarnos eficazmente, ni se siente incapaz de guardarnos.

¡Oh, Señor mío! Guárdame, no sea que me desvíe y caiga y perezca. Guárdame para que guarde tus mandamientos. Guárdame diligentemente de dormir como el perezoso, y de perecer como los que duermen el sueño de la muerte.

14 de noviembre
EN EL NOMBRE DE JESÚS

Pídanme cualquier cosa en mi nombre, ¡y yo la haré!

JUAN 14:14

¡Qué gran promesa! «¡Cualquier cosa!» Todas mis necesidades, grandes y pequeñas, están incluidas en esas dos palabras. Ven, alma mía, con libertad delante del propiciatorio y escucha a tu Señor que dice: «Abre bien tu boca, y la llenaré de cosas buenas» (Salmos 81:10).

¡Qué promesa tan sabia! Siempre debemos pedir en el nombre de Jesús. Esto nos anima a nosotros, y le honra a Él. Es una recomendación continua. A veces hay circunstancias en las que nos parece negado todo auxilio, incluso aquel que se apoya sobre nuestras relaciones con Dios, o sobre la experiencia que hemos hecho de su gracia; pero, en tales ocasiones, el nombre de Jesús es tan poderoso delante del trono de Dios que podemos invocarlo con la seguridad de recibir su ayuda.

¡Qué promesa tan rica de enseñanzas! No debo pedir nada si antes Cristo no pone sobre ello su mano y su sello. Nunca me atrevería a usar su nombre para una petición egoísta u obstinada; sólo puedo poner el nombre de mi Señor en las oraciones que Él utilizaría si se hallara en mi caso. Es un gran privilegio estar autorizado a pedir en nombre de Jesús como si Él mismo pidiese; pero nuestro amor hacia Él nunca nos permitirá poner su nombre donde Él no lo ha puesto.

¿Pido lo que Jesús aprobaría? ¿Me atrevo a poner su sello en mi oración? Entonces ya tengo todo aquello que busco del Padre.

GLORIOSAS RIQUEZAS

---

*Y este mismo Dios quien me cuida suplirá
todo lo que necesiten, de las gloriosas riquezas
que nos ha dado por medio de Cristo Jesús.*

FILIPENSES 4:19

El Dios de Pablo es nuestro Dios y suplirá todo lo que nos haga falta. Pablo no dudaba de esto en cuanto a los Filipenses, y nosotros estamos seguros por lo que a nosotros concierne. Dios proveerá como es propio de Él hacerlo: nos ama, se complace en bendecirnos y, obrando así, será glorificado. Su misericordia, poder, amor y fidelidad, nos prestarán ayuda para que no padezcamos hambre.

¿De qué medida se sirve el Señor? «De las gloriosas riquezas que nos ha dado por medio de Cristo Jesús». Las riquezas de su gracia son grandes, pero ¿qué diremos de las gloriosas riquezas? Las «gloriosas riquezas… por medio de Cristo Jesús», ¿quién podrá medirlas? Según esta medida inconmensurable, Dios llenará el abismo inmenso de nuestras necesidades. Su Hijo Jesús es el recipiente y al mismo tiempo el canal de su plenitud, y, por tanto, nos hace partícipes, en el más alto grado, de los tesoros de su amor. ¡Aleluya!

El autor de estas líneas sabe lo que es ser probado en el trabajo del Señor. La fidelidad ha sido recompensada con ira, y ha visto cómo generosos donantes han cortado su apoyo; pero aquél a quien quisieron oprimir no ha sido por ello más pobre; al contrario, se ha visto enriquecido, porque esta promesa se ha cumplido: Mi Dios «suplirá todo lo que necesiten». Los fondos de Dios son más seguros que el Banco de Inglaterra.

ARMAS INÚTILES

Ningún arma forjada contra ti prosperará,
y condenarás toda lengua
que se alce contra ti en juicio.

Isaías 54:17 (lbla)

En las fraguas y forjas del enemigo, hay mucho ruido. Allí se fabrican armas con las cuales tratan de herir a los santos. Ni siquiera esto podrían hacer si el Señor de los Santos no lo permitiera, porque Él es el que ha creado al herrero que sopla las ascuas del fuego. Mira cuán diligentemente trabajan, y cuántas espadas y lanzas fabrican. Poco importa, porque sobre la hoja de cada espada se puede leer esta inscripción: «No prosperará».

Y escucha ahora otro ruido: el murmullo de las lenguas. La lengua es un instrumento más terrible que los que se forjan con martillos y yunques, y el mal que pueden hacer hiere más profundamente y se extiende con mayor rapidez. ¿Qué será ahora de nosotros? La calumnia, la mentira, las insinuaciones, la burla…, son como flechas venenosas, ¿y quién las resistirá?

El Señor nos promete que si no podemos hacerlas callar, por lo menos no podrán arruinarnos. Por el momento nos condenan, pero nosotros las condenaremos al fin y para siempre. La boca de los que hablan mentiras será cerrada, y sus engaños contribuirán a enaltecer a los justos que por ellos han sufrido.

17 de noviembre
NINGUNO DESAMPARADO

Porque el SEÑOR no abandonará a su pueblo,
ni desamparará a su heredad.

SALMOS 94:14 (LBLA)

Dios no dejará ni siquiera a uno de ellos. Los hombres tienen sus desamparados; Dios no tiene ninguno, porque su elección es inmutable y su amor eterno. Nadie podrá encontrar una sola persona que haya sido abandonada por Dios después de haberse revelado a ella para ser su salvación.

Esta verdad se menciona en el Salmo para regocijo de las almas afligidas. El Señor castiga a los suyos, pero no los desampara. El resultado de esta doble acción de la ley de la vara es nuestra enseñanza, y fruto de ésta es un espíritu tranquilo y un espíritu sensato que producen descanso.

Los impíos quedan solos hasta que sea cavada la fosa en la que caerán y serán tomados; pero los justos serán llevados a la escuela con el fin de que se hallen preparados para los gloriosos destinos que les esperan. El juicio vendrá y dictará sentencia a los rebeldes, pero también volverá para justificar a los sinceros y piadosos. Por tanto, podemos sufrir la vara del castigo con sumisión tranquila, porque es señal de amor y no de ira.

CLARAMENTE SOBRENATURAL

*En aquel día el SEÑOR defenderá al pueblo de Jerusalén.
¡El más débil entre ellos será tan poderoso como el rey David!
¡Y los descendientes reales serán como Dios mismo, como el
ángel del SEÑOR que va delante de ellos!*

ZACARÍAS 12:8

Uno de los medios más a propósito que Dios usa para defender a su pueblo es fortalecerle con poder interior. Los hombres son mejores que las murallas, y la fe es más fuerte que los castillos.

El Señor puede tomar al más débil de entre nosotros y hacerlo como David, campeón de Israel. ¡Señor, haz esto conmigo! Infúndeme tu poder y lléname de santo valor para que pueda hacer frente al gigante con honda y piedra y confiando en el Señor.

El Señor puede hacer que sus mejores campeones sean todavía más fuertes de lo que son; David puede ser como Dios mismo, el ángel del Señor. Esto sería ciertamente una manifestación maravillosa, pero posible, porque Dios lo dice: ¡Señor, obra así con nuestros más poderosos testigos! Muéstranos lo que puedes hacer, es decir, elevar a tus fieles siervos a una altura de gracia y santidad tan grande que se vea claramente que es sobrenatural. Cumple en este día tu promesa con toda la iglesia, por amor a Jesucristo. Amén.

19 de noviembre

DE LA OBEDIENCIA
A LA BENDICIÓN

Sin embargo, de hoy en adelante, yo los bendeciré.

Hageo 2:19

Desconocemos el futuro; sin embargo, aquí tenemos un espejo donde podemos ver los días venideros. El Señor dice: «De hoy en adelante, yo los bendeciré».

Vale la pena tener en cuenta las circunstancias en que se hizo esta promesa. Las cosechas habían sido malas a causa del moho y del granizo, por el pecado del pueblo. Pero el Señor vio que los así castigados comenzaban a obedecer su palabra y a reconstruir su templo; por eso les dice: «Consideren este día… cuando los cimientos del templo del SEÑOR fueron establecidos. Considérenlo bien… De hoy en adelante, yo los bendeciré». Si hasta el presente hemos vivido en el pecado y el Espíritu Santo nos induce a separarnos de él, podemos contar con la bendición del Señor. Su sonrisa, su Espíritu, su gracia y la revelación más amplia de su verdad, todo nos manifiesta una espléndida bendición. Tal vez sufriremos una mayor oposición de los hombres a causa de nuestra fidelidad, pero entraremos en una comunión más íntima con Dios y en una visión más clara de que hemos sido aceptados por Él.

Señor, quiero ser más fiel y más exacto en obedecer tu doctrina y según tus preceptos, te ruego, pues, por el Señor Jesucristo, que aumentes la bendición de mi vida cotidiana desde ahora y para siempre.

SEDIENTOS DE MAYORES GRACIAS

---

*Pues él satisface al sediento y al hambriento
lo llena de cosas buenas.*

SALMOS 107:9

Es bueno tener deseos, y cuanto más fervientes sean, mejor. El Señor saciará los deseos del alma, por grandes que sean, y por mucho que nos preocupen. Tengamos muchos deseos porque Dios nos los dará en abundancia. Nuestro estado de ánimo nunca estará en equilibrio mientras estemos contentos con nosotros mismos y nos sintamos libres de deseos. Esta sed de mayores gracias, estos gemidos indecibles, son señales de crecimiento, y nuestro anhelo debería ser sentirlos con mayor intensidad.

¡Espíritu bendito, haz que suspiremos y clamemos por cosas mejores!

El hambre no es una sensación agradable. Sin embargo, son bienaventurados los que tienen hambre y sed de justicia. Estas almas no solo serán aliviadas, sino también saciadas. No se saciarán con un alimento ordinario, sino que su comida será digna de su Señor, porque serán saciadas por el mismo Dios.

Ven, no te entristezcas porque haya heladas y venga el hambre. Oigamos la voz del Salmista cuando desea y ansía ver a Dios engrandecido. «Que alaben al SEÑOR por su gran amor y por las obras maravillosas que ha hecho a favor de ellos» (Salmos 107:8).

MIRADA HACIA LO ALTO

—◆—

Pongan sus ojos en mí todos los términos de la tierra,
y reciban salvación, porque yo soy Dios, y no hay más.

ISAÍAS 45:22 (RVC)

Esta es una de las más grandes promesas y el fundamento de nuestra vida espiritual. La salvación viene por una mirada hacia Aquel que es «Dios justo y Salvador» (Isaías 45:21). ¡Cuán sencillo es el mandato! «Pongan sus ojos en mí». ¡Y cuán razonable es la demanda! En verdad, la criatura debe mirar al Creador. Durante mucho tiempo, hemos mirado a otras partes, justo es que miremos a quien nos invita a esperar en Él y nos promete la salvación.

¡Solamente una mirada! ¿Por qué no mirar ahora mismo? No debemos traer nada nuestro, sino mirar hacia arriba, a nuestro Señor en su trono al que subió desde la cruz. Una mirada no requiere ni preparación ni esfuerzo violento; no necesita inteligencia, ni sabiduría, ni riqueza, ni fuerza. Todo lo que necesitamos está en el Señor, nuestro Dios, y si a Él sólo miramos, todo será nuestro y seremos salvos.

Todos los que están lejos, vengan acá y miren. ¡Ustedes, términos de la tierra, vuelvan sus ojos! Desde las regiones más lejanas los hombres pueden ver el sol y gozar de su luz; del mismo modo, ustedes que se hallan al borde del infierno pueden con una sola mirada recibir la luz de Dios, la vida del cielo, la Salvación de Jesucristo, que es Dios, y, por lo tanto, puede salvar.

NINGUNA CONDENACIÓN

En esos días —dice el SEÑOR—, no se
encontrará pecado en Israel ni en Judá,
porque perdonaré al remanente que yo guarde.

JEREMÍAS 50:20

¡Extraordinaria promesa! ¡Cuán amplio es el perdón que aquí se ofrece a las naciones pecadoras de Israel y Judá! De tal manera será quitado el pecado que no aparecerá. ¡Gloria al Dios perdonador!

Satanás busca los pecados para acusarnos; nuestros enemigos los buscan para culparnos y nuestra propia conciencia los busca con un deseo morboso. Pero cuando el Señor nos aplica la sangre preciosa de Jesús, ningún temor hemos de tener a ese examen, porque no aparecerán, «no se encontrará pecado». El Señor ha hecho que no existan más los pecados de su pueblo. Él ha puesto fin al pecado y expiado la iniquidad. El sacrificio de Jesús ha hundido todos nuestros pecados en lo profundo del mar, y esto nos inunda de gozo.

Dios mismo es el que otorga el perdón a sus escogidos. Su palabra de gracia no es solamente la de un rey, es la palabra de un Dios. Él da la absolución y somos absueltos. Él es nuestra propiciación, y su pueblo está fuera de todo temor de condenación.

¡Bendito sea el nombre de nuestro Dios que borra nuestros pecados!

POCO A POCO

---

*Poco a poco, el SEÑOR tu Dios irá expulsando
a esas naciones de tu paso.*

DEUTERONOMIO 7:22

No esperemos ganar victorias para el Señor Jesús de un solo golpe. Los principios del mal y los malos hábitos difícilmente se abandonan. En ciertos lugares, se necesitan años de trabajo para extirpar alguno de los muchos vicios que mancillan a sus habitantes. Hemos de continuar la guerra con todas nuestras energías, aun cuando no veamos el resultado.

Nuestro trabajo en este mundo es conquistar para Jesús. Nada de compromisos, sino exterminio total. Tampoco hemos de buscar la popularidad, sino hacer guerra continua a la iniquidad. La incredulidad, la superstición, la bebida, la impureza, la opresión, la frivolidad, el error; todo debe desaparecer.

Sólo nuestro Dios puede hacerlo. El trabaja para sus fieles servidores, y, bendito sea su nombre, porque ha prometido que así obrará. «El SEÑOR tu Dios irá expulsando a esas naciones de tu paso». Pero lo hará poco a poco para que aprendamos a ser perseverantes, para que aumente nuestra fe, y para que vigilemos constantemente y evitemos toda confianza carnal. Demos gracias a Dios por el más pequeño éxito, y oremos para que nos sean concedidos otros. Nunca enfundemos la espada hasta que toda la tierra sea ganada para Cristo.

¡Ánimo, alma mía! ¡Sigue poco a poco, porque muchos pocos harán un ejército grande!

24 de noviembre

REPRENSIÓN Y PERDÓN
DEL PADRE

No nos reprenderá todo el tiempo,
ni seguirá enojado para siempre.

SALMOS 103:9

Dios nos reprenderá algunas veces; de lo contrario, no sería un padre sabio para hijos tan pobres y extraviados como somos nosotros. Su reprensión hace sufrir a los corazones sinceros, porque entonces sienten cuán profundamente le han ofendido, y cuán dignos son de su desagrado. Nosotros sabemos qué significa su reprensión, y nos doblegamos ante su voluntad, lamentando el habernos atraído su enojo.

¡Cuánto consuelo encontramos en estas líneas! «No nos reprenderá todo el tiempo». Si nos arrepentimos y volvemos a Él con corazón quebrantado, decididos a dejar el pecado, Él nos sonreirá inmediatamente. No le place mirar con enojo a los que ama; su deseo es que nuestro gozo sea cumplido.

Ven, busquemos su rostro, sin desesperarnos ni desalentarnos. Amemos al Dios que nos reprende, y pronto cantaremos: «Estabas enojado conmigo, pero ya no. Ahora me consuelas». ¡Fuera tristes presagios, que son como cuervos que turban mi alma! ¡Que entren palomas gozosas, esperanzas luminosas, recuerdos gratos! El juez que nos perdonó en otro tiempo, es ahora Padre que nos perdonará de nuevo, y en su amor inefable y eterno nos gozaremos.

25 de noviembre

MONTAÑA CONVERTIDA
EN LLANURA

*Nada impedirá el camino de Zorobabel, ni siquiera
una montaña gigantesca, ¡pues se convertirá en llanura
delante de él! Y cuando Zorobabel coloque la última
piedra del templo en su lugar, la gente gritará:
"¡Dios lo bendiga! ¡Dios lo bendiga!".*

ZACARÍAS 4:7

Tal vez, en este momento, encontremos en nuestro camino una montaña de dificultades, tristezas, necesidades, y nuestra razón natural no encuentra medio alguno para saltar por encima, cruzarla, o buscar otro camino. Pero si interviene la fe, de inmediato desaparece la montaña o se convierte en llanura. Pero ante todo la fe ha de oír la palabra del Señor: «No es por el poder ni por la fuerza, sino por mi Espíritu, dice el SEÑOR de los Ejércitos Celestiales» (Zacarías 4:6). Esta gran verdad es el secreto que nos hace afrontar las pruebas insuperables de la vida.

Comprendo que nada puedo hacer y toda confianza en los hombres es vana. «No es por el poder ni por la fuerza». Comprendo que no se debe confiar en ninguno de los medios visibles, sino en el poder del Espíritu invisible. Sólo Dios puede obrar, y no han de contar los medios humanos. Si realmente el Todopoderoso cuida de los intereses de su pueblo, entonces los montes desaparecerán. Los mundos son en su mano tan leves como la pelota en manos del niño; Él puede concederme este poder. Si el Señor me manda que traslade los Alpes, podré hacerlo en su nombre. Puede ser una gran montaña, pero hasta mi debilidad podrá reducirlo a llanura, porque el Señor lo ha dicho: ¿De qué temeré si Dios está por mí?

26 de noviembre

TRISTEZA CONVERTIDA EN GOZO

Su tristeza se convertirá en alegría.

JUAN 16:20 (NBLH)

*L*a tristeza que les embargaba era la muerte de su Señor y Maestro, la cual se convirtió en gozo cuando resucitó y se mostró en medio de ellos. Así serán transformadas todas las penas de los santos, incluso aquellas que parecen ser una fuente eterna de amargura.

Cuanto mayor sea la tristeza, mayor será el gozo. Si tenemos cargas de tristeza, con el poder de Dios pueden convertirse en toneladas de alegría. Por tanto, cuanto más amarga sea la pena, más sabroso será el placer; la oscilación del péndulo a la izquierda, lo hará subir más en la parte derecha. El recuerdo de la pena dará por contraste un sabor más delicioso a las alegrías que seguirán. El brillo del diamante resplandecerá más sobre un fondo negro.

¡Alma mía, esfuérzate! Dentro de poco estaré tan alegre como triste estoy ahora. Jesús me dice que, por un recurso celestial, mi tristeza se transformará en gozo. Ignoro cómo sucederá esto, pero lo creo, y empiezo a cantar anticipadamente. Esta depresión de espíritu no durará mucho; pronto estaré en el cielo con los que se gozan y alaban al Salvador día y noche, y allí cantaré la misericordia que me liberó de mis aflicciones.

27 de noviembre

SU PRESENCIA NOS HARÁ DESCANSAR

Y Él respondió: Mi presencia irá contigo,
y yo te daré descanso.

ÉXODO 33:14 (LBLA)

¡Preciosa promesa! Señor, dame la gracia de apropiár-mela personalmente. A veces tenemos que salir de nuestra morada, porque no tenemos aquí ciudad perma-nente. Con frecuencia sucede que cuando nos sentimos más felices en un lugar, somos repentinamente llevados a otra parte. Para este mal tenemos un antídoto seguro: el Señor nos acompañará. Su presencia es su favor, su cui-dado y poder siempre estarán con nosotros en cada paso de nuestra vida. Esto significa más de lo que dice; porque realmente Él lo es todo. Si Dios está con nosotros, posee-mos el cielo y la tierra. ¡Ven conmigo, Señor, y envíame adonde te plazca!

Pero buscamos un lugar de reposo. El texto lo pro-mete. Tendremos el descanso que sólo Él nos da, que procede de Él y en el cual nos guarda. Su presencia nos hará descansar aun cuando estemos de camino, incluso en medio de la batalla. ¡Descanso! Palabra bendita. ¿Pueden disfrutar de él los mortales? Sí, aquí está la promesa y por fe podemos pedir su cumplimiento. El descanso viene del Consolador, del Príncipe de Paz y del Padre glorioso que al séptimo día descansó de sus obras. Estar con Dios es descansar en el más amplio sentido de la palabra.

28 de noviembre

ALGO MEJOR QUE LA BUENA SUERTE

El SEÑOR mandará que la bendición sea contigo en tus graneros y en todo aquello en que pongas tu mano.

DEUTERONOMIO 28:8 (LBLA)

Si obedecemos al Señor, nuestro Dios, Él bendecirá todo lo que nos da. Las riquezas, cuando son bendecidas por Dios, no serán una maldición. Cuando los hombres, por tener más de lo que necesitan, empiezan a guardar en sus graneros, pronto cunde la podredumbre de la avaricia o el tizón de la dureza del corazón. Pero no sucede así en los dones de Dios. La discreción administra los ahorros, la generosidad dirige los gastos, la gratitud mantiene la consagración, y la alabanza aumenta el gozo. ¡Cuán bueno es tener la bendición de Dios sobre la caja fuerte y sobre todas nuestras cuentas bancarias!

¡Cuán favorecidos somos con esta última frase! «En todo aquello en que pongas tu mano». Jamás pondríamos nuestra mano sobre cosa alguna que no fuera digna de la bendición de Dios, ni tampoco la emprenderíamos sin oración y fe. ¡Qué privilegio poder esperar la ayuda del Señor en cada empresa! Hablamos de personas con buena suerte; la bendición de Dios es mejor que la buena suerte. La protección de los grandes no es nada comparada con el favor de Dios. La confianza en nosotros mismos está bien, pero la bendición de Dios vale infinitamente más que todos los éxitos del talento, del ingenio o de la diplomacia.

29 de noviembre
SABER ESPERAR

———◆———

El que creyere, no se apresure.

Isaías 28:16 (RVR-1960)

Se apresurará a guardar los mandamientos del Señor, pero no con impaciencia ni de un modo impropio.

No se apresurará a huir porque no le dominará el temor que causa pánico. Cuando otros huyan desacertadamente de aquí para allá, el creyente permanecerá tranquilo y reposado, y así podrá obrar con sabiduría en la hora de la prueba.

No se apresurará en sus esperanzas deseando en el acto lo bueno que quiere, sino que esperará hasta que Dios lo quiera. Algunos se desaniman e impacientan por tener el pájaro en la mano, porque creen que la promesa del Señor es como un águila volando, y que no la alcanzarán. Los creyentes saben esperar.

No se apresurará en lanzarse al mal o a cometer actos dudosos. La incredulidad siempre es activa y ocasiona la ruina; pero la fe sólo tiene prisas en aquello que puede proporcionarle éxitos, y por eso no siente la necesidad de volver al camino que siguió imprudentemente.

¿Qué hago yo? ¿Creo y, por tanto, guardo el paso del creyente que es andar con Dios? Descansa en el Señor y espera en Él! ¡Alma mía, hazlo así de inmediato!

30 de noviembre
LA VICTORIA ES NUESTRA

No temas ni te desalientes, porque el propio
SEÑOR irá delante de ti. Él estará contigo;
no te fallará ni te abandonará.

DEUTERONOMIO 31:8

He aquí una declaración que, si tenemos en perspectiva una empresa o una lucha peligrosa, nos infundirá valor para llevarla a cabo. Si el Señor va delante de nosotros, estaremos seguros siguiéndole. ¿Quién puede oponerse a nuestro paso si el mismo Señor va a la vanguardia? Compañeros de armas, ¡avancen con decisión! ¿Por qué dudamos cuando la victoria es nuestra?

El Señor no solo va delante: está con nosotros. Arriba, debajo, alrededor y dentro, está el Omnipotente, el Omnisciente. En todo tiempo y por la eternidad, estará con nosotros como lo ha estado hasta el presente. ¡Qué fuerza debe infundirnos este pensamiento! ¡Levántense con valor, soldados de la cruz, porque el Señor de los ejércitos está con nosotros!

Puesto que va delante de nosotros y con nosotros, nunca dejará de ayudarnos. Él no puede faltar a su palabra y jamás faltará; seguirá prestándonos su ayuda según nuestra necesidad, hasta el fin. Tampoco nos desamparará. Siempre será poderoso para darnos fuerza y ayuda hasta que hayan terminado los días de la lucha. No nos desalentemos; porque el Señor de los ejércitos irá con nosotros a la batalla, soportará el ardor de la lucha y nos dará la victoria.

1 de diciembre

CAMINAR SEGURO

Las personas con integridad caminan seguras.

PROVERBIOS 10:9

Su andar será lento, pero seguro. El que se afana por ser rico no será inocente ni estará seguro; pero aquel que permanece firme en la integridad y persevera en ella, si no consigue riquezas, ciertamente tendrá paz. Cuando hacemos lo que es justo y bueno, somos como el que anda sobre la peña, porque estamos seguros de que nuestros pies se apoyan en terreno sólido. En cambio, el éxito más grande alcanzado por medios ilícitos, siempre será incierto y engañador. Quien así lo ha obtenido, andará siempre temeroso de que llegue el día de rendir cuentas y pierda todas sus ganancias.

Sigamos el camino de la verdad y la justicia, y con la gracia de Dios, imitemos a nuestro Señor y Maestro en cuya boca jamás hubo engaño. No temamos a la pobreza ni el ser tratados con menosprecio. Nunca realicemos acto alguno que nuestra conciencia no pueda justificar.

Si perdemos nuestra paz, perdemos una cuantiosa fortuna. Siguiendo el camino trazado por Dios, y no apartándonos jamás de los dictámenes de nuestra conciencia, nuestro camino estará al abrigo de cualquier accidente. «¿Quién querrá hacerles daño si ustedes están deseosos de hacer el bien?» (1 Pedro 3:13). Tal vez seremos llamados necios si nos mantenemos íntegros; pero donde se pronuncia un juicio infalible, seremos aprobados.

2 de diciembre
LA MÁS SUBLIME COMPAÑÍA

Al SEÑOR he puesto continuamente delante de mí;
porque está a mi diestra, permaneceré firme.

SALMOS 16:8 (LBLA)

Esta es la mejor manera de vivir. Teniendo siempre a Dios delante de nuestros ojos, gozaremos de la más sublime compañía, del consuelo más dulce y de la más poderosa influencia. Este ha de ser nuestro propósito: «He puesto» y mantenido con decisión. Mirar siempre el ojo del Señor y oír su voz, tal debe ser la posición normal del hombre piadoso. Su Dios está cerca de Él, llenando su horizonte, trazando el camino de su vida y ofreciéndole tema para sus meditaciones. ¡Cuantas locuras y pecados evitaríamos, cuántas virtudes practicaríamos, y de cuántos goces disfrutaríamos si siempre tuviéramos al Señor delante de nosotros! ¿Y por qué no?

Este es el secreto de nuestra seguridad. Con el Señor siempre a nuestro lado, nos sentimos seguros porque lo tenemos cerca. Está a nuestra diestra para guiarnos y ayudarnos, por tanto, no nos espanta ni el temor, ni la violencia, ni el engaño, ni la ligereza de los hombres. Cuando Dios se mantiene a nuestra diestra, nosotros permanecemos derechos.

¡Vengan, enemigos de la verdad! Arremetan contra mí como una furiosa tempestad. Dios me sostiene; Dios está conmigo. «¿Por qué habría de temer?» (Salmos 27:1).

SEGURIDAD EN SITIOS PELIGROSOS

---

*Haré un pacto de paz con mi pueblo y alejaré de
la tierra a los animales peligrosos. Entonces los
israelitas podrán acampar seguros en los lugares
más silvestres y dormir sin temor en el bosque.*

EZEQUIEL 34:25

Es una gracia extraordinaria que Dios se digne estable-
cer un pacto con el hombre, criatura débil, pecadora y
mortal. Pero el Señor ha quedado así comprometido por
medio de un solemne contrato, del cual no se apartará
jamás. En virtud de este pacto, estamos seguros. Así como
los leones y lobos son ahuyentados por los pastores, así
también huirán las influencias perniciosas. El Señor nos
guarda de todo lo que pueda dañarnos o destruirnos; los
animales peligrosos serán alejados de la tierra. ¡Oh, Señor,
haz que esta promesa se cumpla entre nosotros!

El pueblo de Dios gozará de seguridad en los sitios de
mayor peligro; los desiertos y los bosques se convertirán
en pastos y rediles para la manada de Cristo. Si el Señor
no mejora nuestro sitio, nos mejorará a nosotros en Él.
El desierto no es un lugar habitable, pero el Señor puede
poblarlo; en los bosques no podemos dormir tranquilos,
pero en ellos Dios dará a sus hijos el sueño reparador.
Nada, ni de fuera ni de dentro, debe espantar al hijo de
Dios. Por fe, el desierto puede convertirse en jardín del
cielo, y los bosques en la puerta de la gloria.

4 de diciembre
CUBIERTOS Y PROTEGIDOS

*Con sus plumas te cubrirá y con sus alas te dará refugio.
Sus fieles promesas son tu armadura y tu protección.*

SALMOS 91:4

¡Qué comparación tan agradable! Como la gallina protege a sus polluelos debajo de sus alas, el Señor defenderá a su pueblo y le permitirá refugiarse en Él. ¿No hemos visto a los polluelos asomarse por debajo de las alas de su madre? ¿No hemos oído su piar gozoso? Refugiémonos en Dios y sentiremos una paz soberana sabiendo que Él nos guarda.

Mientras nos cubre el Señor, tenemos confianza. Sería extraño que no fuera así. ¿Cómo podemos desconfiar de Dios cuando Él mismo es casa y hogar, refugio y descanso para nosotros?

Siendo así, podemos lanzarnos en su nombre a la guerra estando seguros de su guarda. Necesitamos armadura, y cuando, como el polluelo, confiamos plenamente en el Señor, sabemos que sus fieles promesas nos cubren de pies a cabeza. Dios no puede mentir; ha de ser fiel a su pueblo y sus promesas se cumplirán. Esta verdad es el único escudo que necesitamos. Detrás de Él, podemos desafiar todos los dardos del enemigo.

¡Ven, alma mía! Escóndete bajo sus alas, que son tan grandes, y desaparece entre sus plumas, que son tan suaves! ¡Qué contenta estás!

FORTALEZAS
EN LAS ALTURAS

---

*Éstos son los que habitarán en las alturas. Las rocas
de los montes serán su fortaleza; se les proveerá
alimentos, y tendrán agua en abundancia.*

ISAÍAS 33:16

El hombre que ha recibido de Dios la gracia de ser inta-
chable en su vida vive en la más completa seguridad.

Habita en las alturas, por encima del mundo, fuera de
los tiros del enemigo, y cerca del cielo. Siente generosos
deseos y se inspira en elevados móviles; se regocija en los
montes, del amor eterno donde mora.

Fortalezas de rocas serán su refugio, porque lo más
consistente en el universo son las promesas y los propósitos del Dios inmutable, y éstos son la defensa del creyente
sumiso.

«Se les proveerá alimentos». De este modo será susten-
tado por una gran promesa. El enemigo no puede escalar
el castillo, ni derribar la muralla, de modo que la fortaleza
no pueda ser tomada ni por asalto, ni por el hambre. El
Señor que hizo llover el maná en el desierto guardará a su
pueblo con cuantiosas reservas, aun cuando se vea cercado
de enemigos que quisieran rendirlos por el hambre.

¿Y si falta agua? Imposible, porque «tendrán agua en
abundancia». Dentro de la fortaleza inexpugnable, hay un
manantial perenne. El Señor se cuida de que nada falte.
Nadie podrá tocar al ciudadano de la verdadera Sión. Por
fiero que sea el enemigo, el Señor guardará a sus escogidos.

6 de diciembre

PROTECCIÓN CONTRA PELIGROS

Cuando pases por aguas profundas, yo estaré contigo.
Cuando pases por ríos de dificultad, no te ahogarás.
Cuando pases por el fuego de la opresión,
no te quemarás; las llamas no te consumirán.

ISAÍAS 43:2

No hay puente; forzosamente hemos de pasar por las aguas y sentir el ímpetu de los ríos. En la inundación, la presencia de Dios es mejor que una barca. Seremos probados, pero saldremos victoriosos porque el mismo Dios, más poderoso que las muchas aguas, estará con nosotros. Si por algún tiempo parece que está lejos de nosotros, es indudable que siempre estará con su pueblo, en medio de las dificultades y peligros. Las tristezas de la vida pueden llegar a su colmo, pero el Señor presta su ayuda adecuada según las necesidades.

Los enemigos del Señor pueden sembrar nuestro camino de peligros: persecuciones crueles, que para nosotros son como un horno ardiente. ¿Y qué haremos? Andaremos sobre las ascuas. Si Dios está con nosotros, no nos quemaremos; ni siquiera se percibirá en nosotros el olor del fuego. ¡Qué maravillosa seguridad tiene el peregrino nacido del cielo y que al cielo va! Las aguas profundas no le ahogarán, ni el fuego le consumirá. Tu presencia, oh Señor, es la protección de tus santos contra los múltiples peligros del camino. Haz que con fe me entregue a ti, y mi espíritu entrará en reposo.

FUERZA Y PAZ

El SEÑOR le da fuerza a su pueblo;
el SEÑOR lo bendice con paz.

<small>SALMOS 29:11</small>

David acaba de oír la voz del Señor en una tormenta y ha visto su poder en la tempestad descrita en este Salmo; ahora, en la calma que sigue a la tormenta, se le promete esa fuerza sobrenatural, por la que el cielo y la tierra son sacudidos, para fortalecer a los escogidos. El que dispara su arco certero dará a sus redimidos alas de águila. El que estremece la tierra con su voz, espantará los enemigos de sus siervos, y dará paz a sus hijos. ¿Por qué nos afligimos cuando contamos con una fuerza divina? ¿Por qué nos turbamos cuando estamos en posesión de la paz del Señor? Jesús, el Dios fuerte, es nuestra fuerza, revistámonos de Él para emprender el trabajo que nos manda. Jesús, bendito Señor, es también nuestra paz; descansemos en Él hoy, y cesarán nuestros temores.

¡Qué bendición que el Señor nos da fuerza y paz, desde ahora y para siempre! El mismo Dios, que anda sobre la tempestad en los días de tormenta, dominará también nuestras tempestades y tribulaciones y nos mantendrá en paz. Seremos fortalecidos para resistir tormentas, y tendremos canciones para los tiempos de prosperidad. Cantemos ahora a Dios, nuestra fuerza y nuestra paz.

¡Arrojemos los pensamientos sombríos! ¡Tengamos fe y esperanza!

HONOR PARA EL SEGUIDOR

Todo el que quiera ser mi discípulo debe seguirme,
porque mis siervos tienen que estar donde yo estoy.
El Padre honrará a todo el que me sirva.

JUAN 12:26

La imitación constituye el servicio más elevado. Si quiero ser un siervo de Cristo, he de seguirle. Hacer lo que hizo Jesús es el medio más seguro de glorificar su nombre. Todos los días debo tener ante los ojos este propósito.

Si imito a Jesús, tendré su compañía, y si me parezco a Él, estaré con Él. A su tiempo me llevará consigo a sus moradas, si yo me preocupo de seguirle en la tierra. El Señor llegó a su trono después de haber sufrido; y nosotros, después de haber sufrido durante algún tiempo con Él en esta vida, llegaremos a la gloria. El resultado de la vida del Señor, dará el fruto de la nuestra; si le acompañamos en la humillación, gozaremos con Él en la gloria. Anímate, alma mía, y pon tu pie en las huellas ensangrentadas de tu Señor.

No olvidemos nunca que el Padre honrará a los que siguen a su Hijo. Si ve que le soy fiel, me dará muestras de su favor y me honrará por amor a su Hijo. Ningún honor puede compararse con éste. Los príncipes y emperadores solo pueden dar honores fugaces; la sustancia de la verdadera gloria viene del Padre. Por lo tanto, sigue tú, alma mía, al Señor Jesús más de cerca que nunca.

9 de diciembre

CON SÓLO CREER

Todas las cosas son posibles para el que cree.

MARCOS 9:23 (LBLA)

La incredulidad es el mayor obstáculo en nuestro camino; en realidad, es el único impedimento en nuestra vida espiritual. El Señor puede hacerlo todo; pero cuando Él establece la norma de que conforme a nuestra fe será hecho, nuestra incredulidad ata las manos de su omnipotencia.

Con solo creer se disiparán todos los aliados del mal. La verdad humillada levantará cabeza si confiamos en el Dios de la verdad. Con nuestra carga de sufrimientos, podremos cruzar sin perjuicio las olas del dolor, si sabemos ceñir nuestros lomos con el cinturón de la paz, el cual es ajustado por las manos de Dios.

¿Que no podemos creer? ¿Todo es posible menos creer en Dios? No obstante, Él siempre es verdadero. ¿Por qué no creemos en Él? Siempre es fiel a su palabra. ¿Por qué no confiamos? Cuando nuestro corazón es sano, la fe no nos cuesta esfuerzo alguno; entonces nos parece tan natural apoyarnos en Dios, como a un niño confiar en su padre.

Lo más lamentable es que podemos creer en Dios en todo tiempo, menos en la prueba actual. Esto es una torpeza. Sacude, alma mía, este pecado, y confía en Dios en la prueba presente. Hecho esto, todo lo demás corre de su cuenta.

DIOS, NUESTRO ALIADO

*Pero si en verdad obedeces su voz y haces todo
lo que yo digo, entonces seré enemigo de tus
enemigos y adversario de tus adversarios.*

ÉXODO 23:22 (LBLA)

Cristo, el Señor, debe ser reconocido y obedecido en medio de su pueblo. Él es el vicario de Dios, y habla en nombre del Padre; a nosotros nos toca hacer inmediatamente lo que Él manda. Si despreciamos su precepto, perderemos el fruto de la promesa.

¡Cuán grande es la bendición de una obediencia perfecta! El Señor establece con su pueblo una alianza ofensiva y defensiva. Bendecirá a los que nos bendicen y maldecirá a los que nos maldicen. Dios estará con todo su corazón al lado de su pueblo, y en todas sus situaciones le mostrará la más viva simpatía. ¡Qué protección nos promete! No nos preocupemos de nuestros adversarios cuando sabemos que son los adversarios de Dios. Si el Señor se ha encargado de nuestra defensa, podemos dejar en sus manos a nuestros enemigos.

Por lo que a nuestros intereses respecta, no tenemos enemigos; pero por causa de la verdad y la justicia, tomamos nuestras armas y salimos al combate. En esta guerra santa somos aliados del Dios eterno, y si diligentemente obedecemos su ley, Él promete emplear todo su poder en nuestro favor. Por tanto, a nadie temeremos.

11 de diciembre

CONFIAR Y OBRAR

*Confía en el SEÑOR y haz el bien; entonces
vivirás seguro en la tierra y prosperarás.*

SALMOS 37:3

Confiar y obrar son inseparables en el orden estable-
cido por el Espíritu Santo. Deberíamos tener fe y esa
fe debería obrar. La fe en Dios nos hace obrar santamente;
confiamos en Dios para el bien, y obramos para hacer lo
que es bueno. No permanecemos inactivos porque confiamos, sino que nos despertamos y esperamos que el Señor
obre por medio de nosotros. No es nuestra condición pre-
ocuparnos y hacer el mal, sino confiar y hacer el bien; no
podemos confiar sin obrar, ni obrar sin confiar.

Nuestros enemigos, si pudieran, tratarían de desa-
rraigarnos, pero confiando y obrando bien, viviremos en
la tierra. No iremos a Egipto, sino que permaneceremos
en la tierra de Emanuel, la providencia de Dios, Canaán
del amor del pacto. Los enemigos de Dios no podrán tan
fácilmente deshacerse de nosotros, ni echarnos fuera, ni
quebrantarnos. Donde Dios nos ha dado un nombre y un
lugar, allí permaneceremos.

¿Y qué decir de la provisión para nuestras necesidades?
El Señor ha puesto la palabra «seguro» en esta promesa. Tan
cierto como el Señor es verdadero, así su pueblo prosperará
y será alimentado. A ellos les pertenece confiar y hacer el
bien, y el Señor obrará conforme a su fe. Si no son mante-
nidos por los cuervos, por un Abdías, o por una viuda, lo
cierto es que serán alimentados. ¡Fuera todo temor!

12 de diciembre
UN CORAZÓN TRANQUILO

En la tranquilidad y en la confianza está su fortaleza.

ISAÍAS 30:15

Siempre será una debilidad afligirse y preocuparse, desconfiar y cavilar. ¿Qué provecho sacamos de esto? ¿Qué conseguimos con la duda y el enojo?

¿Acaso no nos incapacitamos para la acción y turbamos nuestro espíritu de modo que no seamos capaces de tomar una decisión prudente? Nos hundimos con nuestros esfuerzos cuando podíamos salir a flote por la fe.

¡Quién tuviera la gracia de permanecer tranquilo! ¿Por qué corremos de casa en casa para contar la triste historia que nos aflige cada vez más que la repetimos? Y si nos quedamos en nuestra casa, ¿por qué lloramos angustiosamente pensando en cosas que tal vez no se realizarán? Bueno sería refrenar la lengua, pero mejor sería conservar el corazón tranquilo. ¡Ojalá pudiéramos quedar quietos y saber que Él es Dios! (Salmos 46:10).

¡Quién pudiera tener la gracia de confiar en Dios! El Santo de Israel tiene que defender y librar a los suyos; no puede volverse atrás de sus compromisos. Podemos estar seguros de que cada palabra suya permanecerá, aunque se moviesen los montes. Él es digno de nuestra fe, y si confiamos en Él, podremos ser tan felices como los espíritus delante de su trono. Vuelve, alma mía, a tu reposo, y reclina tu cabeza en el pecho de tu Señor Jesús.

13 de diciembre
LUZ EN LA OSCURIDAD

En las horas nocturnas todavía habrá luz.

ZACARÍAS 14:7

*E*sto es sorprendente, porque todo indica que, al atardecer, oscurece. Dios acostumbra a obrar de un modo tan distinto a como obramos nosotros, tan por encima de nuestros temores y esperanzas, que nos sentimos sorprendidos y obligados a adorar su gracia soberana. No acontecerá con nosotros según los presentimientos de nuestro corazón: la oscuridad no llegará a ser como la noche, sino que repentinamente se esclarecerá como el día. Nunca desmayemos. En los tiempos más adversos, confiemos en el Señor, porque Él cambia la oscuridad de la muerte en la claridad de la mañana. Cuando el trabajo de fabricar ladrillos se dobló entonces es cuando apareció Moisés, y cuando abunda la tribulación, es señal de que nos acercamos al final.

Esta promesa debe ayudarnos a ser pacientes. Tal vez la luz no amanecerá del todo hasta que nuestras esperanzas estén totalmente agotadas esperando todo el día en vano. Para el impío el sol se pone cuando aún es de día; para el justo se levanta cuando casi es de noche. ¿No podemos esperar con paciencia aquella luz divina, que tal vez tarde en llegar, pero que es digna de ser esperada?

Y ahora, alma mía, acepta esta palabra y canta al que te bendecirá en vida y en muerte, de modo que superará todo lo que tú has visto y esperado en tus mejores días.

TODO NUEVO

Y el que estaba sentado en el trono dijo:
«¡Miren, hago nuevas todas las cosas!».

APOCALIPSIS 21:5

¡Gloria sea dada a su nombre! Todas las cosas necesitan ser renovadas, porque desgraciadamente están rotas y gastadas por el pecado. Ya es tiempo de que el vestido viejo sea enrollado y desechado, y de que la creación entera se vista de fiesta. Pero nadie, sino el Señor que las creó, puede hacer nuevas todas las cosas, porque tanto poder se necesita para sacar algo del mal, como de la nada. El Señor Jesús ha emprendido la obra y es capaz de llevarla a cabo. Él ya ha comenzado y durante siglos ha perseverado en renovar los corazones y el orden de la sociedad. Pronto renovará por completo la forma de ser de los hombres, y la naturaleza humana será transformada por la gracia. Llegará el día en que el cuerpo será hecho nuevo y resucitará a la semejanza de su cuerpo glorioso.

¡Qué gozo supone pertenecer a un reino en el cual todo se está renovando por el poder de su Rey! No morimos, sino que avanzamos hacia una vida más gloriosa. A pesar de la oposición de los agentes del mal, nuestro glorioso Jesús está realizando su propósito haciéndonos «nuevos», y haciendo «nuevas» todas las cosas que nos rodean, y tan llenas de hermosura como cuando al principio salieron de las manos de su Creador.

PAZ MUNDIAL

Ellos forjarán sus espadas en rejas de arado y sus lanzas en herramientas para podar. No peleará más nación contra nación, ni seguirán entrenándose para la guerra.

ISAÍAS 2:4

¡Ojalá lleguen pronto estos felices tiempos! Actualmente, las naciones están armadas hasta los dientes y cada día aparecen nuevos inventos, cada vez más mortíferos, como si la gloria principal del hombre fuera destruir por millares a sus semejantes. Sin embargo, la paz prevalecerá algún día, de modo que los instrumentos de destrucción serán transformados en objetos muy distintos y para usos más provechosos.

¿Cómo se efectuará esto? ¿Por el comercio, la civilización, o el arbitraje? No lo creo. Las experiencias pasadas nos impiden confiar en medios tan poco adecuados. La paz solamente será establecida por el Príncipe de Paz. Él debe enseñar al pueblo por su Espíritu, renovar los corazones con su gracia y reinar con la soberanía de su poder. Entonces los hombres dejarán de herir y matar. El hombre, cuando se enfurece, es un monstruo; sólo el Señor Jesús puede convertir el león en cordero. Con solo transformar su corazón, desaparecerán sus sanguinarios instintos. Que cada lector de este libro ore hoy, sobre todo, al Señor y dador de la paz para que ponga fin a las guerras, y restaure la paz en el mundo.

16 de diciembre

CARROS DE HIERRO

---

*Y también expulsarán a los cananeos de
los valles, aunque ellos sean fuertes y tengan
carros de combate hechos con hierro.*

JOSUÉ 17:18

Estar seguro de la victoria es un estímulo del valor, porque entonces el hombre sale confiado a la guerra, y se muestra valiente cuando todo incitaría al temor. Nuestra lucha se desencadena contra el mal dentro de nosotros y alrededor nuestro y debiéramos estar persuadidos de que podemos vencer y que, en el nombre de Jesús, venceremos. No estamos para caer, sino para vencer: el triunfo será nuestro. La omnipotente gracia de Dios se nos concede para que destruyamos el mal en todas sus formas; de aquí viene la seguridad de la victoria.

Ciertos pecados nuestros hallan verdaderos carros de hierro en nuestro temperamento, en nuestros hábitos arraigados y en nuestras ocupaciones. No obstante, debemos vencerlos. Son poderosos, y ante ellos nos sentimos débiles; pero, en el nombre de Dios, los destruiremos. Si un pecado nos domina, no somos siervos libres del Señor. Aunque el hombre esté preso con una sola cadena, no por eso deja de ser cautivo. No podemos entrar en el cielo siendo esclavos de un solo pecado, porque el Señor ha dicho a los santos: «El pecado ya no es más su amo» (Romanos 6:14). Levántate y mata al cananeo, y haz pedazos cada carro de hierro. El Señor de los ejércitos es con nosotros, ¿y quién podrá resistir su poder vencedor contra el pecado?

17 *de diciembre*

DIVINA COMPAÑÍA

Entonces estaremos con el Señor para siempre.

1 Tesalonicenses 4:17

Mientras estemos aquí, el Señor está con nosotros, y cuando seremos llamados, estaremos con Él. El creyente no puede estar separado de su Salvador. Son una cosa y siempre lo serán. Jesús no puede estar sin su pueblo; de lo contrario, sería una cabeza sin cuerpo. Ya sea que seamos arrebatados en el aire, o descansemos en el paraíso, o moremos aquí, siempre estamos con Jesús. ¿Quién nos apartará de Él?

¡Qué inmenso gozo! Nuestro honor supremo, nuestro descanso, nuestro consuelo y gozo son estar con el Señor. Nada podemos soñar que pueda exceder, ni siquiera igualar, esta divina compañía. Por una santa comunión, debemos estar con Él en su humillación y sufrimiento, para que podamos estar con Él en la gloria. Pronto descansaremos en Él en su sabiduría, en su esperanza, y en su manifestación gloriosa. Compartiremos las mismas pruebas y gozaremos del mismo triunfo.

Oh, mi Señor, si he de estar eternamente contigo, mi destino es incomparable. Ni a los mismos arcángeles enviaré, porque mi anhelo supremo es estar con el Señor. Ni las arpas de oro, ni las coronas inmarcesibles, ni la luz sin nubes, constituyen mi dicha; solo Jesús, y yo siempre con Él en la más íntima comunión, será mi verdadera gloria.

18 de diciembre

AMPARADOS Y GUARDADOS

*Como aves que vuelan, así protegerá
el SEÑOR de los ejércitos a Jerusalén.*

ISAÍAS 31:5 (LBLA)

El ave se apresura con rápido vuelo a socorrer a sus polluelos. No malgasta el tiempo en el camino cuando viene a darles de comer o a librarles del peligro. Así acudirá el Señor, con alas de águila para defender a sus escogidos; volará sobre las alas del viento.

La madre extiende sus alas para cubrir en el nido a sus pequeños. Los esconde interponiendo su propio cuerpo. La gallina comunica su propio calor a sus pollos y de sus alas hace casa donde moran contentos. Así obra el Señor para proteger a sus escogidos. Él mismo es su refugio, su morada, su todo.

Como aves que vuelan y como aves que protegen (la palabra tiene ambos significados), así hará el Señor con nosotros, y esto lo repetirá con éxito muchas veces. Seremos amparados y guardados de todo mal: el Señor, que se compara a las aves, no será como ellas en su debilidad, porque es el Señor de los ejércitos. El amor eterno será pronto para defender y seguro en su protección. Sea este nuestro consuelo. Las alas de Dios son más rápidas y solícitas que las del ave, y nosotros confiaremos a su sombra desde ahora y para siempre.

19 de diciembre

NI UN SOLO HUESO QUEBRANTADO

———— ◆ ————

*Él guarda todos sus huesos; ni uno
de ellos será quebrantado.*

SALMOS 34:20 (LBLA)

*E*sta promesa, según el contexto, se refiere al justo muy afligido: «La persona íntegra enfrenta muchas dificultades, pero el SEÑOR llega al rescate en cada ocasión» (Salmos 34:19). Podrá ser herido, pero no sufrirá grandes daños: «ni uno solo de sus huesos será quebrantado».

Esto es un gran consuelo para los hijos de Dios en la prueba, consuelo que yo puedo aceptar, porque hasta el presente, no he sufrido perjuicio alguno por mis aflicciones. No he perdido ni la fe, ni la esperanza, ni el amor. Al contrario, estas gracias, que son la fuerza del carácter, han ganado en intensidad y energía. Tengo más conocimiento, más experiencia, más paciencia y más firmeza de lo que tenía antes de la prueba. Ni siquiera mi gozo ha sido destruido. La enfermedad, el luto, el abatimiento, la calumnia y la contradicción me han producido muchas contusiones; pero éstas han sanado, y no hubo fractura doble ni sencilla de hueso. La razón es fácil de comprender. Si confiamos en el Señor, Él guarda todos nuestros huesos, y si Él los guarda, podemos estar seguros de que ni uno solo será quebrantado.

Corazón mío, no te entristezcas. Estás resentido, pero los huesos no son quebrantados. Persevera en medio de las dificultades y desafía al temor.

SIN TEMOR A
LOS HOMBRES

*Yo, yo soy vuestro consolador. ¿Quién eres tú que
temes al hombre mortal, y al hijo del hombre que
como hierba es tratado? ¿Has olvidado al SEÑOR,
tu Hacedor, que extendió los cielos y puso los cimientos
de la tierra, para que estés temblando sin cesar todo el
día ante la furia del opresor, mientras éste se prepara
para destruir? Pero ¿dónde está la furia del opresor?*

ISAÍAS 51:12-13 (LBLA)

Tomemos este mismo versículo como la porción de
hoy. No es preciso ampliarlo. Tú, que tiemblas, léelo,
créelo, nútrete de él, y pide al Señor su cumplimiento.
Después de todo, a quien temes es un mero hombre; pero
el que promete confortarte es Dios, tu Hacedor, el Creador del cielo y de la tierra. Su consuelo infinito supera un
peligro limitado.

«Dónde está la furia del opresor?»: en la mano del
Señor. Se trata del furor de un hombre mortal, que termina como el soplo de sus narices. ¿Por qué, pues, estamos atemorizados de un hombre que es tan débil como
nosotros? No deshonremos a nuestro Dios haciendo del
hombre apocado un Dios. Podemos hacer del hombre un
ídolo si le tememos, o le rendimos un amor exagerado.
Tratemos a los hombres como hombres y a Dios como
Dios, y entonces seguiremos pacíficamente la senda del
deber, temiendo al Señor, y no temiendo a los hombres.

DEL ENOJO AL AMOR

———— ◆ ————

Volverás a tener compasión de nosotros.
¡Aplastarás nuestros pecados bajo tus pies y los
arrojarás a las profundidades del océano!

MIQUEAS 7:19

Dios jamás abandona su amor, pero deja pronto su ira. El amor a sus escogidos está en conformidad con su carácter; su ira con su deber; ama porque es amor, se enoja porque es necesario para nuestro bien. Él volverá al lugar donde su corazón descansa, es decir, al amor a los suyos, y, por tanto, tendrá compasión de nuestros dolores y les pondrá fin.

¡Qué promesa tan magnífica! «Aplastarás nuestros pecados bajo tus pies». Los vencerá. Procuran esclavizarnos, pero el Señor nos dará la victoria con su diestra. Como los cananeos, serán vencidos, dominados y, finalmente destruidos.

¡Y cuán gloriosamente es quitada la culpabilidad de nuestros pecados! Por numerosos que sean, los «arrojará» (solo un brazo omnipotente podría obrar tal maravilla) «a las profundidades del océano», donde se hundieron Faraón y sus carros. No los echará a la superficie del agua, de donde podrían salir con la marea, sino que serán arrojados «a las profundidades». Han desaparecido todos. Igual que piedras, descendieron al fondo. ¡Aleluya! ¡Aleluya!

SIEMPRE PRESENTE

*Dios es nuestro refugio y fortaleza, nuestro
pronto auxilio en las tribulaciones.*

SALMOS 46:1 (LBLA)

Una ayuda que no llega cuando la necesitamos vale poco. El áncora abandonada en casa, de nada vale para el marinero en el momento de la tormenta; el dinero que en otro tiempo poseyó el deudor, nada vale si se ha extendido contra él una demanda judicial. Pocas ayudas terrenales pueden llamarse «prontas»: en general, se hallan lejos cuando hay que buscarlas, cuando se utilizan, y aún más lejos después de usarlas. Pero nuestro Dios es «pronto» cuando le buscamos; «pronto» cuando le necesitamos, y «pronto» cuando hemos experimentado su ayuda.

Viene en nuestro auxilio antes que pueda llegar el amigo más cercano, porque durante la prueba está en nosotros; más presente de lo que estamos nosotros en nosotros mismos, porque a veces carecemos de presencia de ánimo. Él está siempre presente, eficazmente presente, simpáticamente presente, totalmente presente. Está presente ahora si es un tiempo sombrío: descansemos en Él. Es nuestro refugio: escondámonos en Él; es nuestra fortaleza: revistámonos de Él; es nuestro amparo: apoyémonos en Él; nuestro pronto auxilio: descansemos ahora mismo en Él. No es preciso que pasemos ansiedad ni temor. «El SEÑOR de los Ejércitos Celestiales está entre nosotros; el Dios de Israel es nuestra fortaleza» (Salmos 46:11).

23 de diciembre

LO MEJOR DE LOS CIELOS

Y de José, dijo:
Bendita del SEÑOR sea su
tierra, con lo mejor de los cielos, con el rocío

y con las profundidades que están debajo.

DEUTERONOMIO 33:13 (LBLA)

Podemos ser enriquecidos con los mismos bienes que los prometidos a José, y en un sentido más amplio todavía. Oh, si tuviéramos «lo mejor de los cielos». El poder de Dios desplegado en nuestro favor, y la manifestación del poder de lo alto, son cosas preciosas. La bendición de las tres divinas Personas, de amor, gracia y comunión, la estimamos más que el oro fino. Las cosas de la tierra nada son comparadas con las cosas del cielo.

«El rocío», ¡cuán precioso es esto! ¡Cómo oramos y adoramos cuando tenemos el rocío! ¡Qué refrigerio, qué crecimiento, qué perfume y qué vida hay en nosotros cuando el rocío está a nuestro alrededor! Somos plantas del jardín formado por la diestra del Señor, y necesitamos el rocío de su Santo Espíritu.

«Las profundidades que están debajo». Esto, sin duda, se refiere al océano invisible, que alimenta todos los manantiales que alegran la tierra. ¡Oh, qué bendición sacar agua de las fuentes eternas! Ésta es una dádiva inefable que todo creyente ansía y no descansa hasta poseerla. La completa suficiencia del Señor es nuestra para siempre. Recurramos a ella ahora mismo.

EL ADVERSARIO MENTIROSO

Tus enemigos serán hallados mentirosos.

DEUTERONOMIO 33:29
(VERSIÓN INGLESA KJV)

*E*l diablo, nuestro enemigo mortal, es mentiroso desde el principio; sin embargo, es tan convincente que hace que creamos en él, como creyó nuestra madre Eva. Sin embargo, con la experiencia, comprobaremos que es mentiroso.

Dice que perderemos la gracia, que deshonraremos nuestra profesión y pereceremos en el juicio de los apóstatas. Pero confiando en el Señor Jesús, proseguiremos nuestro camino y experimentaremos que Jesús no pierde a ninguno de los que le confió su Padre. Nos dice que nuestro pan faltará y que nosotros y nuestros hijos perecerán de hambre; pero el que alimenta a los cuervos, nunca nos olvida, sino que prepara un banquete para nosotros en presencia de nuestros enemigos (Salmos 23:5).

Nos susurra al oído que el Señor no nos sacará de la prueba que estamos viviendo, y nos amenazará con que la prueba nos quebrantará. ¡Qué mentiroso es!, porque sabemos que el Señor jamás nos desamparará. «Que Dios lo rescate ahora si lo quiere!» (Mateo 27:43), clama el enemigo mortal; pero el Señor cerrará su boca viniendo en nuestro auxilio.

Se complace en decirnos que la muerte será demasiado para nosotros. «¿Cómo te irá en la espesura del Jordán?» (Jeremías 12:5). Pero también veremos que es mentiroso, y cruzaremos el río cantando salmos de gloria.

JESÚS VINO, Y VENDRÁ

*Jesús fue tomado de entre ustedes y llevado
al cielo, ¡pero un día volverá del cielo de
la misma manera en que lo vieron irse!*

Hechos 1:11

Muchos celebran hoy la primera venida de nuestro Señor, pensemos nosotros en la promesa de su segundo advenimiento. La segunda venida es tan cierta como la primera. Su certidumbre proviene, en gran parte, de ella. El que vino a servir, vendrá a recoger la recompensa de su servicio. El que vino a sufrir, vendrá también a reinar.

Esta es nuestra esperanza gloriosa, porque participaremos de su gozo. Hoy somos desconocidos y humillados, como vivió Cristo cuando estuvo en la tierra; pero cuando Él venga, será nuestra manifestación, y al mismo tiempo su revelación. Los santos que han muerto vivirán a su venida. Los calumniados y despreciados resplandecerán como el sol en el reino de su Padre. Los suyos aparecerán como reyes y sacerdotes, y los días de su luto se acabarán. El largo descanso y el esplendor incomparable del reino milenario recompensarán con abundancia los largos años de testimonio y de luchas.

¡Que venga pronto el Señor! ¡Él viene! Está ya de camino y viene de prisa ¡El ruido de sus pasos debería ser como música en nuestros corazones! ¡Suenen gozosas, campanas de esperanza!

26 de diciembre
CONFIAR SÓLO EN DIOS

Pedro declaró: —Aunque todos te abandonen,
yo jamás te abandonaré.

Mateo 26:33

Dirá alguien: «Esto no es una promesa de Dios». Cierto, fue promesa de hombre y, por tanto, no se realizó. Pedro pensaba que podría llevar a cabo su propósito; pero una promesa que no tiene otro fundamento que la fuerza humana cae por tierra. En efecto, tan pronto como surgió la tentación, Pedro negó a su Maestro y juró para confirmar su negación.

¿Qué es la palabra del hombre? Un vaso de barro que se quiebra al primer golpe. ¿Qué son nuestras resoluciones? Una flor que con la ayuda de Dios fructificará; pero, abandonada a sí misma, cae a tierra al primer soplo del viento que agita la rama.

No confíes en la palabra del hombre, porque poco puede hacer. No cuentes con tus propias resoluciones. Cuenta con la promesa de Dios ahora y en la eternidad, en este mundo y en el otro, para lo tuyo y lo de tus seres queridos.

Este volumen es un libro de cheques para los creyentes, y esta página es un aviso relativo a la caja a la cual se dirigen y a la firma que deben aceptar. Cuenta en todo con el Señor. No te fíes de ti mismo, ni de ningún nacido de mujer más de lo necesario; confía únicamente, y en todas las cosas, en el Señor.

MISERICORDIA Y PACTO

Pues las montañas podrán moverse y las colinas
desaparecer, pero aun así mi fiel amor por ti
permanecerá; mi pacto de bendición nunca será roto
—dice el SEÑOR, que tiene misericordia de ti—.

Isaías 54:10

*U*na de las más preciosas cualidades del amor divino es su carácter permanente. Los pilares de la tierra pueden ser removidos de su sitio; pero el pacto de la gracia del Dios misericordioso jamás se apartará de su pueblo. ¡Qué satisfecha está mi alma de tener una fe tan grande en esta declaración inspirada! El año toca a su fin y los años de mi vida van disminuyendo, pero el tiempo no cambia a mi Señor. Nuevos inventos sustituyen o mejoran a los antiguos: Dios es el mismo. La fuerza puede trastornar las montañas, pero no existe poder alguno capaz de afectar al Dios eterno. Ni lo pasado, ni lo presente, ni lo futuro puede hacer que cambie la benevolencia de Dios para conmigo.

Alma mía, descansa en la eterna misericordia de tu Señor, que te trata como a pariente cercano. Acuérdate también del pacto eterno. Dios siempre lo tiene presente; no lo olvides tú. En Cristo Jesús, Dios se ha comprometido a ser tu Dios y a considerarte como a uno de su pueblo. Misericordia y pacto están aquí unidos como dos cosas seguras y duraderas, que ni la misma eternidad te podrá arrebatar.

28 de diciembre
DOBLE SEGURIDAD

—————

Pues Dios ha dicho: «Nunca te fallaré.
Jamás te abandonaré».

HEBREOS 13:5

En varias ocasiones se repiten estas palabras en las Escrituras y las han repetido para darnos una doble seguridad. No abriguemos duda alguna. En el texto griego hay cinco negaciones; en todas ellas se excluye la posibilidad de que el Señor pueda abandonar a su pueblo, aun cuando éste con justicia pudiera creerse abandonado. Este precioso pasaje no nos promete inmunidad de penas, pero nos asegura que no seremos abandonados por Dios. Podemos ser invitados a pasar por caminos tortuosos y extraños, pero siempre tendremos la compañía, el socorro y la protección de nuestro Señor. No hay por qué codiciar, porque siempre tendremos a nuestro Dios, y Dios vale más que el oro, y su favor es una verdadera fortuna.

Deberíamos contentarnos con lo presente, porque quien posee a Dios, posee el mundo entero. ¿Qué más podemos tener que al Infinito? ¿Qué más podemos desear que la bondad del Omnipotente?

Ven, alma mía; si Dios dice que no te fallará, ni te abandonará, ora sin cesar para que te dé la gracia necesaria para que no abandones al Señor ni dejes un momento su camino.

CUIDADOS EN LA VEJEZ

*Yo seré su Dios durante toda su vida; hasta que
tengan canas por la edad. Yo los hice y cuidaré
de ustedes; yo los sostendré y los salvaré.*

ISAÍAS 46:4

El año envejece, y esta promesa se dirige a nuestros queridos ancianos, y a todos nosotros cuando lleguemos a la vejez. Si Dios prolonga nuestros años, nos cubriremos de canas. Por tanto, podemos gozarnos de esta promesa por medio de la fe.

Cuando lleguemos a la vejez, Dios será: «Yo soy el que soy» (Éxodo 3:14), que siempre permanece el mismo. Las canas pregonan nuestra decadencia, pero Dios no decae. Cuando ya no podamos soportar la carga, ni podamos sostenernos, el Señor nos llevará. Así como en nuestra infancia nos llevó en su seno como corderos, así lo hará también en los años de nuestra debilidad.

Él nos hizo y Él nos cuidará. Cuando para nuestros amigos y para nosotros mismos seamos una pesada carga, el Señor no nos desamparará, sino que nos levantará y nos llevará mejor que nunca. Dios, muchas veces, da a sus siervos una larga y apacible noche. Trabajaron mucho durante el día y se cansaron en el servicio de su Maestro, el cual les dijo: «Ahora descansen con anticipación del sábado eterno que yo les he preparado». No temamos la vejez. Que nuestra vejez nos sea grata, ya que el mismo Señor está con nosotros con toda la plenitud de su gracia.

AMADOS HASTA LO SUMO

———◆———

*Habiendo amado a los suyos que estaban
en el mundo, los amó hasta el fin.*

Juan 13:1 (lbla)

Aquí hay un hecho que es una auténtica promesa: lo que nuestro Señor era, sigue siéndolo todavía, y lo que fue para aquellos con quienes convivió en la tierra, lo será para sus hijos mientras el mundo dure.

«Habiendo amado»: Aquí hay un milagro. ¡Que hubiese amado a los hombres, tal como son, es una maravilla! ¿Qué halló en sus discípulos para que les amara? ¿Y qué hay en mí? Pero ya que Jesús comenzó a amar, es lógico que continúe amando. El amor hizo de los santos «los suyos». ¡Qué título tan excelente! Los compró con su sangre y vinieron a ser su tesoro. Siendo los suyos, no los perderá, siendo sus amados, no dejará de amarlos.

«Hasta el fin». Aun hasta su muerte, el amor a los suyos fue la pasión dominante de Jesús. También significa hasta lo sumo. No podía amarles más; se dio a sí mismo por ellos. Algunos leen hasta la perfección. Verdaderamente derramó sobre ellos un amor perfecto, en el cual no había ni exaltación, ni tacha alguna, ni imprudencia, ni deslealtad, ni reserva.

Así es el amor de Jesús a cada uno de sus hijos. Cantemos una canción a nuestro amado.

A LA PUERTA DEL CIELO

*Me guías con tu consejo y me
conduces a un destino glorioso.*

SALMOS 73:24

De día en día, y de año en año, mi fe confía en su sabiduría y en el amor de Dios, y sé que mi confianza no será vana. Ninguna palabra suya de bondad ha faltado jamás, y estoy seguro de que nunca faltará.

En sus manos me pongo para ser dirigido. Ignoro el camino que debo seguir, pero el Señor elegirá mi heredad. Necesito consejo, porque mis obligaciones son complicadas y mi situación incómoda. Me acerco al Señor, como el Sumo Sacerdote en otro tiempo miraba el Urim y el Tumim (Éxodo 28:30). Busco el consejo del Dios infalible con preferencia a mi propio juicio, o a los juicios y consejos de mis amigos. ¡Glorioso Señor, Tú me guiarás!

Pronto llegará el fin: unos pocos años más, y saldré de esta vida para ir al Padre. El Señor estará cerca de mi lecho. Me recibirá a la puerta del cielo: me dará la bienvenida en la gloria. No seré un extraño en el cielo: mi propio Dios y Padre me recibirá en la bienaventuranza eterna.

GLORIA SEA DADA
A AQUEL QUE ME GUIARÁ AQUÍ
Y ME RECIBIRÁ ALLÍ.
AMÉN.

BIOGRAFÍA DE
CHARLES SPURGEON

*C*harles Haddon Spurgeon fue un pastor bautista británico. A lo largo de su vida, predicó a alrededor de 10 millones de personas[1] y a menudo predicaba 10 veces a la semana en distintos lugares. Sus sermones han sido traducidos a varios idiomas y, actualmente, existen más libros y escritos de Spurgeon que de cualquier otro escritor cristiano.[2]

SPURGEON A LOS
23 AÑOS

Su entorno familiar y niñez

Charles Spurgeon nació el 19 de junio de 1834 en Kelvedon, en el condado inglés de Essex y fue el hijo mayor de Eliza Jarvis y John Spurgeon. El matrimonio engendró 17 hijos, pero 9 de ellos murieron en la infancia.[3]

A la edad de seis años, Spurgeon leyó *El progreso del peregrino* de John Bunyan y a lo largo de su vida lo leyó unas 100 veces más.[4] Memorizó muchos himnos en su niñez, los cuales usaría luego en sus sermones.[5] Spurgeon

1. "Bath Road Baptist Church". http://www.iclnet.org/pub/resources/text/history/spurgeon/sp-bio.html. Consultado el 26-06-2008.
2. "Did You Know?". http://www.spurgeon.org/spurgn2.htm. Consultado el 16-06-2008.
3. "The Spurgeon Country: 1465-1769". http://www.spurgeon.org/misc/bio1.htm. Consultado el 17-06-2008.
4. "Did You Know?". http://www.spurgeon.org/spurgn2.htm. Consultado el 16-06-2008.
5. "The Search for God". http://www.spurgeon.org/misc/bio2.htm. Consultado el 17-06-2008.

solía leer 6 libros por semana, y podía recordar lo que había leído y la fuente aún años después.

El 6 de enero de 1850, cuando tenía 15 años, se levantó para ir a su iglesia, pero debido a una tormenta de nieve no pudo llegar a ella. En vez de eso, se refugió en una antigua capilla metodista en Colchester.[6] El pastor de la iglesia no llegó al servicio porque estaba enfermo. Entonces uno de los feligreses laicos fue al púlpito y empezó a predicar. Predicó sobre Isaías 45:22 diciendo: "Pongan sus ojos en mí todos los términos de la tierra, y reciban salvación, porque yo soy Dios, y no hay más" (RVC). Luego agregó, dirigiéndose a Spurgeon: "Joven, pareces abatido. Y siempre te sentirás abatido en la vida y en la muerte si no obedeces el texto; pero si lo obedeces ahora, en este momento serás salvo". Spurgeon, efectivamente, se sentía abatido, y en ese momento creyó que sólo Dios podía salvarlo. El orador, viendo su necesidad, le respondió: "Joven pon tus ojos en Cristo Jesús, ¡Míralo!, ¡Míralo!, ¡Míralo! Sólo tienes que mirarlo y vivir".[7]

Los comienzos de su época adulta

Spurgeon comenzó a trabajar para el Señor con mucho entusiasmo. Empezó a enseñar en la Escuela Dominical y a predicar en muchas iglesias rurales a las que le invitaban aunque tuviera que ir a pie. Predicó su primer sermón cuando tenía solo 16 años, y la gente se admiraba de que un adolescente predicara con tanto denuedo y autoridad la Palabra de Dios. A los 17 años, se convirtió en pastor de una pequeña iglesia en un pueblo llamado Waterbeach. Más tarde, a los 19, llegó a ser pastor de la Capilla de New Park Street (más adelante el Tabernáculo Metropolitano) en Londres. Llegó allí como aspirante en calidad de prueba por tres meses y se quedó allí el resto de su vida.

6. "Charles Spurgeon's Conversion". http://ourworld.compuserve.com/homepages/Brad_Haugaard/spconver.htm. Consultado el 07-06-2008.

7. "The Personal Testimony of Charles Spurgeon". http://www.middletownbiblechurch.org/helpseek/spurgeon.htm. Consultado el 18-06-2008.

Su vida

Spurgeon era un hombre de oración, que vivía en comunión con Dios. Según el Doctor Wayland Hoyt, un norteamericano: "Caminaba con él en el bosque, y cuando llegamos a cierto lugar simplemente dijo: 'Venga, arrodillémonos junto a esta cabaña y oremos', y allí elevó su alma a Dios la más reverente y amorosa oración que he oído". Orar era tan natural para él como respirar.

Spurgeon era un hombre muy humilde. A pesar de que miles de personas iban a escucharlo, nunca tomó la gloria para sí mismo, porque se veía a sí mismo como nada y daba toda la gloria a Dios. Spurgeon dijo en una ocasión:

> *"Siempre estoy inclinado a tomar la habitación más baja en la casa de mi Padre. Cuando llegue al cielo, será para estar con el más pequeño de los pequeños de los santos, y con el más pecador de los pecadores".*

El Londres del siglo XIX era escenario de gran pobreza y tragedia. El promedio de vida era corto, y abundaban los huérfanos. Inspirado por el ejemplo de Jorge Müller, Spurgeon fundó y dirigió un orfanato para muchachos en Stockwell, Londres en 1867, y más adelante, en 1879, estableció uno para muchachas.

Durante muchos años, sufrió una agonía física severa debido a que padecía de gota. Además su esposa, Susannah, fue semi-inválida toda la vida, sin embargo, fue siempre su secretaria personal y la que continuó el trabajo de publicación de sus escritos después de su muerte, el 31 de enero de 1892, a la edad de 58 años.

Charles Haddon Spurgeon se ganó merecidamente el título de "Príncipe de los predicadores" y "El maestro del púlpito". Sus mensajes eran completamente evangelísticos, enfatizaban la gracia de Dios y la supremacía de

Jesucristo. Hoy día sus sermones y escritos siguen siendo de gran inspiración e instrucción. D. L. Moody, contemporáneo de Spurgeon y predicador renombrado, dijo de él: "Spurgeon, tú no morirás, vivirás por siempre en el corazón del pueblo de Dios".

Tomado y adaptado de Wikipedia. http://es.wikipedia.org/wiki/ Charles_Spurgeon. Consultado el 6-09-2011.

EDITORIAL
PORTAVOZ

NUESTRA VISIÓN

Maximizar el efecto de recursos cristianos de calidad que transforman vidas.

NUESTRA MISIÓN

Desarrollar y distribuir productos de calidad —con integridad y excelencia—, desde una perspectiva bíblica y confiable, que animen a las personas a conocer y servir a Jesucristo.

NUESTROS VALORES

Nuestros valores se encuentran fundamentados en la Biblia, fuente de toda verdad para hoy y para siempre. Nosotros ponemos en práctica estas verdades bíblicas como fundamento para las decisiones, normas y productos de nuestra compañía.

Valoramos la excelencia y la calidad
Valoramos la integridad y la confianza
Valoramos el mérito y la dignidad de los individuos y las relaciones
Valoramos el servicio
Valoramos la administración de los recursos

Para más información acerca de nuestra editorial y los productos que publicamos visite nuestra página en la red: www.portavoz.com